认识元宇宙

源起、现状、未来

唐江山 著

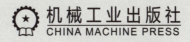

本书是一本介绍元宇宙的科普书籍，聚焦元宇宙的基本概念，通过描述元宇宙的源起、现状和未来，详细介绍元宇宙的发展趋势、技术构成、经济模型及潜在落地应用。本书内容分为三篇，源起篇介绍与元宇宙相关技术的发展及元宇宙走向市场化的开端，包括第1、2、3章。现状篇讲述构建元宇宙必不可少的技术体系和经济体系，包括第4、5、6章。未来篇展望元宇宙的未来应用场景、可能面临的技术瓶颈，以及法律法规及道德伦理问题的探讨，包括第7、8章。

本书文笔流畅，观点独到，适合元宇宙及相关行业从业者，面临行业数字化转型、探索新方向的企业管理者，以及对元宇宙有兴趣并希望全面了解元宇宙的大众读者阅读。

图书在版编目（CIP）数据

认识元宇宙：源起、现状、未来／唐江山著．—北京：机械工业出版社，2022.3（2022.7重印）

ISBN 978-7-111-46424-2

Ⅰ.①认… Ⅱ.①唐… Ⅲ.①信息经济-通俗读物 Ⅳ.①F49-49

中国版本图书馆CIP数据核字（2022）第015517号

机械工业出版社（北京市百万庄大街22号　邮政编码100037）
策划编辑：王　斌　责任编辑：王　斌　郝建伟
责任校对：徐红语　责任印制：李　昂
北京联兴盛业印刷股份有限公司印刷
2022年7月第1版第2次印刷
169mm×239mm·13.5印张·260千字
标准书号：ISBN 978-7-111-46424-2
定价：99.00元

电话服务　　　　　　　　网络服务
客服电话：010-88361066　机　工　官　网：www.cmpbook.com
　　　　　010-88379833　机　工　官　博：weibo.com/cmp1952
　　　　　010-68326294　金　书　网：www.golden-book.com
封底无防伪标均为盗版　机工教育服务网：www.cmpedu.com

推荐序
PREFACE

元宇宙是个新概念，但在中国古代，当人们把元宝放到钱庄换成交子时，它就已经在实体货币和信息货币的"元宇宙"里自由翱翔了。元宇宙不只是VR、游戏，我们需要从历史、社会、经济、政治等多维度预测它将带来的变化与冲击。

这本《认识元宇宙——源起、现状、未来》在讲述元宇宙的起源、现在和未来的过程中，不断论证其存在的意义，并在未来世界的宏观命题面前，前瞻性地呈现出了科技世界中的经济行为场景。而在讨论技术进步带来的无限可能性时，又向我们指出社会道德约束和数据监管的局限性。它为我们研究金融产业在数字化时代的创新应用场景提供了新的思考范式。这本书可读性强，又体现了作者深层次的思考，很有实用价值。

我们说经济社会，一定离不开货与币，这二者就是价值流通的基础，而我也一直都说，货币形态变化与通信技术发展是互相匹配的。

在第一代经济社会中，通信技术还是原始状态，是面对面的交流，以物易物就能够满足人们的生存和交易需求。而纸张和文字的发明让交子作为新的货币形态产生，由此诞生了第二代经济社会。在第二代经济社会跨向第三代经济社会的过程中，电汇作为新型货币形态也曾短暂存在过。但随着移动互联网和手机带来的通信技术革命，人们可以通过第三方支付、网络转账及央行数字货币等新的货币形态进行便捷交易、点对点的交易，货币以数字形式首次出现。而当元宇宙的时代到来时，第三代经济社会的升级版本也出现了。

虚拟世界的生产没有实物，一切商品都是数字产品，用作交易的媒介是数字货币，货与币在同一空间存在，似乎又回到了最早的那一代经济社会。实则不然，就像这本书提到的，逻辑虽然类似，但围绕着数字资产的创造、确权、交易等还是有很大的不同。而不同，则或许能够创造出新的金融"变数"。

我非常欣喜地看到，这本书的作者向人们介绍了一种新的金融模式，即在元宇宙世界里，基于数字商品和数字货币的交换形成了新的社会经济，土地、房产等以数据形式而存在。既然土地变成了数据，当我们产生了质押、贷款这样的金融需求时，我们所质押的是不是也等同于数据？那么所有的行业以同一种标准化的格式溯源、确权，从而保证其在虚拟世界中的唯一性，是不是也会成为可能？就像这本书所说的"感物理世界之实，享现实之中所无。"这也许就是元宇宙迷人的原因之一。

当元宇宙出现时，金融科技创新就主导着元宇宙的经济体系。例如 DeFi 与 NFT 等基于区块链技术的创新应用，打造了一个以算法信任为基础的信任经济体系，我认为这就是人类社会进入另一种商业文明的信号，它解决了人类在跨国交易上的许多问题。

而这恰恰就与这本书所提出的"元宇宙提供了一切可能的开放创造性"的思想是相通的，也许一切原材料就只是"0"和"1"的代码构成的元宇宙，会构建出一个服务于全球的新经济社会。

这本书为读者打开了一扇了解元宇宙发展方向的窗户。尽管书中所提到的不少内容仍处于理论阶段，但已然足够让绝大多数读者建立起关于元宇宙的完整知识架构。对于稍专业一点的读者来说，也许还能从中找到通往下一场技术和产业革命的关键钥匙。唐江山先生的这本《认识元宇宙——源起、现状、未来》一定能够为元宇宙的概念普及和产业发展产生积极的作用！

国家特聘专家、浙江大学教授、博士生导师
前国际电信联盟法定数字货币焦点组主席
文　武

前言
FORWORD

2021年，全球疫情的乌云尚未消散，各行各业在复杂多变的经济形势下奋力前行。此时，"元宇宙"概念的横空出世，璀璨夺目，虽然伸手无法触及，但足以令人着迷。嗅觉敏锐的资本市场开始追捧"元宇宙"。有人认为元宇宙是未来互联网发展的终极形态；有人觉得元宇宙牵动着虚拟现实、人工智能、云计算、区块链等庞大的产业体系；有人向往元宇宙的平行虚拟世界对工作、生活的颠覆；当然，也有人认为这不过是"新瓶装旧酒"的又一轮概念炒作。

游戏娱乐是元宇宙起步的地方。凭借在文娱行业数字化领域多年的实践和研究经验，我能够感知元宇宙对未来文娱产业，乃至整个社会产生的影响。在拜读前辈及专家的相关著作、参与行业论坛讨论之后，结合自身的认知与经验，我迫切地想要通过本书系统梳理出关于元宇宙的认识，包括元宇宙的前世今生、元宇宙的构成以及元宇宙对未来社会的潜在影响。希望通过本书，能够帮助更多的人理性认知元宇宙。

元宇宙是一个比较新的概念，相关著作相对较少，这些著作大都总结了一些世界知名人士对元宇宙的看法，介绍了元宇宙的相关技术及元宇宙的经济体系。我觉得对元宇宙的理解似乎可以更有趣、更深刻一些。因此，本书首先描述了元宇宙的源起，探寻科幻小说和影视作品中展现的元宇宙世界；其次，本书从相辅相成的技术体系和经济体系对元宇宙进行了系统的剖析；再次，本书结合当下人们对虚拟现实、数字孪生等技术的实践，对元宇宙的未来画卷进行了描绘；最后，本书探讨了元宇宙的实现难度及可能存在的伦理性、社会性问题，旨在为读者展现一个更加丰满、立体的元宇宙世界。

从内容上看，本书分为三篇，分别对应元宇宙的源起、现状与未来。源起篇主要介绍科幻作品中人们对元宇宙虚拟世界的畅想，在畅想的指引下元宇宙相关技术的实现与突破，以及元宇宙概念走向市场的契机和主要参与者。现状篇主要描述实现元宇宙必不可少的两大支撑体系，包括以网络算力基础设施、虚拟现实、人工智能、电子游戏技术、区块链等技术为核心的技术体系，以及以数字创造、数字资产、数字货币、数字市场、创作者经济等为核心的经济体系。未来篇主要展望元宇宙对未来虚拟文娱、数字制造、商业零售、社交生活等多方面可能产生的影响，元宇宙需要面临的技术瓶颈和法律合规问题，以及可能引发的虚拟与现实的冲突、道德伦理等进行探讨。

可以说，元宇宙或者元宇宙代表的技术及市场走向，是未来社会发展的趋势之一。只是关键技术的瓶颈、社会规则的安排、伦理道德的冲突目前还是难以逾越的障碍。虽则汉之广矣，不可泳思，江之永矣，不可方思，随着技术的突破，或许元宇宙所代表的虚拟世界的大门终将向世人敞开。

作　者

2022 年 1 月于北京

目 录

推荐序
前　言

绪论　"元宇宙"大爆发　/　1

源起篇　科幻世界中的元宇宙

第 1 章　文学影视作品中的元宇宙　/　10

1.1　赛博空间：从矩阵到超元域　/　10
   1.1.1　科幻文学中的数字世界畅想　/　10
   1.1.2　影视作品中的数字虚拟呈现　/　16
   1.1.3　《雪崩》中的元宇宙　/　21

1.2　虚拟化身：个体自由的超真实　/　23
   1.2.1　自由个性的虚拟化身　/　23
   1.2.2　智慧化虚拟人　/　25
   1.2.3　新型群体关系的构建　/　26

1.3　数字生存：虚拟世界中的全新体验　/　27
   1.3.1　换一种虚拟身份　/　27
   1.3.2　虚拟世界中的体验　/　29
   1.3.3　虚拟与现实的纠缠　/　30

第2章　硬科技对元宇宙的跃跃欲试　/　31

2.1　网络虚拟世界的诞生　/　31
2.1.1　从人工加减乘除到机器计算　/　31
2.1.2　千呼万唤始出来的电子计算机　/　33
2.1.3　走近千家万户的个人计算机　/　36
2.1.4　连接计算机的虚拟网络　/　38
2.1.5　移动互联网时代　/　39
2.1.6　智能万物互联　/　40

2.2　从现实浸入虚拟　/　42
2.2.1　看虚拟如现实的眼镜　/　42
2.2.2　"0"和"1"幻化的图形图像　/　48
2.2.3　"控制意念"脑机接口　/　50

2.3　虚拟世界的价值联结　/　51
2.3.1　分布式系统与密码学技术联姻　/　52
2.3.2　从区块链1.0到区块链3.0　/　53
2.3.3　从比特币到NFT　/　54

第3章　游戏敲开元宇宙的门　/　58

3.1　一切从游戏开始　/　58
3.1.1　一个游戏一个世界　/　58
3.1.2　游戏连接虚拟与现实　/　60
3.1.3　人人都是游戏玩家　/　66

3.2　从虚拟游戏到元宇宙雏形　/　68
3.2.1　游戏虚拟世界的兴起　/　68
3.2.2　眼花缭乱的元宇宙游戏　/　71
3.2.3　基于区块链的元宇宙游戏Decentraland　/　74

3.3　开天辟地的Roblox　/　76
3.3.1　游戏乐高　/　76
3.3.2　将元宇宙带入现实　/　78
3.3.3　驶向元宇宙的Roblox　/　79

3.4　群雄逐鹿元宇宙　/　80

3.4.1 硅谷科技巨头入场元宇宙 / 80

3.4.2 国内互联网公司积极布局元宇宙 / 84

现状篇　虚拟与现实的平衡交互

第4章　元宇宙的构成要素与价值生态 / 88

4.1 元宇宙的生态全景 / 88

4.2 元宇宙的技术体系 / 90

 4.2.1 基础设施 / 90

 4.2.2 虚拟现实交互技术 / 91

 4.2.3 人工智能技术 / 92

 4.2.4 电子游戏技术 / 93

 4.2.5 区块链 / 93

4.3 元宇宙的经济体系 / 94

 4.3.1 数字生产与创造 / 95

 4.3.2 数字资产与确权 / 95

 4.3.3 数字货币与交易 / 96

4.4 元宇宙的应用场景 / 97

 4.4.1 娱乐社交 / 98

 4.4.2 商业经营 / 99

 4.4.3 生产制造 / 99

 4.4.4 社会生活 / 100

第5章　实现元宇宙的数字技术 / 102

5.1 元宇宙的基础设施 / 102

 5.1.1 更通畅的5G网络 / 102

 5.1.2 算力共享的云计算 / 106

 5.1.3 算力下沉的边缘计算 / 109

5.2 虚拟现实：元宇宙的虚拟之眼 / 113

 5.2.1 VR东山再起 / 113

 5.2.2 AR引领下一代空间计算 / 117

 5.2.3 XR与元宇宙的终极交互 / 120

5.3 人工智能：元宇宙的内核之心 / 122
　　5.3.1 让机器看见：计算机视觉 / 122
　　5.3.2 数字大脑：机器学习 / 125
5.4 电子游戏：元宇宙的灵动之魂 / 128
　　5.4.1 游戏引擎 / 128
　　5.4.2 云游戏与触手可及的元宇宙 / 131
5.5 区块链：实现元宇宙价值交互之钥 / 133
　　5.5.1 去中心化：没有人能够按下终止键 / 133
　　5.5.2 智能合约：维护虚拟资产交易 / 136
　　5.5.3 跨链技术：虚拟世界的互联 / 138

第6章 元宇宙的数字经济生态 / 141

6.1 通证经济：虚拟世界的价值流通 / 141
　　6.1.1 诞生于区块链的通证 / 141
　　6.1.2 元宇宙的通证经济 / 142
6.2 NFT：虚拟内容的数字资产化 / 144
　　6.2.1 什么是 NFT / 144
　　6.2.2 NFT 的数字资产确权与应用 / 146
　　6.2.3 NFT 与元宇宙的联动 / 150
6.3 创作者经济：来自元宇宙的激励 / 152
　　6.3.1 互联网时代的创作者 / 153
　　6.3.2 价值激励与多元化宇宙 / 154

未来篇 后互联网时代的应许之地

第7章 元宇宙的数字化应用场景 / 156

7.1 元宇宙中的虚拟文娱 / 157
　　7.1.1 来元宇宙开一场演唱会吧 / 157
　　7.1.2 大型互动现场活动 / 161
　　7.1.3 拥抱虚拟偶像 / 163
　　7.1.4 元宇宙下的电影产业 / 167
7.2 元宇宙影响下的生产与生活 / 169

  7.2.1 数字孪生与数字工厂 / 169
  7.2.2 元宇宙中的工作日常 / 171
  7.2.3 游戏化的品牌传播 / 173
  7.2.4 虚拟零售与元店 / 176
 7.3 元宇宙中的未来生活 / 179
  7.3.1 坐拥数字资产 / 179
  7.3.2 激发自由创造 / 181
  7.3.3 超真实数字化身 / 182
  7.3.4 沉浸式虚拟社交 / 185

第8章 元宇宙离我们还有多远 / 187

 8.1 翻越技术层面的障碍 / 187
  8.1.1 更强的网络与算力 / 187
  8.1.2 更舒适的沉浸式体验 / 189
  8.1.3 更智能的AI算法模型 / 190
 8.2 法律合规层面的挑战 / 192
  8.2.1 数据安全与合规 / 192
  8.2.2 数据滥用与算法合规 / 194
  8.2.3 虚拟身份的法律责任 / 194
  8.2.4 元宇宙中的经济垄断 / 195
 8.3 道德伦理层面的探讨 / 196
  8.3.1 人工智能带来的伦理挑战 / 196
  8.3.2 现实是唯一的真实 / 198

参考文献 / 200

Introduction
绪论

"元宇宙" 大爆发

1. 横空出世

2021年无疑是"元宇宙"元年。

如今,"元宇宙"这个词,在游戏、区块链等相关行业内几乎是无人不知、无人不晓。元宇宙带来极强的未来趋势感以及蕴含的巨大商业潜力,使其迅速捕获资本市场的青睐,在科技界激起层层水花,吸引着相关产业众多企业组织的目光,进而引发大众的关注。元宇宙也因此成功出圈,迅速步入公众视野。

元宇宙概念的引爆很大程度上归功于Roblox和Epic Games在资本市场上亮眼的表现。大型多人游戏创作平台Roblox,在公开上市之前就已经收获8轮上亿美元的融资,早已是资本市场的宠儿。2021年3月10日,Roblox以直接公开发行(Direct Public Offering,DPO)方式登陆纽交所,并在公开披露的招股说明书中首次提出"元宇宙"(Metaverse)的概念。上市当日Roblox的收盘价为69.5美元,较45美元的发行价暴涨54%,市值高达382.6亿美元,与其一年前40亿美元的估值相比,市值翻了好几番。坐拥上亿玩家,平均DAU(日活跃用户数量)单日使用时长超过两小时,为既是玩家又是开发者的用户在虚拟世界中尽情游玩、竞技、社交提供3D数字平台的Roblox,在这个时候恰到好处地讲出元宇宙的故事,既不让人觉得虚无缥缈,又似乎抛出无限遐想,使得人们对元宇宙这个概念的关注超过了Roblox本身。

短短不到一个月的时间,美国互动娱乐公司和3D引擎技术提供商Epic Games公开宣布目前已完成包括索尼(Sony)、富达(Fidelity)、新加坡政府投资公司(GIC)、贝莱德(BlackRock)等多家知名企业或投资机构的融资,融资金额高达10亿美元。Epic Games高调宣称这笔资金将主要用来打造元宇宙,舆论一片哗然。此轮融资结束之后,Epic Games的估值达到287亿美元,较半年前的估值增长了66%。2020年4月,美国饶舌歌手特拉维斯·斯科特(Travis Scott)在Epic Games旗下的沙盒游戏《堡垒之夜》(Fortnite)中举办了一场线上虚拟演唱会。虽然整场演唱会只有十分钟,但逼真的虚拟人物、惊艳的场景特效，与音乐旋律一起，给玩家带来印象极为深刻的沉浸感是难以忘怀的。与Roblox相似，有群众基础、有产业家底、有大把资金的Epic Games单独点名"元宇宙"，再次引发业内外的关注。随后，Facebook、Google等科技型企业相继发声或行动进军元宇宙，元宇宙的影响进一步扩大。

毫无意外，元宇宙的热潮迅速从国外传导到国内。同样以游戏为核心业务之一的腾讯，在Roblox还未上市的前两年，就与Roblox达成战略级合作，双方在深圳建立合资公司罗布乐思，着力孵化国内创作生态。2020年，腾讯的马化腾在公司内部发言中就强调了全真互联网的未来方向。虽然全真互联网这个名称听上去没有元宇宙那么时髦，但是隐藏其后的虚拟现实、网络社交、游戏化等发展方向与元宇宙不谋而合。2021年9月，腾讯更是一口气注册了近百个与元宇宙有关的商标，腾讯对元宇宙的重视程度可见一斑。

在元宇宙布局方面，字节跳动也不甘示弱。2021年4月，字节跳动为国内元宇宙游戏开发商代码乾坤投资近1亿元。由代码乾坤开发的元宇宙游戏《重启世界》目前已经上线。此外，据称字节跳动内部或在开发一款元宇宙社交产品"Pixsoul"，以期打造沉浸式虚拟社交平台。而传统的社交平台soul也早已发力，力图打造社交元宇宙，2021年6月的IPO发行获得米哈游科技8900万美元（约合人民币5.7亿元）的私募配售。除此之外，与Roblox颇为相似的国内移动沙盒平台研发商MetaApp在2021年3月就宣布完成1亿美元（约合6.4亿人民币）C轮融资，被称为"国内元宇宙最大单笔融资"。从游戏到社交、从互联网大厂到科技新秀，国内的元宇宙市场不可谓不热闹。

顾首回望，时光仿佛回到了前些年比特币突然成为街头巷尾热议话题的时候，那时的人们明明对区块链、数字货币这些新生事物一头雾水，却怎么也按捺不住内心好奇去探究。而今，元宇宙的横空出世亦是如此，人们面对这个陌生又熟悉的词汇，迫不及待地想知道元宇宙到底是什么。

2. 众说纷纭

事实上，被称为"元宇宙第一股"的Roblox只能算得上是"元宇宙"（Metaverse）这个词的搬运工。Roblox并不是元宇宙这个名词的创造者，元宇宙也并非最早出现在科技或商业领域。元宇宙出自科幻小说家尼尔·斯蒂芬森笔下，是其在小说《雪崩》（SnowCrash）中创造出的沉浸式虚拟网络空间。不得不承认，尼尔·斯蒂芬森是个鬼才，在20世纪80年代那个计算机还尚未普及的年代，就已经大胆预测了互联网的未来。如今，元宇宙火遍全球，也算是对其本人的一种致敬吧。

元宇宙属于比较复杂的新生事物，它既不单是实验室里苦心研发的技术，也没有形成较为成熟的商业生态，所以没有人知道元宇宙究竟应该是什么样子。

哪怕是站在科技或商业前沿的科学家和企业家们也只是对元宇宙的某一方面进行设想和猜测。于是，一千个人心中可能就有一千个元宇宙。作为旁观者，我们或许能够从众多的描述中勾勒出元宇宙模糊的轮廓。

如同汉字的说文解字，将 Metaverse 拆开，它是由"Meta"和"verse"两部分组成。"Meta"是希腊语前缀，有"超越""关于"的意思，经常被翻译成"超""元"。"verse"则取自英文单词"宇宙"（Universe）。所以在早期的引进版本中，Metaverse 被翻译成计算机风格浓厚的"超元域"，听上去似乎没有元宇宙高端大气上档次。但无论是超元域还是元宇宙都暗示了这是一个自成系统的空间或世界。

结合小说中关于计算机网络的描述以及 Roblox 主营游戏业务，不难猜测出元宇宙是一个与现实世界相对的虚拟世界。维基百科这样解释：元宇宙是通过虚拟呈现的物理现实，呈现收敛性和物理持久性特征的，基于未来互联网的，具有连接感知和共享特征的 3D 虚拟空间。简单来说，元宇宙就是一个映射现实世界的虚拟平行世界，通过具象化的 3D 表现方式，给人们提供一种沉浸式、真实感的数字虚拟世界体验。正如英伟达创始人黄仁勋所描述的那样："正如你们所知道的，元宇宙是一个连接到我们所生活的世界，由多人共享的虚拟世界。它有真实的设计和经济环境，你有一个真实的头像，既可以是真人，也可以是一个角色。我们将会看到这个在物理世界之上的叠加层，你可以看到这个虚拟世界就在眼前，光线充足，并且它就属于你。"这种感觉应该类似电影《头号玩家》（READY PLAYER ONE）中展现的沉浸式游戏《绿洲》（OASIS），在虚拟世界中所见之人、所观之景、所触之物均无限接近真实世界的感观。

当然，元宇宙不仅仅是真实化虚拟空间这么简单，很多企业家或专家们都把关注点放在人们在元宇宙中的创造性活动以及经济行为上。Roblox 的联合创始人兼 CEO 大卫·巴斯祖奇（David Baszucki）就认为："元宇宙是一个将所有人相互关联起来的 3D 虚拟世界，人们在元宇宙拥有自己的数字身份，可以在这个世界里尽情互动，并创造任何他们想要的东西。"简而言之，元宇宙就是一个大型社交兼用户生成内容（UGC）的虚拟真实现场。风险投资家马修·鲍尔（Matthew Ball）则在此基础上，进一步将元宇宙的影响力范围扩大："元宇宙不同于虚拟空间、虚拟经济，或仅仅是一种游戏或是用户原创内容（UGC）平台。在元宇宙里将有一个始终在线的实时世界，有无限量的人们可以同时参与其中。它将有完整运行的经济、跨越实体和数字世界。元宇宙将创造一个虚拟的平行世界，就像我们手机的延伸，一切内容都可以虚拟 3D 化，买衣服（皮肤）、建"房子"、旅游……艺术家更是可以解放大脑，随心所欲地创造。"这听上去像是一个与现实世界平行且具有无限可能的交互式虚拟世界。Epic Games 的 CEO 蒂姆·斯威尼（Tim Sweeney）更是从经济效率上评价了元宇宙："在元宇宙中最终我们将达到一种状态,那就是创作者获得的分成比例远远高于平台抽水。而且非创作者获取的利润,必须通过竞争机制来分配,确保其成本和利润与他们所提供的服务相匹配。元宇宙作为一种未来媒介,能够成为比现存的任何封闭系统都更高效的引擎,推动经济效率提升。"

除此之外,也有一些专家从虚拟世界与现实世界之间的关系来描述未来的元宇宙,认为元宇宙是物理世界的数字孪生,是日常生活的数字化。3D 建模和渲染公司 LNG STUIDIOS 的创始人 Leon Ng 认为:"元宇宙是现实世界的数字孪生。在元宇宙中能够拥有无限的世界,产生真实的交易,甚至可以买卖不动产,就像游戏《第二人生》(Second Life)。"风险投资合伙人 Kai Bond 提出:"元宇宙是物理世界的虚拟化表现,同时也是时间与空间的连续。看看特拉维斯·斯科特在《堡垒之夜》中开的虚拟演唱会就知道了。"这说明元宇宙是一个对立却不孤立于现实的虚拟世界。数字化服装 The Fabricant 创始人兼 CEO 凯瑞·墨菲(Kerry Murphy)更形象化地表达出元宇宙中的未来生活:"元宇宙只是我们虚拟化日常。只有当所有的事物都能完全彻底数字化的时候,元宇宙才会出现。比如,我在《堡垒之夜》买了一件黄色的衬衫,我可以在 Instagram、Facebook 穿着它,也可以通过增强现实获得穿着体验,这些都是可以交互的。元宇宙只是我们现实生活的虚拟延伸。"

通过上述各领域专家们对元宇宙的认知见解,我们能够对元宇宙产生一个大概的印象。这是一个由虚拟现实、人工智能等数字化技术呈现出来的沉浸式 3D 虚拟空间,在这个与现实平行交互的虚拟世界中,人们不仅能够将物理真实的日常生活以虚拟现实表现出来,而且能够创造并体验现实中少有的新事物,突破物理世界的束缚,拓展无限可能。

3. 包罗万象

现实世界的精彩在于万事万物的多样性以及错综复杂的内在联系。要想打造一个类似现实世界的虚拟时空并不是一件容易的事情。尼尔·斯蒂芬森的"元宇宙"也是时隔三十年之久才被科技产业界重新翻出来。无论是置身其中的体验感,还是世界的多元性,或是人、事、物之间复杂交互,都需要大量综合性技术的支撑。这些技术就好比魔幻世界中巫师的魔法或神仙的法力,越强大的魔法或精深的法力,越牢不可破。同样,越是成熟先进的数字化技术,虚拟的元宇宙才会无限接近于真实。除了强有力的技术支撑,如同现实世界一样,也需要一定的经济规则和经济系统才能激发虚拟世界的创造性,维持元宇宙的正常有序运转。技术与经济、科技与商业从来都是构筑世界的不可或缺的要素,无论现实还是虚拟。

与元宇宙众说纷纭的概念类似,关于元宇宙的技术体系,不同的专家或研究机构都持有不同的看法，但大体上还是比较相似的。我们不妨从元宇宙的概念出发，看一看元宇宙的实现需要哪些主要技术。

首先，交互技术与设备。显而易见，如果要进入虚拟世界，需要交互技术及设备。就像我们需要计算机、智能手机、互联网才能接入虚拟网络世界，我们也需虚拟现实/增强现实（VR/AR）、全身追踪和全身传感，甚至脑机接口等多维交互技术及设备获得元宇宙的沉浸式交互体验。

其次，人工智能技术。元宇宙的多样性及内容创作，需要人工智能技术，生成丰富多样的海量内容，推动元宇宙的自发有机生长。同时，人工智能也会驱动元宇宙中的虚拟人与人们的虚拟化身进行更加智能化的交互，有助于人们探索元宇宙中的未知并为人们提供更加丰富的互动体验。

再次，电子游戏技术。元宇宙作为一个独立的世界，与游戏小世界有很高的契合度，特别是现在的元宇宙市场参与者大都从游戏开始着手。因此，支持游戏的程序代码和资源的游戏引擎、游戏渲染以及游戏人工智能等电子游戏技术也是元宇宙技术体系中重要的组成部分。

再者，区块链技术。元宇宙需要去中心化的区块链技术，利用智能合约和去中心化结算平台保障经济系统的稳定透明。融合 DeFi、IPFS、NFT 等技术推动数字资产、数字金融的发展，促进元宇宙中价值的流通与传导以及创作者的经济激励。

最后，元宇宙的基础设施，即网络及算力。无论是交互式设备的接入，还是沉浸式虚拟视听的呈现，都需要通畅的网络通信及复杂的数据处理能力。在现实世界中，可能不会出现与朋友面对面交谈半小时、卡顿一刻钟的现象，但是如果是网络连接较差的虚拟世界，这种令人崩溃的情景就会很常见了。元宇宙中的虚拟化世界承载的数据量是当前互联网数据量无法比拟的，所以没有更大带宽、低延迟、超链接的 5G 网络，没有云计算及边缘计算对空间定位算法、虚拟场景拟合等进行敏捷计算，元宇宙是无法实现的。

在关键的技术基础上，元宇宙仍然需要一套可靠的数字经济运行规则与体系，确保元宇宙是一片生机盎然的世界，而非华丽空洞的虚拟场景。现实世界中，人们所做的一切事情大部分是为了交换，通过个人的劳动或创作成果换取所需的商品。从用家养母鸡下的鸡蛋换取隔壁邻居的鸭蛋这样的物物交换，到鸡蛋换成货币再用货币购买邻村花布鞋这样的货币交换，现实世界价值交换的规则已形成和发展了上千年，并维系着人们日常经济活动的正常进行。虽然在虚拟世界中，也是类似的逻辑，但围绕着数字资产的创造、确权、交易等还是有很大的不同。

首先，数字创造产生价值。在虚拟的元宇宙中，就没有"靠山吃山、靠水吃水"这一说法了。虚拟世界的居民们通过平台提供的工具，生产创造虚拟的数字产品,并通过交易产生价值。

其次,数字资产的确权。与物理世界中某个物品具有天然唯一性不同,虚拟世界中数字产品的唯一性似乎很难确定下来。这或许与数字产品几乎为零的复制成本有关。因此,基于区块链技术的数字资产确权以及随之而来的价值分配也就成为元宇宙经济中较为核心的问题。

最后,数字资产的价值交换与数字货币。价值媒介是提高流通交易效率的重要工具。现实生活中我们通过法币或者黄金等硬通货来进行交易。同样,在虚拟世界中,我们也需要基于去中心化网络的虚拟货币,稳定、高效、透明地实现元宇宙中的价值归属、流通和变现。无论是同质化虚拟代币还是非同质化虚拟代币(NFT),自由活跃的虚拟货币市场为数字资产的价值流通提供了更多的可能。

元宇宙就像是隐藏在未来时空长河中的宝藏,虚拟现实交互、人工智能、电子游戏、区块链、5G、云计算等数字化技术,以及以数字资产创造、确权、交换为核心的元宇宙经济体系,是开启宝藏的钥匙。我们期待着这些技术或体系成熟的那一天,等待着进入元宇宙的激动人心的那一刻。

4. 异彩纷呈

不少人认为,元宇宙所描绘的场景是未来互联网的终极形态,是移动互联网的继承者。沉浸感极强的虚拟体验,货真价实的数字资产交易,随时接入的虚拟网络,自由想象的创作空间等,怎么看都像是现有互联网的升级。

毫无疑问,元宇宙是令人着迷的。风险投资家马修·鲍尔用六个特征来形容这种美妙:其一,永续性。元宇宙会永久进行下去,不会停止。分布式的用户创造并不会像游戏供应商关闭服务器那样戛然而止,就像现实中人们的生活并不会因为战乱或政权的更迭而停摆。其二,实时性。元宇宙虚拟世界是与现实世界平行交互的,虚拟是现实的一部分,保持着与现实生活的实时和同步。其三,无准入限制。任何人都能参加,如同当今互联网的准入一样,并且没有严格的限制。其四,经济性。元宇宙拥有独立的经济属性,任何人都能够在元宇宙中进行交易,创造并获得前所未有的数字资产体验,虚拟世界中的"房屋""服装""土地"都可以被创造并交易。其五,可连接性。元宇宙中的虚拟世界与现实世界是高度关联的。比如,利用去中心化线上交易的可持续性,即可以完成数字资产交易,又可以对现实中的创作者进行激励,对所在行业的发展起到正向推动作用;其六,可创造性。正如 Roblox 所做的那样,元宇宙中大部分内容都是用户自己创造的,而不只是游戏厂商提前规划设计好的模板。

或许,元宇宙的精彩并未止步与此。从人类生活及发展的角度来看,元宇宙会带来很多意料之外的体验。

首先，元宇宙的沉浸式体验提供了万物皆可游戏化的可能。游乐本来就是人类的天性，这也是为什么游戏从来都没有从人类的历史长河中消失的原因。人们在游戏中寓教于乐。但如果有一天，人们的工作会议、购物逛街等也变成了游戏化的存在，事情就变得有意思多了。这不仅会创新改变一些固有的商业形态，更重要的是很多日常重复性的事物将变得更加高效有趣。

其次，元宇宙成就了平行时空的另一个自己。元宇宙中提供的虚拟形象及虚拟身份在千变万化的虚拟时空中，为人们提供了另一种人生选择。在现实生活中，每个人的人生只有一次，很多人生角色和经历都是既定的。于是，人们习惯于在虚拟的世界中寻找补偿，希望自己是个魔法师，朝九晚五的上班族渴望自己是个仗剑江湖的侠客，内向胆小的人希冀自己能够拥有许多朋友的陪伴，虽然小说、电影、游戏都在提供这种虚拟感，但是一定没有元宇宙来得真实。

再次，元宇宙探索了数字资产和虚拟价值的实现。尽管在区块链网络中，以比特币、NFT等为代表的数字货币已经出现，但毕竟是小部分人的狂欢。一旦平行于现实世界的虚拟网络编织完成，虚拟世界中数字资产的创造和交易将会如同现实般变得习以为常。这也就意味着，不仅是现实世界，人们在虚拟世界中的劳动与创造也会被尊重及变现。

最后，元宇宙提供了创造一切可能的开放性。虚拟世界中的创造是可以打破物理界限与束缚的。现实世界的创造很大程度上囿于物力资源的稀缺性和自然规律性，比如你想在恬静的乡村建造一间属于自己的理想别墅，暂不论土地资源难以获得，单是水泥、钢筋、木料等原材料的购买就是一项烦琐的事务，更别提打地基、筑围墙这些庞大的工程，同时还得符合建筑建设规范，否则就可能轰然倒塌。但是在元宇宙的虚拟世界中，所有的原材料都是"0"和"1"构成的代码，你只需要找到得心应手的编程工具就可以搭建出自己理想的居所，甚至不用过多地考虑建筑理论，代码绝对不会让它倒塌。在这样的条件下，人们的创意能够被无限激发，而创造本身就是一件美好的事情。

无论怎样，元宇宙都提供了至今为止人类难以体验到的无限的想象。无论是对社会还是个人，元宇宙都给予了巨大的机会和更多的选择。正如马克·扎克伯格（Mark Zuckerber）所言："元宇宙是跨越许多公司甚至整个科技行业的愿景，你可以把它看作是移动互联网的继任者。元宇宙将带来巨大的机会。"

感物理世界之实，享现实之中所无。大概没有人会拒绝这样的元宇宙吧。

源起篇
科幻世界中的元宇宙

Chapter One
第1章

文学影视作品中的元宇宙

"元宇宙"（Metaverse）这个词最早出现在科幻文学作品中是不争的事实。很难想象，在四十年前那个计算机尚未普及的年代，这些科幻小说家们就已率先借由文字勾勒出未来虚拟网络世界。这不禁让我们感到好奇，在这些技术先知的预言里，元宇宙到底是什么样子的？虚拟的空间里都有谁？人们都可以在虚拟的元宇宙中做什么？或许当我们了解这些科幻文学及影视作品关于虚拟网络世界或元宇宙的生动描述之后，元宇宙神秘的面纱就会被揭开。

1.1 赛博空间：从矩阵到超元域

虚拟网络空间是赛博朋克文学的经典元素之一，而赛博朋克流派的兴起则与20世纪80年代计算机网络技术的发展息息相关。早期的赛博朋克小说如《真名实姓》（True Name）、《神经漫游者》（Neuromancer）等已经构建出人类意识可以自由徜徉的虚拟网络世界。随着20世纪90年代电影技术的发展，大量赛博朋克文学作品被拍成电影，影史经典之作《黑客帝国》（The Matrix），其描绘的虚拟网络"矩阵"令人印象极为深刻。而《雪崩》（Snow Crash）更是直接抛出了元宇宙的概念，将一个更加全面、立体和生动的未来虚拟网络世界展现在人们面前。

1.1.1 科幻文学中的数字世界畅想

1. 科幻文学与技术先知

长久以来的实践表明，科学技术不仅是第一生产力，也极大地改变了人们对世界的理解与认知。理性的人们不再诉诸神明祛灾避祸、预测未来，而是利用科学技术解决困境、展望未来。19世纪，第一次工业革命将科学技术广泛地应用于人们的生产生活，生产力的提升带来的物质极大丰富以及生活质量的改善，让人们切实感受到科学技术是改变人类社会发展的首要动力。于是，科幻文学在这一背景下应运而生。具备一定科学理论基础的科幻小说家们，沉迷于科学技术进入人类生活后引发的各种可能性。从某种意义上讲，他们仿佛是现代社会的另一类"先知"。

不同于空想色彩浓厚的玄幻类作品描绘的是一种可能的不可能性，科幻作品描写的是基于客观科学技术的幻想，是一种不可能的可能性。因此，这就决定了不同时期的科幻作品与当时的新技术有着密不可分的关联。例如，1818年，被公认为是第一部现代意义上的科幻小说《弗兰肯斯坦》（Frankenstein）（如图1-1所示）描述的是将死人的尸体缝合，然后利用电击将其复活成巨大丑陋的科学怪人的故事。人造人的科学题材与路易吉·伽尔瓦尼（Luigi Galvani）创立的电生理学不无关联。只不过在小说中，作者玛丽·雪莱（Mary Shelley）将实验中的青蛙腿换成了尸体，并将科学技术是把双刃剑的论点在一开始就提了出来。19世纪60年代中后期，法国作家儒勒·凡尔纳（Jules Verne）在《海底两万里》（Vingt Mille Lieues sous les mers）中描绘了运用煤炭作为动力的潜艇"鹦鹉螺号"（Nautilus）。虽然鹦鹉螺号在现实中的原形在17世纪初期就已经出现，但鹦鹉螺号的机械动力系统却超越了同时期的人力螺旋桨，后者直到20年之后才由美国工程师发明的机械动力系统所取代。进入20世纪中期，核能的应用以及宇宙航行的开拓成为这一时期科幻作品温厚的土壤。具有深厚的数学及

图1-1 1993年伯尼·莱特森（Bernie Wrightson）漫威插图版《弗兰肯斯坦》创作的封面

物理学专业背景的亚瑟·克拉克（Arthur Clarke），创作了科幻巅峰之作"太空漫游四部曲"，太空漫游系列将人类活动置入了广阔的宇宙格局中，并探寻高级文明及生物的存在。到了20世纪80年代，随着计算机科学技术，尤其是互联网的迅猛发展，这些技术先知们开始将幻想中的，网络虚拟的数字世界通过作品呈现在人们面前。

在充斥着计算机与信息化技术等气息的作品中，赛博朋克（Cyberpunk）成为科幻文学的重要分支。赛博朋克一词最早出现在美国作家布鲁斯·贝斯克（Bruce Bethke）的同名小说《赛博朋克》（Cyberpunk）中。虽然小说平淡无奇，但是赛博朋克一词却成为科幻流派和文化风格的代名词，并扩展到电影、动漫、游戏等众多领域。

赛博朋克是赛博（Cyber）与朋克（Punk）的结合。赛博是英文单词"Cyber"的中文音译，通常作为英文单词的前缀，意指与计算机或网络相关的事物。应该说，从计算机代码形成的信息语言在网络世界中传递的那一刻，虚拟世界就开始逐步构建并日益清晰地凸显出来，人们开始进入一个以信息为标志的后工业化社会。网络中跨时空的便捷沟通。飞速的内容传播、个性多样的娱乐生活意味着现实社会正在经历剧烈的范式转型。而嗅觉敏锐的作家们在即将来临的数字时代中人类与信息之间有太多的话题可以讨论，于是利用其专业的技术背景知识，发挥极端的想象力，勾勒一幅似乎近在咫尺的未来虚拟世界前景。朋克（Punk）是一种起源于20世纪六七十年代的文化精神，略带着一丝反叛精神和颓废色彩。所以，赛博朋克很容易就勾勒出了一群看似吊儿郎当实则才华横溢的计算机黑客或计算机怪才的形象。因此，在赛博朋克作品中，现实中生活潦倒却在网络世界中所向披靡，将人类拯救于人工智能或者生物性病毒威胁的英雄人物也就见怪不怪了。

不得不承认，在计算机技术刚开始兴起的年代，科幻文学家们对未来虚拟数字世界的想象是令人钦佩的。在弗诺·文奇（Vernor Vinge）的虚拟网络世界里、威廉·吉布森（William Gibson）的"矩阵"（Matrix）中、尼尔·斯蒂芬森（Neal Stephenson）的"元宇宙"（Metaverse）内，所描绘的由计算机、网络和虚拟现实技术共同创造的赛博空间，即便就当下看来也是具有前瞻性的。不同于征战外太空、追逐高级文明这类宏大遥远的主题，这类作品描述的赛博空间似乎近在咫尺，仅有几步之遥。就像看见了远处的新大陆，有了方向，看到期许，但不知何时着陆登岸。虽然虚拟现实、人工智能等数字化技术已从实验室走出并在不断迭代进步，但技术瓶颈依旧存在，我们不知道预期的"矩阵"（Matrix）、"元宇宙"（Metaverse）究竟什么时候才能变成现实。或许，这种带着希望与期许的追逐才是科幻作品最令人着迷的地方。

2.《真名实姓》中的"另一个世界"

《真名实姓》(如图 1-2 所示)是美国作家弗诺·文奇在 1981 年出版的科幻作品,也是其重要的代表作之一。作为早期赛博朋克的代表性作家,身为数学家和计算机科学家的弗诺·文奇将笔墨凝聚在技术本身,反而没有威廉·吉布森等人在其科幻作品中传达出的阴暗颓废、高科技低生活的反抗精神。可以说,《真名实姓》是最早的、完整地呈现计算机空间中的有血有肉形象概念的科幻作品。在还没有人弄明白计算机网络是什么的 20 世纪 80 年代,部分美国高校的计算机专业将弗诺·文奇的《真名实姓》列为必读书目之一。

《真名实姓》的故事情节并不复杂,故事的主要场景发生在虚拟网络世界中。化名为"滑溜先生"(Mr. Slippery)的罗杰·波拉克(Roger Pollack),由于被美国 FBI 知晓其在现实世界的真实身份,被要求在网络世界的巫师会(Coven)中寻找邮件人(Mailman)的踪迹。因为掌控庞大数据及信息的邮件人已经拥

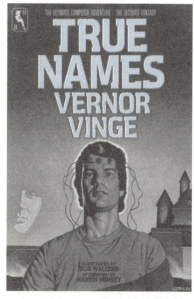

图 1-2　Bluejay Books 出版社 1984 年出版的《真名实姓》封面

有能够颠覆现实政权的实力,对现实世界构成了严重的威胁。而"滑溜先生"作为网络中首屈一指的技术黑客,其真实身份一旦被政府掌握,意味着"滑溜先生"的生死存亡均在 FBI 一念之间。于是"滑溜先生"被迫与同伴埃莉斯琳娜(Erythrina)携手,在网络空间中与神秘的邮件人进行了惊心动魄的斗争,最终将邮件人摧毁。所谓邮件人不过是具有自我意识程序的智能程序。

在弗诺·文奇的笔下,虚拟网络世界是诗意和魔幻的。在小说的开篇,弗诺·文奇就写到"在很久很久以前的魔法时代,任何一位谨慎的巫师都把自己的真名实姓看作是最值得珍视的密藏,同时也是对自己生命的最大威胁……时代的轮子好像转了一整圈,我们的观念又转回魔法时代(这个时代究竟是不是真的存在,这个姑且不论)——我们又重新担心起自己的真名实姓来。"这段对数据安全及个人隐私的暗喻的描述既前瞻又复古,也预示着这是一个类似魔法世界的虚拟真实。将未来的网络世界与远古的魔法世界重叠,一方面,使得网络世界中的代码、软件、程序以更加生动、可比拟的形象展现在读者面前;另一方面,也象征着网络世界力量的强大,让人们对虚拟世界产生不亚于对魔法世界的向往。

当然，进入"另一个世界"（The Other World）并不是在9又3/4站台等待去霍格沃茨的列车，也不是挥动魔杖、念一句幻影移形的咒语，而是将五个脑关电极贴在头部并加上稍许自我催眠意识。脑关电极承担了沉浸式体验的主要功能，脑关电极传送的只是某种暗示，相当于舞台上的提词，滑溜先生的想象力与潜意识对这些暗示做出反应，形成与现实世界毫无二致的真实感受。

在进入网络虚拟空间后，数据代码会转换成具体的物化形象，就像我们使用的计算机端界面，已经很少有人直接操纵代码，而是操作代码形成的图片及文字。"他的意识飘浮起来，遗世独立。潜意识中，西岸通信与数据服务系统化为一片模模糊糊的灌木丛，潜意识之上的清醒知觉再对这片信号丛林详加检视，查询检索，找出最安全的小径，通向一块不受打扰的调制空间。"

关于虚拟世界中的环境，可以找到更多类似的描述。例如关键的巫师会，似乎可以理解成为加密视频会议的升级版，在弗诺·文奇的笔下是这样的："山坡那边能望见一座阴沉沉的巨大城堡，离这里不到五百米，那就是巫师会的所在地。和刚才的沼地一样，城堡也被隐隐约约映照得半明半暗。光源只有部分天光，其余则道不清来历。"又比如"滑溜先生"与埃莉斯琳娜为躲避信息追踪的碰头地点："三号卫星成了绝佳的碰头点，很偏僻，不引人注目。在另一层面中，它的外形表现为一道五米宽的岩石平台，突出在一面峭壁上，接近山顶。山脚是片片森林与沼泽地，按高度分别代表较低轨道上的卫星和地面通信网。远处还有两座与之类似的山峰，背后映衬着青苍色的天空。"

尽管没有后期赛博朋克小说中风格化明显的元素，至少《真名实姓》中描绘的虚拟网络世界告诉我们，只要有丰富的数据和智能程序，未来的虚拟网络世界将是一个不亚于现实世界的存在，甚至可能是更精彩的存在。

3.《神经漫游者》中的"矩阵"

提到"矩阵"（Matrix），大部分人脑海里涌入的是电影《黑客帝国》（The Matrix，1999）中的虚拟网络空间。而十余年前，"矩阵"的概念就由加拿大科幻作家威廉·吉布森于1984年完成的《神经漫游者》（Neuromancer）中创造出来（如图1-3所示）。《神经漫游者》细致入微地描写了计算机网络、生物工程等技术在未来科技生活中的应用，营造出人们进入赛博空间（Cyberspace）后神奇的交感幻觉，烘托出价值观、伦理观碰撞后的强烈反叛精神，以及非线性叙事和跳跃性情节处理，这些对于20世纪80年代的科幻界而言，具有极强的革命性意义，也让科幻爱好者赞不绝口。《神经漫游者》也实至名归地成为首次囊括雨果奖、星云奖和菲利普·迪克奖等世界三大科幻奖项的作品。威廉·吉布森被很多人当成赛博朋克流派的开山鼻祖，而《神经漫游者》更是被奉为赛博朋克文学的圣经，对后期的赛博朋克作品产生了深刻的影响。

与弗诺·文奇的《真名实姓》相比,《神经漫游者》中涉及的技术更加复杂,世界更加复杂宏大,颓废冰冷的感觉更加强烈。《神经漫游者》讲述了名为凯斯(Case)的计算机黑客,因偷窃雇主的东西不幸被发现,于是被强行注入毒枝菌素而使其神经系统受到破坏,导致他无法通过大脑计算机界面进入赛博空间,即全球计算机网络"矩阵"(Matrix)。在凯斯(Case)痛苦颓废之际,一位名为莫莉(Molly)的女子出现,威逼利诱凯斯加入阿米蒂奇(Armitage)的团队并治愈了凯斯进入"矩阵"的能力。他们的任务是进入泰西埃—阿什普尔(Tessier-Ashpool)家族的赛博空间站迷光别墅(Straylight)。而这一切均由人工智能"冬寂"(Wintermute)所操控,为的就是摆脱图灵警察(Turing Cops)对于人工智能进化的限制。最终,凯斯和莫莉成功获取了密钥,人工智能"冬寂"与"神经漫游者"合并,突破图灵限制,成为一个有人性灵魂的超级 AI。

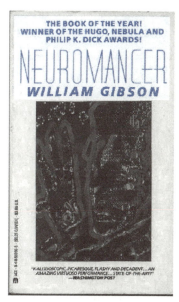

图 1-3　Ace Books 出版社 1984 年出版的《神经漫游者》封面

威廉·吉布森描绘的"矩阵"是一个基于全球计算机网络,由人、机器和信息源互相联结而构成的新型社会生活和交往的虚拟空间。主人公凯斯进入"矩阵"利用的是皮肤带(Dermatrodes)并通过控制板来操控其在网络空间的行为。威廉·吉布森认为网络空间是人类意识的极端简化,将其描绘成一种电子迷幻式的几何空间。当凯斯进入"矩阵"时,"在眼睛后面那片血色黑暗之中,银色视像从视界边缘滚滚流入,好像随机图像拼成的电影,晃得人头晕。那些符号、图形、脸庞,那些视觉信息模糊拼凑成一片坛城……一只灰色的圆盘,那是千叶城天空的颜色。圆盘开始旋转,越来越快,变成一只淡灰色的圆球。越变越大——开始为他流淌,为他绽放,那水一般的霓虹如同繁复的日本折纸,现出他那触手可及的家园,他的祖国,像一张透明的三维棋盘,一直伸到无穷远处。"

人们进入虚拟的网络世界并不是通过观看,而是感觉。威廉·吉布森认为将个体脱离肉体的意识切入交感幻觉世界就是矩阵。"赛博空间每天都在共同感受这个幻觉空间的合法操作者遍及全球,包括正在学习数学概念的儿童……它是人类系统全部电脑数据抽象集合之后产生的图形表现。有着人类无法想象的复杂度。它是排列在无限思维空间中的光线,是密集丛生的数据。如同万家灯火,正在退却……"

毫不夸张地说，威廉·吉布森在《神经漫游者》中对未来网络世界的设想，时至今日也是不过时的。那些超前、炫酷的科幻设定让人拍案叫绝。在之后的影视文学作品，如《黑客帝国》《雪崩》中依旧能够找到"矩阵"的影子。

1.1.2 影视作品中的数字虚拟呈现

1. 赛博朋克文学的影视化

《神经漫游者》的成功逐步引发了世界性的赛博朋克文学热潮。赛博朋克元素迅速从文学向电影、音乐、绘画等各种形式的艺术形式蔓延，进而形成了个性鲜明的赛博朋克文化。

其实在《神经漫游者》之前，电影艺术家们就已经开始了科幻作品影视化的尝试。1982年，也就是威廉·吉布森完成《神经漫游者》的前两年，改编自科幻大师菲利普·迪克（Philip Dick）经典小说《仿生人会梦见电子羊吗?》（Do Androids Dream of Electric Sheep?）的电影《银翼杀手》（Blade Runner）上映。但是由于电影拍摄技术的限制等诸多因素，人们并不能从电影中感受到小说中所描述的未来科技感，电影并未获得市场青睐。

20世纪90年代，随着计算机图形图像技术进入电影工业以及电影拍摄技法的开拓创新，赛博朋克文学的影像化的现实基础逐渐成熟，无论是电影还是动漫，以虚拟网络和人工智能为主题的赛博朋克影视化改编作品如雨后春笋般涌现。科幻成为电影题材中不可或缺的重要组成部分。

1999年，由沃卓斯基兄弟（The Wachowskis）执导的电影《黑客帝国》上映，将机器控制的虚拟网络空间形象化地展现在观众面前。随着《黑客帝国》三部曲（如图1-4所示）的完结，该系列一共斩获超过16亿美元的票房。同年上映的还有约瑟夫·鲁斯纳克（Josef Rusnak）拍摄的《异次元骇客》（The Thirteenth Floor）（如图1-5所示），也同样展现了计算机创造的虚拟世界1937，虽然影片的炫技不如《黑客帝国》华丽，但是虚拟与现实的交错及丰富的故事内核依旧为影片获得了诸多赞誉。

此外还有大卫·柯南伯格执导的《感官游戏》（eXistenZ），在故事设计上与《异次元骇客》中一个世界套另一个世界的构思极为相似，但呈现的却是电子游戏世界。2011年上映的科幻电影《源代码》（Source Code）则展现了能够回溯到他人记忆中寻找犯罪线索的源代码计算机系统（如图1-6所示）。2014年公映的《超验骇客》（Transcendence）描绘了人类的精神意识能够进入虚拟网络世界复活的画面。

图 1-4　1999-2003 年上映的《黑客帝国》三部曲电影海报

图 1-5　1999 年上映的科幻电影
《异次元骇客》海报

图 1-6　2011 年上映的科幻电影
《源代码》海报

2017 年的《银翼杀手 2049》讲述了人工智能复制人按照人类指令追杀复制人的故事。2018 年史蒂文·斯皮尔伯格（Steven Spielberg）执导的影片《头号玩家》（Ready Player One）讲述了一群孩子通过虚拟现实设备进入游戏世界斗智斗勇，最终拯救网络世界的故事，影片上映后备受市场关注与观众好评（如图 1-7 所示）。

除了电影，在动漫、剧集方面，赛博朋克也是经久不衰的主题。1995 年，改编自士郎正宗的漫画作品《攻壳机动队》（Ghost in The Shell）的同名动画电影，由日本三大监督之称的押井守监督执导并公开放映（如图 1-8 所示）。动画讲述了全身"义体化"的女警将高科技罪犯绳之以法的故事。无论是极具压迫感的画面，还是关于计算机黑客篡改高度电子化的大脑的情节设定，或者关于人类自身存在与否的讨论，都是满满的赛博朋克风的体现。该动画于 2017 年派拉蒙影业公司翻拍成真人电影版，其受欢迎的程度可见一斑（如图 1-9 所示）。2012 年，改编自川原砾的同名小说《刀剑神域》被 TV 动画化，影片的故事架构和 6 年之后上映的《头号玩家》极为相似，都是通过虚拟现实设备进入仿真的游戏世界，浴血奋战进而拯救虚拟乃至现实世界的故事。2016 年，美国 HBO 播出的科幻剧集《西部世界》（Westworld）。这是一部讨论人工智能觉醒和人类冲突的故事，人类的游戏场没有发生在虚拟的意识层面，而是无比真实的现实。然而，剧集中也创造出了一个意识永存的网络虚拟世界，让被废弃的人工智能人的意识获得永生。

图 1-7　2018 年上映的科幻电影《头号玩家》海报

图 1-8　1995 年上映的动画电影《攻壳机动队》海报

图 1-9　2017 年翻拍的真人版《攻壳机动队》城市场景

无论是电影，还是动漫剧集，都形象化地展现出未来可能存在的虚拟世界。通过影像，网络虚拟世界与现实世界的对比与冲突也愈发明显，与冰冷阴暗的现实相比，似乎那流光溢彩、五彩纷呈的赛博空间才是应该向往的"真实"。

2. 春风沉醉的虚拟空间

为了更好地阐述影视作品中出现的虚拟空间，不妨将这些网络虚拟空间分为两类。一类是与现实具有强依存关系的网络空间，即现实世界与虚拟空间密不可分，例如《黑暗帝国》虚拟世界中的疼痛、快乐及死亡都会真实反映到现实世界中，有一种虚拟即现实、现实即虚拟的错觉。另一类是与现实具有弱依存关系的虚拟世界，即虚拟游戏世界。与当下人们玩游戏一样，人们可以自由出入游戏，除了沉迷游戏不利于身心健康之外，对现实并不会造成过多的影响。

《黑客帝国》中虚拟空间"矩阵"其实就是影片片名的英文直译，在电影中也被称为"母体"。影片讲述了生活在虚拟空间的尼奥（Neo）被现实中的人类唤醒，并了解到世界即将为机器统治，大部分人类存活在盛满营养液并插满各种插头的容器中，从而接入"矩阵"，为机器提供热能。只有一小部分人类不受机器控制，自由地生活在地下城市锡安（Zion）。为了保卫人类的家园，尼奥不得不一次次进入"矩阵"，找到基于程序算法"矩阵之父"Architect，并了解到，无论是现在的虚拟世界"矩阵"，还是人类居所"锡安"，都是机器通过毁灭重置而形成的不同进化版本。在"矩阵之母"Oracle 的暗示下，尼奥最终拒绝周而复始的自我牺牲式救赎，而是通过自我选择与病毒史密斯（Smith）融合，同时拯救了机器世界和人类世界，并实现二者的短暂和平。

在影片中，尼奥和他的小伙伴们进入虚拟"矩阵"的方式是通过人机接口实现（如图 1-10 所示），通过后颈位置的入孔插入电极，就可以进入或者脱离"矩阵"。而"矩阵"中的虚拟世界仿佛与观众认知的现实世界无异，温暖而和煦的阳光、鳞次栉比的街道、熙熙攘攘的人群、秩序井然的办公环境……与那个永不见天日、拥挤昏暗的地下城相比，这个虚拟世界过于真实而正常。而这一切并不是通过望闻问切直观接触到的，而是通过大脑意识与计算机网络世界的连接体验到的，尽管这只是一串串代码（如图 1-11 所示）。因此，虚拟世界中所有的感受都可以传递到现实中，包括死亡。电影中的先驱者墨菲斯（Murphys）就说过："这一切是因为你的大脑认为是真的。大脑死了，身体也活不了。"（Your mind makes it real. The body cannot live without the mind.）这就是《黑客帝国》展现出来的虚拟网络世界，能够创造无比接近真实的虚拟。

与《黑客帝国》相比，电影《头号玩家》中的虚拟世界与现实世界的切割更为清晰，因为所有人都知道"绿洲"（Oasis）只是一场游戏。技高一等的玩家能够通关夺宝，技不如人的玩家只能从头再来，也不至于以命相搏。影片讲述的正是一群技艺高超的玩家，在虚拟游戏世界"绿洲"破解游戏开发者哈利迪（Halliday）留下的游戏彩蛋，粉碎了财阀 IOI 意欲获得"绿洲"掌控权从而将游戏商业化的幻想。

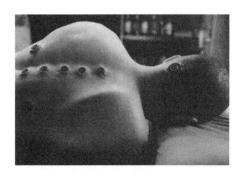
图 1-10　电影《黑客帝国》
中的人机接口

图 1-11　电影《黑客帝国》
"矩阵"世界的代码化

图 1-12　电影《头号玩家》中的 VR 眼镜与体感衣

就游戏而言，影片并没有采用人机接口这种深度介入的设备。主人公韦德（Wade）只需要带上 VR 眼镜，穿上体感衣，连入网络，即可登入虚拟的"绿洲"（如图 1-12 所示）。VR 眼镜能够从视觉上呈现不亚于现实视觉感官的影像显示，而影片中韦德用通关后的奖金购买的体感衣 X1 就是配备了多个振动点和触觉传感器的虚拟现实 VR 背心，能够将虚拟世界中获取的感受以触觉的方式传到现实中，例如撞击、枪伤等。进入"绿洲"之后，眼前的虚拟世界是五彩夺目的，冒着粉红色泡泡和洋溢着青春暧昧的错乱星球、凌空浮动的动感舞池、枪鸣炮响的昏黄死亡星球、惊险刺激的通关游戏场、宽敞深邃的档案馆、诡异奇妙的电影院等应有尽有，这些时刻都闪耀着高饱和度及色彩丰富的光芒虚拟空间，架构起"绿洲"生机勃勃、光怪陆离、欲望狂欢的大千世界，吸引着现实中的人们趋之若鹜。

3. 与现实空间的冲突对立

当电影的主人公摘掉 VR 眼镜或者拔掉人机接口的电极，登出虚拟网络世界、回到现实中时，观众所见的光洁恢宏的摩天大楼顷刻间变成阴暗逼仄、塔楼堆叠的贫民窟，宽敞明亮、秩序井然的街道变成肮脏潮湿、拥挤压迫的人居环境，似乎现实中永远都是灰如泥墙的阴暗天空，肮脏污水横流的地板，裸露堆积的管线，连绵酸雨中明度不高的霓虹灯，星罗棋布的灯箱招牌与毫无节制的街头涂鸦，以及随处可见的暴力……与虚拟网络空间相比，现实似乎有些不尽如人意了（如图 1-13 所示）。

图 1-13　电影《头号玩家》中现实"叠楼区"与"绿洲"对比

当然，"高科技、低生活"本来就是赛博朋克流派的重要特征，而电影艺术通过影像将这种冲突对立直观地呈现在观众面前。这种强烈冲突的空间视觉表达，无非是赛博朋克小说家或电影艺术家们对人类社会与未来科技发展之间矛盾冲突隐忧的外现。例如，信息和网络科技高度发达而形成无法跨越的阶层和种族分化，渺小的底层人类在强大的极权机器面前苟延残喘；在庞大的信息数据海洋中，个人有若一叶浮萍无法掌握自身命运；过度依赖科技带来的便利而造成人类进化的消退等。一方面这些冲突与矛盾使得赛博朋克电影产生了强大的戏剧张力，另一方面这些顾虑与恐惧也确实存在。

未来或许真的如赛博朋克的预言一般，虚拟与现实存在且对立。或许，尽管存在这种冲突，也不会像电影艺术中那般夸张。不管怎样，至少通过赛博朋克的电影作品，观众们知道，那般真实和精彩的虚拟世界终将会到来的，或许我们已身处其中。

1.1.3　《雪崩》中的元宇宙

1. "元宇宙"出现的地方

让我们把视线拉回到《雪崩》这部赛博朋克小说上，这不仅仅因为《雪崩》是一本不亚于《神经漫游者》的赛博朋克经典之作，更是因为小说第一次提出了"元宇宙"的概念，在国内引进的版本中最初也被翻译为"超元域"（如图 1-14 所示）。

尼尔·斯蒂芬森创作完成《雪崩》的时候是 1992 年，距离赛博朋克的经典之作《神经漫游者》的发表已经过去了近十年。近十载的时光，计算机技术的发展日新月异。当威廉·吉布森创作《神经漫游者》时，大多数人甚至专业的技术人员都还不知道计算机和互联网为何物，而到尼尔·斯蒂芬森酝酿《雪崩》的时候，微软的 Windows 视窗操作系统面世，人机互动正式开启，最早的因特网服务商 Compserve 也开始面向社会和商业组织提供互联网服务。那个理想中虚拟网络世界的雏形正在现实世界中一点一滴地搭建。这也就意味着与威廉·吉布森的"矩阵"相比，尼尔·斯蒂芬森笔下的"元宇宙"显得更加清晰真切，是一个被清晰赋形的生活化的虚拟实境。

说起来，《雪崩》的故事线并没有《神经漫游者》那般复杂，但阅读的过程确实比较艰难，可能与尼尔·斯蒂芬森个人夸张的黑色幽默语言风格、情节主题的不断分叉导致的情节连贯性缺乏等因素有关。小说讲述了"元宇宙"的创始开发者之一弘（Hiro）是一位自由黑客、刀客和兼职披萨外卖员。一次意外的披萨速递，弘意外结识了激进快递系统的信使、自由滑板客，一个 15 岁的朋克女孩 Y·T。当弘的朋友大五卫（Da5id）及黑客圣地"黑日"（Black

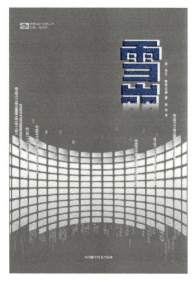

图 1-14　四川科学技术出版社 2018 年再版《雪崩》封面

Sun）惨遭病毒"雪崩"（SnowCrash）荼毒，并造成计算机系统崩溃及严重脑损伤时，弘携手 Y·T 搜集鲍勃·莱夫（Bob Rife）和"雪崩"的情报。他们发现，"雪崩"是一款集生物、信息、宗教三位一体的强大病毒。探寻的过程中，更是引发了一场有关苏美尔文明等古代神话和神经语言学、计算机科学的跨时空对话。最终，弘成功潜入宗教组织内部，找到"解药"并打破了"雪崩"对现实及"元宇宙"的控制，拯救人类于这场信息灾难的水火之中。

尼尔·斯蒂芬森在《雪崩》中创造了人类生存的双重空间——现实与"元宇宙"。有的时候，你不得不惊叹尼尔·斯蒂芬森的预见能力，因为我们似乎可以在当下的现实中找到"元宇宙"的影子。

2. 更真切的虚拟空间演绎

从小说中的描述来看，弘登入虚拟世界"元宇宙"是通过利用计算机广角鱼眼镜头，以及 VR/AR 眼镜及耳机设备。"镜头可以看到整个宇宙的一半，也就是位于计算机上方的那一半……镜头下方的计算机内部有三束激光——分为红、绿、蓝三色……这样一来，计算机内部就能发出一道细细的光束，可以是任何颜色，通过上方的广角鱼眼镜头投射到任何方向。计算机中的电子镜面让这束光在弘的目镜上来回扫描，很像电视机中的电子束扫过显像管的内壁。由此形成的图像就悬在弘的双眼和他所看到的现实世界之间。"目镜能够通过立体图像的速度切换，形成肉眼可识别的超真实清晰感。这样的描述与当前 VR 电影的体验并无二异。

"元宇宙"中的世界似乎是现实世界的翻版,这里也有灯火通明的大街、热闹非凡的街区、缓行的有轨电车……这似乎又让人联想到了《黑客帝国》中的"矩阵"。只不过不同的是,这些并不是由机器的代码塑造的,而是靠每一个进入"元宇宙"的人共同创造的。"和现实世界中的任何地方一样,大街也需要开发建设。在这里,开发者可以构建自己的小街巷,依附于主干道。他们还可以修造楼宇、公园、标志牌,以及现实中并不存在的东西,比如高悬在半空的巨型灯光展示,无视三维时空法则的特殊街区,还有一片片自由格斗地带,人们可以在那里互相猎杀。"所以,由大众参与并创造的虚拟世界更加贴近真实。

每个人都可以通过购买软件或编程,创造并设计自己在"元宇宙"中的空间样式,并获得"元宇宙"的空间许可。"更确切地说,它们不过是一些软件,通过遍及全球的光纤网络供大众使用。当弘进入超元域,纵览大街,当他看着楼宇和电子标志牌延伸到黑暗之中,消失在星球弯曲的地平线之外,他实际上正盯着一幕幕计算机图像,即一个个用户界面,出自各大公司设计的无数各不相同的软件。若想把这些东西放置在大街上,各家大公司必须征得'全球多媒体协议组织'的批准,还要购买临街的门面土地,得到分区规划许可,获得相关执照,贿赂检查人员等。"这简直就是购买域名、利用网页编辑软件设计自己网站的升级版本。

不像《黑客帝国》中机器控制人类意识的虚拟空间,也不同于《头号玩家》中游戏通关夺宝的虚拟局限,更不像《神经漫游者》中抽象的虚拟世界,"元宇宙"更像是一个由众人参与建设、遵循程序设计的某些原则、类似虚拟人生游戏、高度真实体验的虚拟平行世界。

1.2 虚拟化身:个体自由的超真实

了解"元宇宙"的虚拟空间之后,我们不禁会好奇是谁在虚拟网络空间中自由行走,现实中的人在"元宇宙"中是什么样子?这些赛博朋克作品也给出了大胆的设想:人们可以通过代码勾画出个性化的形象,利用虚拟化身(Avatar)在赛博空间中活动。与此同时,虚拟网络空间也会提供各式各样的智能化虚拟人,为虚拟化身们提供各种服务。除此之外,这种脱离现实身份地位、外貌形象的虚拟化身为人们构建新型网络认同和群体关系提供了新的途径。

1.2.1 自由个性的虚拟化身

在大部分赛博朋克作品中,主人公的设定都是绝顶聪明的天才黑客,敲得一手好代码,破解程序分分钟信手拈来,就像是隐于市野的江湖侠客,一出手便是箭无虚发、以一敌百。因此，在西方的文化语境中，他们也被称为"赛博牛仔"。总之，活跃在赛博空间的人大都是一帮技术极客，至少是对计算机网络世界感兴趣的人。虚拟的网络空间为躯体自我和意念自我的分割提供了基础。换言之，肉体和心灵是能够分隔开的，肉体囿于现实难以改变，但是心中所念、心里所想的意识却可以突破现实的牢笼，在虚拟的世界中徜徉。

在威廉·吉布森的《神经漫游者》中，凯斯通过电极将自己的神经系统与虚拟网络相连之后，能够以多元感觉穿越心灵的非空间，用意念感知甚至控制其他人，产生各种脱离躯体的交感幻觉。小说中有一段凯斯为了执行任务而进入杀手莫莉意识的一段描写："他打开了那个新开关。他蓦然落入另一具肉体之中。网络消失了，一波声音与色彩袭来……有那么几秒钟，他惊惶地想控制她的身体，却毫无作用。他迫使自己接受这种被动感，在她眼睛后面做一个乘客。"这种纯粹的精神形态使凯斯能够从现实世界中的身体决定的性别、健康、文化身份中脱离出来。不得不承认，这样的虚拟主体的想象是很炫酷的，但是似乎过于主观。虽然离开躯体，但是意识始终是来源于物理的现实。因此，《神经漫游者》的虚拟主体显得过于主观和抽离了。

尼尔·斯蒂芬森的《雪崩》似乎意识到这一点，他并没有将虚拟世界中的存在幻化成抽象的意识，而是虚拟主体作为现实世界的"化身"存在于"元宇宙"中。看上去，虚拟世界中的你是另一个你，却又不完全是你。换句话说，虚拟网络没有必要将现实中的你从头到脚一根头发丝都不差地投射到网络中。在虚拟空间里，你完全可以拥有选择自己形象的自由。尽管如此，虚拟主体在虚拟世界中的感知力、情感与性格等多方面确实是来源于真实的自己。因此，这是与现实世界紧密相连的"另一个自己"。

《雪崩》中是这样描述虚拟主体"化身"："他看到的并非真人，全都是计算机根据光纤传输的数据规格绘出的动态画面。超元域中的每个人其实都是软件，名为'化身'，是人们在超元域里互相交流时使用的声像综合体。每个人的化身都可以做成自己喜欢的任何样子，这就要看你的计算机设备有多高的配置来支持了。即使你模样很丑，仍旧可以把自己的化身做得非常漂亮。哪怕你刚刚起床，可你的化身仍然能够穿着得体、装扮考究。在超元域里，你能以任何面目出现：一头大猩猩，一条喷火龙。在街头走上五分钟，你就能见到所有这些千奇百怪的玩意儿。"这就表明，虚拟主体的形象虽然千变万化、自由选择，但是这也取决于现实中主体的财力或脑力。实力强的技术黑客自然是3D建模、真人渲染不在话下，普通且富有的菜鸟能够向专业的软件公司购买或定制形象，最不济的穷菜鸟只能通过廉价的公用终端进入超元域，以不稳定、颗粒粗大的黑白影像出现在"元宇宙"中。这些千姿百态的虚拟形象呈现逻辑与现实世界如出一辙。

除此之外，化身在元宇宙还必须遵循一定的社会化规则，例如不能在任何地方随意现身、从天而降或是突然消失。因为这样会让周边的人感觉到莫名其妙或者激怒他人，所以必须在私密场所进行。又比如，虚拟化身们也会有等级之分，只有像弘这样的顶级黑客才可以进入黑客圣地"黑日"等。这些规则也暗示着，元宇宙是并不是一个完全独立于现实的虚拟世界，更像是一种经过特殊处理的镜像。

在这个亦虚亦实的元宇宙中，虚拟化身既不是人机合成的仿生人，也不是虚无抽象的能量意识，而就是以人们习以为常的身体（无论是人的还是动物的）呈现出来。所有触摸、观看乃至打斗、死亡等极端身体经验也被拟象出来。也正是由于现实肉体的缺席，人们才能够更加真实地表现自我，从而体验到比在现实世界中更容易获得的真实感和临场感。可见，元宇宙中的虚拟化身以虚拟之躯，承载了真情实感，进而影响真实人生。

1.2.2 智慧化虚拟人

在虚拟的网络世界中，除了与现实个体连接的虚拟化身，还存在着大量的自动程序和算法。这些代码也会以特定的形象出现在虚拟空间，服务并维持这个虚拟空间的运转。就好比计算机中运行的各色各样的软件，有的负责文档编辑、有的负责图片制作、有的负责后台运维等，共同维系着计算机的正常工作。

这与游戏中NPC（Non-Player Character）的概念极为相似，即游戏中的非玩家角色。这些角色并不受玩家控制，而是游戏系统中的固定角色，由游戏主持者操纵。出于游戏剧情及功能的需要，NPC会给玩家发布任务、提示线索、配给资源等，以便为玩家提供更好的游戏体验。总而言之，NPC是游戏设计者与玩家之间互动的重要工具。电影《头号玩家》中"绿洲"的创始人哈利迪在虚拟游戏世界中的化身阿诺克，从某种意义上来看，其实就是游戏中的NPC。在寻宝游戏中，是阿诺克公布了游戏规则并发布了一条条线索，引导韦德和他的小伙伴们一路通关（如图1-15所示）。

从功能上看，元宇宙中描述的虚拟人与游戏中的NPC类似，为元宇宙的虚拟化身提供各式各样的系统服务。只不过没有游戏背景的限定，这些虚拟人好像现实中必不可少的公共基础服务或专业服务的提供者。与现实不同的是，这些服务的提供只是预先设定好的程序或代码。尼尔·斯蒂芬森给这些虚拟人取了一个相当魔幻的名字"邪灵"（Daemon）。"邪灵"是个古老的术语，源自UNIX操作系统，指一种低级实用软件，属于操作系统的基础部分。在"黑日"里，"邪灵"很像化身，但并不代表某个人。它是生活在超元域里的机器人，一个软件，居住在机器里的精灵，通常发挥着某种特定的作用。"黑日里有许多守护邪灵，或是为顾客奉上虚拟饮料，或是帮人们跑跑腿。"

图 1-15　电影《头号玩家》中哈利迪虚拟化身作为 NPC 提供通关线索

与电脑中五花八门的软件一样，元宇宙中也存在着颇有意思的邪灵。比如有守在"黑日"的门口，通过运用化身物理学中的某些基本原理，将不受欢迎的虚拟化身丢出门外的保镖邪灵（Bouncer Daemons）。有在酒吧中一边鞠躬一边奔忙的艺伎邪灵（Geisha Daemons）。弘独门原创的墓地邪灵（Graveyard Daemons），这些矮小而敏捷，裹着像忍者一样黑衣的虚拟人用来处理在元宇宙中战斗死亡的"尸体"。"他们就在黑日地板上的隐形活板门里显出身形，从冥府中爬出来，围在商人四周。仅仅几秒钟，他们就已把尸体的碎块收进黑色口袋，顺着秘密的活门爬下去，消失在黑日地板下幽深的地道里。有几个好奇的主顾曾试图跟踪邪灵，设法撬开活门探个究竟，但除了光滑的黑色亚光地板之外，他们的手指摸不到任何东西。只有墓地邪灵才能进入地道系统。"以及帮助弘检索关于雪崩病毒资料及苏美尔神话传说，看上去以一位和蔼可亲的老者形象示人的图书管理邪灵（Librarian Daemon）……

这么看来，这些虚拟的"邪灵"们，要比游戏中 NPC 智慧化许多。虽然，这些虚拟人同样没有自主意识或思考的能力，只是按照系统代码的设定执行应有的功能。但在更加自由且充满不确定性的元宇宙中，仍然需要比跟随剧情线出现的 NPC 更为智能化、复杂化的智能虚拟人。就这样，人类的虚拟化身与智能化虚拟人，共同组成了"元宇宙"中生龙活虎、有灵性的虚拟主体世界。

1.2.3　新型群体关系的构建

在元宇宙中，虚拟化身不仅是个体自我的鲜明体现，它同时预示出一种有异于现实世界的彼此交互、相互认同的群体关系。而这样的新型群体关系在如今的社交网络中也早已得到印证。

《雪崩》中，那些混迹于虚拟元宇宙的人是真正在数字化环境下成长起来的一个庞大群体。就像现在的 Z 世代，从出生起，就与互联网紧密地联系在一起。进入元宇宙的赛博族，暂时摒弃了现实生活中的身份和形象，按照自己赋予的符号来标识自己的身份并让他人认知自己。例如，弘在元宇宙中的化身就总是披着一件黑色的皮制和服，有着黑客的干练从容，同时也暗示着弘的刀客身份。由于在虚拟网络中展示给他人的是一组角色代码，因此人们可以以一种娱乐化或风格化的方式将自己从现实中既定的形象角色中解放出来，形成特定的网络人格，并与相应的网络群体形成网络认同。同时，可以看到这种网络认同也是基于现实的，《雪崩》的元宇宙中设有各种国家区域及文化分区，吸引同类的虚拟化身们在此云集就是最好的例子。人们在现实世界中的身份不是被虚拟完全吞噬，反而通过化身发展出了多重性，主体之间、主体与世界的关系也在其中得到重构。

看上去似乎很熟悉？这与利用QQ、Facebook等社交软件交友互动没有什么本质的区别。例如QQ聊天的形象框中，人们也可以选择从大方简洁到二次元各种人物造型。在豆瓣中，人们可以根据自己的兴趣爱好参与不同的话题和小组，从娱乐八卦到炸厨房小组，和有着同样兴趣爱好的陌生人互动。元宇宙中的虚拟化身也是一个道理，只不过立体的虚拟空间和3D仿真的形象，总是比QQ卡通头像来得更真切一些。

撇开现实中的身份和形象，虚拟化身在元宇宙中交往体验到的往往是人内在的意识和情感，很容易形成某特定领域或专业方向的认同感。美国心理学家乔纳森·海特（Jonathan Haidt）认为这种认同感对个人的生命的发展具有一定意义，因为自我通过认同与群体联结起来，形成新的整体，实现自我的扩张。而虚拟化身正是主体创造性的表达，从而在多样化的虚拟世界中寻求丰富的认同，形成一种生动化的人际互动和人机互动，营造一种"人虽不同，身同此行"的沉浸感，进一步强调并突显交互双方的个性差异和独特价值。

1.3 数字生存：虚拟世界中的全新体验

虚拟空间、虚拟化身和虚拟人准备就绪了，接下来就是在元宇宙中"搞事情"了。首先，在虚拟网络世界意味着人们可以隐去现实的真实身份，以全新的虚拟身份进行人际互动和网络空间活动，同样这也暗示着网络隐私安全的重要性。其次，元宇宙中超真实的沉浸体验如同魔法一般，不仅能够给人们带来现实中难以经历的体验，也能够将现实中日常的生活工作纳入虚拟世界，为人们提供便利。最后，虚拟的元宇宙千般万般好，也始终离不开现实世界。虚实相生，难舍难分。

1.3.1 换一种虚拟身份

除了千变万化、随性所欲的虚拟形象，在元宇宙中的虚拟化身还意味着真实身份的隐藏，以一种虚拟身份在虚拟世界中自由行走。要知道，在现实世界里，改头换面换个身份 ID 在江湖上浪迹天涯，是不被允许的。但在虚拟网络中，这是一件再自然不过的事情。没有人会真的在意你是学生、专家还是无业游民，也没有人关心你是一贫如洗还是富可敌国，人们只关心你的虚拟形象在虚拟世界的所作所为，仅此而已。

摆脱现实生活中的身份束缚，在活力四射的虚拟元宇宙中，虚拟身份成为自我表达的主导模型，为人生的多元化尝试提供了可能。正如《真名实姓》中化身为"滑溜先生"的罗杰·波拉克，在现实中只是一名不起眼的小说家，但在"另一个世界"中却是拥有掌控计算机网络世界的"大巫"。"他在现实生活里只不过是个漫画中的小人物，胆小怕事，总幻想干一番英雄业绩，做个江洋大盗什么的。只有在虚拟世界中，他这类人才有可能美梦成真……"在电影《头号玩家》也有着同样的设定，主人公韦德在现实中不过是一个未满 18 周岁、戴着眼镜、怯懦内向的大男孩，眼神里充满着对现实世界的疏离和失望。而在"绿洲"中他则是一头银色短发、身形矫健、阳光帅气的英雄，带领着寻宝五人组一路过关斩将，顺利通关，享誉全"绿洲"。因此，无论是罗杰·波拉克还是韦德，作为现实中平凡的小人物，或许永远囿于现实中的平淡无奇，但是因为他们对网络或游戏的热爱与执着，成就了他们在虚拟世界的辉煌，将内在的能量释放在另一个世界。

当然，这也不意味着拥有虚拟身份就可以为所欲为，隐匿于虚幻、逃之于无形。网络数据的产生、传输及交互总会留下各种痕迹，而有心之人总能顺着蛛丝马迹寻找到虚拟身份在现实生活中的真实原身。例如，在《真名实姓》中，FBI 根据"滑溜先生"的行为，通过区域和职业排查，找到其在现实中的真实身份，进而对主人公进行威逼利诱，迫使"滑溜先生"协助 FBI 找到威胁现实社会的"邮件人"的存在。"他们发现了'滑溜先生'的'真名实姓'，即罗杰·波拉克，TIN/SSAN 0959-34-2861。他被抓在他们手里了，再也逃不掉，无论他有多少遁术，能编多么巧妙的程序，有多少资源。"因为如果不这么做，罗杰·波拉克先生就只能在监狱中度过一生。这是对个人隐私在虚拟世界中遭遇泄露或攻击而威胁到现实的预言。在影片《头号玩家》中，这种虚拟身份泄露对现实的威胁在故事情节的推动下更为凸显。在"绿洲"中爱慕女主角的韦德在约会中迫不及待地说出自己在真实世界的名字，从而遭到反派 IOI 集团的追杀，从而命悬一线。

其实，虚拟形象也好，虚拟身份也罢，终归还是无法完全与现实中的个体隔离。回想一下这些年互联网上的"人肉搜索""网络暴力"事件，大概就能有类似的感触。但无论怎样，这至少给予我们一个提示：个人隐私保护和数据安全确实是虚拟世界中一件重要的事情。

1.3.2 虚拟世界中的体验

在大量的赛博朋克文学或影视作品中，都可以寻见生活在虚拟网络空间的人们上天入地、瞬间移动的场景。毕竟，当人类的意识与一切皆有可能的虚拟网络连接，超脱现实的视听、体感等超真实的体验扑面而来。虚拟的环境为意识提供了绝佳的丰富体验，这些体验在日常生活中可能需要花费相当的代价，甚至无法在现实中体会到。不仅是沉浸式的稀有体验，虚拟网络也能够栩栩如生地将日常的工作和生活搬入虚拟世界，营造出一种更加真实的虚拟氛围，或许比当下以文字、图片及视频为主的网络空间显得更加真实。正如弗诺·文奇的魔幻般的预言，虚拟的元宇宙似乎开创了一个新的魔法时代。

体验是一件神奇的事情，五官所感皆成为脑海中的意识。在现实中，所见所闻均会受到物理空间的限制。而虚拟的网络世界无疑将现实的牢笼挣破，放飞出想象的空间。或许某一天，人们带上 VR 头显或接上脑机接口，就真的能够进入电影《阿凡达》中"潘多拉星球"那般绮丽神奇的世界。或许你只是坐在沙发上，就可以体验在空中自由飞翔的感觉，像弗诺·文奇在《真名实姓》中那样描述到："此时的'滑溜先生'把自己打扮成个带翼飞人，这个形象颇为夸张，他希望这个形象能瞒过对头的眼睛和耳朵。他笨手笨脚鼓动双翼，飞过岩石平台，朝一个小山洞飞去……"

甚至能够体验一些在日常生活中不常体验的活动，比如殊死搏斗、伤痛或死亡。在尼尔·斯蒂芬森的《雪崩》中，有一段主人公弘与其他虚拟化身在元宇宙中搏斗的精彩片段，"只见他径直冲向弘，双肺鼓气发出一声断喝。这一招由一连串快速挪移的脚部动作组成……一刀落空，劈在商人身后一侧。他只想尽快结束战斗。商人再次发出撕裂耳膜的嚎叫，倒着碎步冲上前来连劈带砍。弘挥刀挡开这一击，猛一转身，将对手的双腿从膝盖上方齐齐削了下来。商人瘫倒在地……此时此刻，现实世界某地的一个日本商人，或许正待在伦敦的豪华饭店，或是东京的办公室，甚至是洛杉矶/东京航线超音速客机的头等舱里，他面红耳赤、大汗淋漓地坐在计算机前，看着屏幕上显示出的黑日名人堂。他与黑日的联系已被切断，计算机也已脱离超元域，只能显示二维画面。"可见，这是一段不亚于现实的刀光剑影，现实中的人能够感受到打斗过程中的筋疲力尽、伤残疼痛等真实的感觉。没有人愿意在真实的现实中去体验这些，暂不论各种法律责任问题，在医院躺上十天半个月也是极为难受的，而在虚拟的世界里无非就是战败下线了，这样的体验还是很新奇的。

除了这些难以在现实中经历的体验，虚拟网络世界也承载着许多日常工作生活的功能。比如工作沟通，弘与 Y·T 交换关于病毒"雪崩"的情报和线索大都是在元宇宙中。关于新式病毒雪崩与苏美尔宗教神话的关联也是弘通过元宇宙的图书管理邪灵的资料检索及信息互动中挖掘出来。工作之余，弘与母亲的会面也是在元宇宙中，母亲总是选择晒得黝黑、快活地身穿高尔夫球衣的虚拟化身来看望儿子。除此之外，还有大量的人们在元宇宙灯火通明的大街上约会、游乐，比如随时能看到化身为流行偶像的年轻男女在元宇宙的游乐场中，玩着交互式的三维电影游戏等。

由此可见，平常的工作生活已经完全可以借助虚拟网络世界，完成人与人的日常沟通与交流，给人们的生活带来极大的便利。这种沟通和交流通过电子邮件、微信等方式也能做到，但如果虚拟网络世界能够触达现实边界，人们通过虚拟化身在同一个时空中交流，这必定又是另一番新的体验。

1.3.3 虚拟与现实的纠缠

在领略了元宇宙魔幻般的魅力之后，似乎很难抵挡对虚拟网络世界的向往。正如威廉·吉布森在《神经漫游者》中这样描述主人公无法进入"矩阵"的痛苦："对于曾享受过超越肉体的网络空间极乐的凯斯来说，这如同从天堂跌落人间。"在《雪崩》中，尼尔·斯蒂芬森也描绘了弘对元宇宙的深度依赖："弘在超元域里消磨了许多时光，让他可以把'随你存'中所有的烦心事统统忘掉。"虚拟的元宇宙成为人们现实的避世天堂，似乎能够替代现实而存在。

其实不然，虚拟的元宇宙与现实世界紧密依存，虚拟世界需要现实中的人们带来活跃生气，现实中的人们也可以通过虚拟世界获得更多的工作及创造的机会。例如，弘在元宇宙中就通过搜集信息或情报，然后将其转手卖掉而获取报酬。除此之外，元宇宙街区中个人风格的别墅的建造、虚拟化身从头到脚的形象设计、游乐场中的交互游戏，这些代码的敲写都需要现实中的人们来完成，其产生的经济效益也能够通过各种方式反馈到现实中。在电影《头号玩家》也有类似的镜头，反派集团IOI为了获得最后一把通关钥匙，雇用了大量的劳工，以虚拟化身的形式在"绿洲"的死亡星球上进行战斗防御工程建造，这些劳工的薪水被直接用来偿还其在现实中的债务。《真名实姓》则是从反面叙说了虚拟网络世界对现实社会的影响，比如巫师会的大巫们利用网络数据信息及控制权，窃取国库三分之一的税收，甚至颠覆一个国家的政权，尽管这听上去有些夸张，但从数据安全的角度来看也不是完全不可能。

来源于现实的虚拟网络世界，看上去似乎是超越现实的存在，但处处都隐含着现实的身影。尽管赛博朋克流派的小说家们构建了一个个杂乱无序、分崩离析的现实世界，与秩序井然、五彩缤纷、欢乐无穷的虚拟世界形成鲜明的对比，但如果细看每一个故事内核，我们会发现这些空间物象的反差只是形象化地表达出小说家们对人类与赛博空间、人工智能、生物工程等高科技之间的矛盾的担忧。这些作品中的主人公们在虚拟的元宇宙中无论如何机智英勇，最后拯救的都是看上去不那么美好，却是最真实的现实世界。

Chapter Two
第 2 章

硬科技对元宇宙的跃跃欲试

科幻小说家及影视动漫艺术家对元宇宙的演绎承载了人们对未来世界的期许。文学影视作品描绘的元宇宙中许多看似突发奇想的画面其实都有一定的技术基础，只不过被人一眼从技术萌芽望穿至参天大树。虽然构成元宇宙的技术体系较为复杂，但从技术历史发展的角度来看，元宇宙的技术实现离不开计算机网络、虚拟现实交互技术以及区块链价值网络。尽管时至今日有些技术依旧停留在萌芽的状态，但人类将科幻作品中的元宇宙逐渐变为现实的努力从未停止。

2.1 网络虚拟世界的诞生

计算机网络构成了元宇宙中虚拟数字世界的基础。没有计算机网络，元宇宙可能连被想象出来的机会都没有。然而，计算机的出现也并非一蹴而就，经历了从机器计算器的出现，到电子计算机的发明，再到个人计算机的普及的漫长岁月。随之而来的互联网，将数以万计分散的计算终端连接起来，编织成一张覆盖全球的巨大虚拟网络。伴随着手机智能终端及移动通信技术的发展，虚拟网络的世界变得愈发触手可及。

2.1.1 从人工加减乘除到机器计算

人类制造计算机的初心并不是打造像元宇宙一样的虚拟网络世界，只是单纯地解决加减乘除的问题。简单的加减可以掰手指计算，复杂一点的用算盘或加法器也能够解决。但是如果需要计算成千上万的数，那就只能雇佣成百上千的人打算盘或者手工计算了。在第一次工业革命的前夜，随着天文、航海及测量等技术的兴起，大规模计算的需求随之出现。紧随其后的现代银行业与金融业的繁荣，使得各大银行之间支票账目漫天飞舞，也急需提高计算效率并节约人工成本。在那个工厂手工劳动逐渐被机器取代的年代，机器代替人工计算也成为当时一批发明家的追求。

1833年，英国人查尔斯·巴贝奇（Charles Babbage）在英国政府的资助下，花费1.7万英镑，制造出一台设计精美的差分机样机（如图2-1所示）。所谓差分机，就是把函数表的复杂算式转化为差分运算，用简单的加法代替平方运算。这台样机可以处理3个不同的5位数，计算精度达到6位小数。在制造全尺寸的差分机时，巴贝奇灵光乍现，进一步提出了"分析机"的理念。他设计的"分析机"中有齿轮式的"存储库"，能够存储1000个50位数；有"运算室"，能够一次性完成50位数的加法运算；有送入和取出数据的装置。这简直就是现代通用计算机的原始机，现在使用的计算机基本上也是这个架构。从这一点看，将巴贝奇视为计算机的开山鼻祖也是不为过的。可惜当时的英国政府觉得这个想法实现起来有些困难并且对削减成本也没有多大益处，索性就取消了项目的资助，这台"分析机"也就只停留在概念中。

图2-1 计算机先驱查尔斯·巴贝奇（Charles Babbage）和差分机

目光移至大洋彼岸的美国，美国的大规模数据处理起步比欧洲晚，直至19世纪末期，美国政府遇到一个不得不面对的数据处理问题——人口普查。美国人口数量的急剧增长为原本就烦冗的人口普查工作增加难度。工程师赫尔曼·何乐礼（Herman Hollerith）发明了一种电动制表系统，即通过将每个人的普查结果打孔后记录在打孔纸带，然后利用机器自动计算孔洞的数量并生成表格，实现人口普查统计工作的机械化处理（如图2-2所示）。这也让上一轮耗时7年的人口普查工作在6周内有了基础数据，并在两年半处理完所有数据，节约大概500万美元的费用。人口普查工作的巨大成功让何乐礼在1896年成立了制表机公司（Tabulating Machine Company），何乐礼华丽转身为成功企业家。但随着其身体状况的恶化，1911年何乐礼将公司以230万美元的价格出售。十几年过后，公司更名为如今家喻户晓的IBM。

随后，IBM与哈佛大学合作制造出自动顺序控制计算机"哈佛马克一号"

图 2-2　赫尔曼·何乐礼（Herman Hollerith）与电动制表系统

（Automatic Sequence Controlled Calculator Mark I）（如图 2-3 所示）。起因是哈佛大学并没有对霍华德·艾肯（Howard Aiken）提出的大型数字计算机建设给出足够的回应。然而，艾肯的想法却与 IBM 对计算机制造的追求一拍即合，使得 IBM 乐于在计算机的落地制造上出钱出力。"马克一号"重达 5 吨，长约 15 米，高约 2.4 米。由于在运算时，所有的基本运算单元必须保持机械同步。因此，当电动机供

图 2-3　庞大的"哈佛马克一号"（Automatic Sequence Controlled Calculator Mark I）

电，由 15 米长的传动轴驱动排成一列的计算单元时，它就像 19 世纪新英格兰地区的纺织厂。"马克一号"能够进行每分钟 200 次以上的运算。可以做 23 位数加 23 位数的加法，一次仅需要 0.3 秒，而进行同样位数的乘法，则需要 6 秒以上的时间。几经周折，"马克一号"直到 1944 年才投入实际使用，在美国海军舰船局承担数学用表的编制工作。

尽管"马克一号"在复杂的逻辑计算上略显吃力，但由巨大的机器进行原本属于人类的数学运算这一现象还是极大地获取了公众的注意力。随着运算速度更快的电子计算机的出现，"马克一号"迅速变得黯淡失色。即便如此，"马克 1 号"也是计算机史上具有里程碑意义的最后一台机械/电动方式的"史前"计算机。

2.1.2　千呼万唤始出来的电子计算机

二战期间，美国为了其在马里兰州的阿伯丁试验场进行弹道的测算，成立了莫尔学院。典型的射表包括大约 3000 条弹道数据，其中一条数据需要 7 个变

量的常微分方程进行数学积分。人工手动计算费时费力不说,还很容易出错。而即便是当时的模拟计算设备微分分析仪,也需要 1 个月才能编制出一份完整的射表。电子计算机的设想便是在这种背景下被提出的。

在约翰·莫奇利(John Mauchly)提出电子计算机之前,艾奥瓦州立大学数学与物理学教授约翰·阿塔纳索夫(John Atanasoff)就已经着手研发计算机了,第一台电子计算机阿塔纳索夫-贝瑞计算机(Atanasoff-Berry Computer,ABC)已经成型(如图 2-4 所示)。尽管这台计算机利用纸卡片读写器实现的中间结果存储机制不太可靠,但是其提出的二进制运算、电子开关元件等概念却是现代计算机的重要奠基元素。遗憾的是,由于战时需要阿塔纳索夫没有将 ABC 的研究继续下去。大量的证据表明,赫赫有名的计算机 ENIAC 的横空出世,与其发明者莫奇利参观了解并借鉴 ABC 有关,因此,1973 年美国联邦地方法院注销了 ENIAC 的专利,认为 ENIAC 的发明者从阿塔纳索夫那里继承了电子数字计算机的主要构件思想。于是,ABC 被认定为世界上第一台计算机。阿塔纳索夫也被人称为"被遗忘的计算机之父"。

图 2-4 约翰·阿塔纳索夫(John Atanasoff)与阿塔纳索夫-贝瑞计算机模型

在莫尔学院,莫奇利与年轻有为的助理研究员约翰·埃克特(John Eckert)开始对电子计算机进行详细的设计与规划。这台电子计算机 ENIAC(Electronic Numerical Integrator And Computer)大概需要 1.8 万个电子管,成本高达 40 万美元。莫奇利与埃克特的方案获得了军方的支持。1945 年,ENIAC 终于面世。这台庞然大物长 30.48 米、宽 6 米、高 2.4 米,占地面积约 170 平方米,拥有 30 个操作台、17468 根电子管、7200 根晶体二极管、1500 个中转、70000 个电阻器、10000 个电容器、1500 个继电器、6000 多个开关(如图 2-5 所示)。ENIAC 每秒能进行 5000 次加法运算、400 次乘法运算,使得原来需要 20 多分钟时间才能计算出来的一条弹道数据,只需短短的 30 秒便能计算出来。

但是,ENIAC 也存在一些缺陷,比如耗电多,据说当年只要开启 ENIAC,全城的灯光迅速进入夜间昏暗模式。又比如费用高,发光发热的电子管平均每隔 7 分钟要损坏一只,可谓是建得起养不起。最致命的莫过于程序与计算的分离,这就意味着当 ENAIC 在执行计算的时候,必须有足够的人员在机器外部手动将数百条线路接通,像一群电话接线员那样手忙脚乱地忙活好几天,并不是很方便。

所幸的是,时任美国"曼哈顿计划"顾问的约翰·冯·诺依曼(John von Neumann)在接触到 ENIAC 项目时,就表现出浓厚兴趣,并建议开发一种"后 ENIAC"时代的新型计算

图 2-5 电子计算机 ENIAC

机,也就是离散变量自动电子计算机(EDVAC)。等到 ENIAC 问世时,EDVAC 的研究也已十分成熟。冯·诺依曼等人联合发布《EDVAC 报告书的第一份草案》。这份只有 101 页的报告明确提出了计算机的五大部件(如图 2-6 所示),即输入系统、输出系统、存储器、运算器、控制器,并用二进制替代十进制运算,提高了计算的存储空间。更重要的是,程序也被当作数据存进了机器内部,以便计算机能自动依次执行指令,再也不必去接通什么线路。这份报告奠定了现代计算机体系结构坚实的根基。无论后来的计算机在使用材料、规模大小等方面如何变化,都属于冯·诺依曼体系。

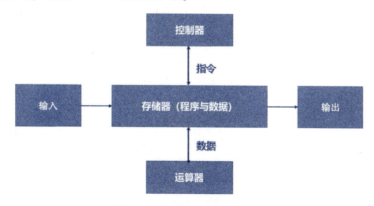

图 2-6 计算机结构功能体系

随后,电子计算机开始走出军方试验场进入商业领域。莫奇利与埃克特(Eckert)创办公司,并为美国人口调查局制造了通用自动计算机 UNIVAC,也正是这台机器让公众真正看到了计算机的样子。IBM 则开发了一系列电子计算机(如 IBM701、702、650)与之抗衡。到 20 世纪 50 年代末 60 年代初,IBM 开启了晶体管替代电子管的计划,研发出 IBM1401 系统(如图 2-7 所示)。与体积庞大电子管相比,晶体管使用磁芯存储器,具有体积小、速度快、功耗低、性能更稳定

等特点，被称之为第二代电子计算机。IBM1401 迅速进入美国各类企业办公室，横扫美国计算机市场。

电子计算机在 20 世纪 60 年代迅速普及。到 20 世纪 60 年代中期，利用大型集中式计算机处理商用数据已经相当成熟。随着半导体技术的发展、小型计算机的出现以及更加容易使用的计算机语言的发展，人们对个性化交互式计算机体验产生了浓厚的兴趣。

图 2-7　IBM1401

2.1.3　走近千家万户的个人计算机

对于计算机爱好者而言，只是在工作或求学期间触碰小型计算机根本就无法满足他们对计算机探索的好奇与热爱，大多数爱好者们都无比渴望拥有一台属于自己的计算机。但是现实是残酷的，通常一套小型机的成本在 2 万美元左右，这不是普通的业余爱好者能够负担的。可是，没有什么能够阻挡这份热爱，业余爱好者们充分发挥了自己动手、丰衣足食的精神，开始设想并尝试拼装理想中的个人计算机。

在这期间，推动个人计算机发展首当其冲的因素是英特尔微处理器的出现。1971 年，英特尔率先推出能够处理 4 位信息的微处理器 4004，随后更新迭代为 8 位处理器的 8008，将体积相当于整个房间的 ENIAC 的计算能力集成到一个指甲盖大小的芯片中，更重要的是由于激烈的市场竞争，微处理器的市价降至 100 美元左右，对于业务爱好者们来说还是很友好的。

1975 年，首款个人计算机"牵牛星 8800"（Altair 8800）面市，售价不到 400 美元。这款组装计算机出自一家没有名气的小型电子元件供应商——微型仪器和遥测系统公司（MITS）。"牵牛星 8800"与现在的个人计算机相比相差甚远，具体来说只是一个装有中央处理器的箱子，连显示器和键盘都没有，也不能和打字设备相连（如图 2-8 所示）。尽管如此，"牵牛星 8800"还是受到了计算机爱好者的追捧，最开始生产的几百台很快就售罄了。但没过几个月，市场上的新机型百花齐放。"牵牛星 8800"很快就埋没在历史的洪流中。

差不多同一时期，两位年轻的计算机爱好者斯蒂芬·沃兹尼亚克（Stephen Wozniak）和史蒂夫·乔布斯（Steve Jobs）创建了现在众所周知的苹果公司。两人在乔布斯父母家的车库里手工组装了第一代苹果机，其简陋程度与"牵牛星 8800"不相上下，上市的售价是 666.66 美元，最终售出大约 200 台。乔布斯很快意识到对于普通大众而言，包装得当以及容易使用是极为重要的。所以配有塑料机箱、输入数据的键盘、观察结果的屏幕、保存数据的存储介质、多样化软件以及家用式插头的"苹果二号"随之上市（如图 2-9 所示）。

图 2-8　Altair 8800

图 2-9　苹果二号计算机

可以发现，个人计算机的进入门槛并不是很高，只要选用相应的电子元器件进行合理的设计与组装即可。随着个人计算机市场进入白热化竞争阶段，计算机软件成为彰显个人计算机价值的重要工具。此时的软件大约有两大类，一类是游戏软件，类似 20 世纪 90 年代流行的小霸王游戏机。虽然游戏软件无法与后来的商业软件相提并论，却在计算机软件发展初期点燃了人们对人机交互的热情。另一类则是类似于电子表格的应用程序。苹果公司在 1979 年发布的 VisiCale 就成为红极一时的财务可视化工具（如图 2-10 所示）。即便"苹果二号"与 VisiCale 捆绑销售的价格达到 3000 美元，也依旧销售了数万台。

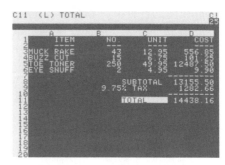

图 2-10　VisiCale 系统界面

进入 20 世纪 80 年代，利用个人计算机进行文字处理开始发展。数字和文字软件的大规模应用使得 IBM 对个人计算机产生了浓厚的兴趣。虽然 IBM 是大规模软件开发的佼佼者，但是对个人计算机软件的快速变换却摸不着头脑。与微软合作后，IBM 在 1981 年推出了"IBM 个人计算机"（IBM Personal Computer），这个巧妙的命名突破当时计算机处于商业与家用的中间地带，大规模走向个人的工作与家庭，一时之间供不应求（如图 2-11 所示）。微软

图 2-11　IBM 个人计算机

的个人计算机（Personal Computer，PC）成为后来所有微型计算机的标准。随着惠普、戴尔等计算机企业不断地更新组装工艺以及半导体材料的跨越式发展，按照摩尔定律，个人计算机的价格逐渐下降。如今，人手一台计算机或笔记本计算机已是常事。

2.1.4 连接计算机的虚拟网络

元宇宙虚拟网络世界中负责处理信息的计算机已经产生，而连接计算机的虚拟网络也正在钩织中。尽管互联网的诞生被公认在20世纪60年代末期，但早在20世纪40年代，关于互联网的构想已经出现。

1945年，时任美国总统首席科学顾问的万尼瓦尔·布什（Vannevar Bush）曾开发过模拟计算机，率先提出信息存储的设想。他在《大西洋月刊》（The Atlantic）中撰文《诚如所思》（As We May Think）提出了一种"麦麦克斯"（Memex）的个人信息设备。Memex通过压缩和存储帮助用户管理并浏览包括书籍和信件在内的各种文件和媒体。他这么写到"人们可以利用麦麦克斯存储自己所有的图书、记录与通信数据，这种机械化设备能以极高的速度和极大的灵活性查阅信息……如果用户希望调阅某本书，只需要按下键盘上的相应代码，书的扉页就会立即呈现在用户面前……"。这在当时是很有意义的，布什预见到了计算机将不止步于加减乘除，在信息存储及浏览上将大有作为，且拥有这样的信息设备不会太遥远。果真，二十多年后，互联网"阿帕网"（ARPANET）诞生了。

"阿帕网"是美国高级研究计划局（ARPA）资助的计划。1966年，有着"互联网之父"之称的拉里·罗伯茨（Larry Roberts）接手"阿帕网"项目。罗伯茨从英国国家物理实验室（NPL）的唐纳德·戴维斯（Donald Davies）的存储转发分组交换理念中获得灵感，解决了如何高效低成本地利用通信线路连接计算机的分时系统的问题，即通过自动将长消息分割成块并分别发送。这种技术构成了当今计算机通信网络的基础。1969年10月29日加州大学洛杉矶分校（UCLA）与斯坦福研究所（SRI）之间成功发出了第一个信号。键入的信息是"Login"，但在发送字母"g"的时候，连接崩溃。1969年底，另外两所高校的主机接入"阿帕网"，由四个节点构成的网络全面投入使用并可靠运行。1972年，罗伯茨在首届国际计算机通信大会上公开演示了"阿帕网"，生动直观地证明了网络的巨大潜力，引发轰动。计算机与计算机之间成功联网，标志着互联网实现了从0到1的突破。但是如果想把全球的互联网连接在一起，可能还差一把火。

随着接入"阿帕网"的主机越来越多，因特网（Internet）这个专有名词诞生。同时也出现了一些问题，例如发送信息的计算机很难在庞杂的网络中定位目标计算机。又比如当时的网络由于缺少纠错功能，一旦出现传输错误，网络可能就崩溃了。1973年，鲍勃·卡恩（Robert Kahn）和文顿·瑟夫（Vint Cerf）在其发表的论文中详细地描述了TCP（传输控制协议）的设计，这是今天TCP/IP的前身，即TCP负责应用软件（如浏览器）和网络软件之间的通信，IP负责计算机之间的通信。20世纪80年代，TCP/IP得到广泛应用，"阿帕网"完全转换到TCP/IP。与此同时，现代论坛（BBS）的鼻祖惠多网（Fidonet）现世，紧接着域名系统（DNS）出现。威廉·吉布森在小说《神经漫游者》为这样的网络空间起了一个名字"Cyberspace"。

20世纪90年代，互联网开始真正走入公众视野。个人计算机的迅速普及，加上接入因特网的计算机数量开始骤增，使得因特网上的内容开始泛滥。要想在这些成堆的没有目录导航的内容中寻找到有价值的信息实在是强人所难。为此，一些帮助用户查找信息的检索系统开始出现，但是这些系统都将文档视为单个实体，就像图书馆检索图书一样。比如，搜索元宇宙相关信息时，可能会告诉用户Roblox在招股说明书首次提到元宇宙，但如果想继续了解Roblox，就需要再次搜索。万尼瓦尔·布什就曾提出过超文本的设想，即只要点击按钮，用户能够从"元宇宙"跳转到"Roblox"跳转到"区块链"等内容。早在因特网家喻户晓之前，蒂姆·伯纳斯·李（Tim Berners-Lee）就对超文本产生了兴趣。1989年他在欧洲核研究组织（CERN）提交了一份项目提案，然后成功开发出世界上第一个Web服务器和第一个Web客户机，并正式定名为万维网（World Wide Web），即公众熟悉的WWW。

至此，全球互联网基础舞台已基本搭好，这一阶段也被称为Web1.0。随后互联网呈现出一片繁荣景象。比如音频和视频进入互联网；微软和网景掀起浏览器大战；雅虎等门户网站出现；亚马逊、e-Bay等网络零售走进人们的生活；Facebook、Twitter等社交网站涌现……互联网创造了划时代意义的生产生活方式，并产生了巨大的商业价值。

2.1.5 移动互联网时代

对计算机移动性的追求，早在个人计算机刚问世不久就出现了。随着个人计算机在表格计算、文字处理等方面的功能逐渐完善，人们很自然地喜欢并依赖这种工具，随时随地使用计算机成为一种潜在的需求。于是，一批便携式计算机横空出世。早期的便携式计算机，以奥斯本计算机为例，重约10千克，屏幕为12厘米，折叠之后就像一个中等大小的硬壳行李箱。之后，人们开始绞尽脑汁地让便携式计算机变得更加轻巧、易于携带，毕竟没有多少人愿意扛着10千克重的计算机四处奔波。所以，为了保证计算机的移动性，这些便携式计算机不得不牺牲屏幕尺寸、处理能力、存储容量以及兼容性等。随着微处理器技术、存储芯片容量的进步以及液晶屏幕的改进，曾经的膝上计算机（Laptop

Computer）变成了如今的笔记本计算机（Notebook Computer）。

即便如此，笔记本计算机也无法成为随身携带的设备，一是再大的衣服口袋也装不下比笔记本计算机，二是并不是所有的人都需要计算机或者笔记本计算机完成工作或享受玩乐。但是大多数人都离不开手机与他人保持联系与沟通。所以，当兼具无线电话与手持计算机功能的智能手机出现时，也就意味着互联网这张网越织越密了。

智能手机是计算机技术与电信技术广泛融合的产物，其前身是个人数字助理的早期技术。早在苹果iOS系统和谷歌的安卓系统一统天下之前，手机端的四大移动平台由塞班（Symbian）、黑莓OS、Palm、Windows Mobile垄断。塞班系统曾与诺基亚深度绑定，几乎垄断了21世纪初期的智能手机市场。但是由于塞班系统故步自封，并没有提供一个由第三方应用开发者构成的生态系统。所以，当触屏智能手机和提供丰富多彩的第三方软件的苹果手机在2007年横空出世时，迅速秒杀诺基亚和塞班系统。诺基亚逐渐跌落神坛，最终被市场淘汰。

不得不承认，移动互联网的出现让网络的扩散更加广泛，真正做到了网络的触手可及。随着移动通信技术的发展，网络连接的速率越来越快，许多原本需要在PC端完成的事项，比如文档的编辑、邮件的处理、即时通信沟通、网络会议召开、视频游戏等都可以在智能手机上进行。如果把2010年视为移动互联网黄金岁月的开端，那么正是因为智能手机的普及，全球网民的数量从2010年的20亿迅速膨胀到2020年的46.6亿。在移动互联网的加持下，互联网续写了下一个十年的商业繁荣。互联网的大生态基本构建完毕。

2.1.6　智能万物互联

21世纪的前二十年，互联网基本上实现了人与人之间的连接，并且这种连接已经成为人们工作生活中不可或缺的一部分，正如20世纪80年代中赛博朋克文学中预想的那样，虚拟网络无处不在。然而，计算机网络技术并没有停留在这一刻，而是继续滚滚向前，5G通信、人工智能、物联网等新一代信息技术的发展，将虚拟网络的张力由"人与人之间的连接"扩大到"万物互联"。即将迎来的智能物联浪潮，开启无限遐想的超联结社会。

当前4G网络的传输速率不仅无法满足机器与机器之间的互联，也无法满足高清/超高清移动视频、3D（三维）视频、VR/AR等层出不穷的商业应用需求。5G通信技术的高速率、低时延、大连接正是突破当前互联网发展瓶颈的关键基础性技术。早在2013年，全球一些主流的移动通信基础网络运营商就开始陆续在各自的实验室或现网中进行5G无线移动宽带通信系统的相关试验。2015年国际电信联盟明确了推进全球5G发展工作的时间安排。随后，关于5G的相关技术标准体系也逐渐完成。各国更是从国家战略的角度积极推进5G技术的发展，以期抢占技术的制高点,从这两年的中美 5G 之争的激烈程度就可见一斑。以 5G 为代表的新一代网络技术就如上个世纪的互联网一样,将逐步渗入到人们更加智慧化的工作与生活中,成为无人驾驶、虚拟现实、工业互联网、智慧城市等诸多创新应用场景中关键的基础性技术。

物联网(Internet of Things)中,物与物之间的联系是多样而复杂的。人作为拥有主观能动性的主体,人与人之间的沟通只需要有单一的通信网络即可。但是如果让微波炉告诉烤面包机"在热完牛奶之后需就开始烤面包"就比较困难了。而物联网所做的正是将人与物、物与物联结起来,让物能够更加智慧化地服务人们的工作与生活。物联网的发展史最早可以追溯到比尔·盖茨(Bill Gates)于 1995 年出版的《未来之路》(The Road Ahead)。比尔·盖茨极为远见地提到了"物物互联"的设想。但是由当时网络技术与传感器应用水平,"物联网"的概念并没有掀起多少水花。1998 年,美国麻省理工学院的研究人员在产品电子代码研究的基础上,提出利用射频标签、无线网络和互联网,构建物-物互联的物联网的概念与解决方案。随着接入网络的物理设备越来越多,国际电信联盟在 2005 年发布的互联网研究报告《物联网》(Internet of Things)中正式提出物联网概念,即世界上的万事万物,只要嵌入一个微型的传感器芯片,通过互联网就能够实现物与物的信息交互,从而形成一个无所不在的"物联网"。在商业领域,谷歌分别在 2003 年和 2009 年开启无人驾驶和谷歌眼镜项目,将物联网的应用落到实处。智能家居、智慧城市、智能建筑、智能制造以及智能医疗等,成为当前物联网设备在商业领域中最大的应用市场。

万物互联的世界自是离不开人工智能技术的发展。物联网只能解决物与物之间的连接通信问题,但是并不能解决机器听从人类指令或者根据当前环境做出相应反应的问题。人工智能作为计算机学科的一个分支,通过对采集数据的大规模处理并学习,模拟人类思维决策方式,是万物互联之后实现智能化不可或缺的核心技术。人工智能技术的发展可以追溯到计算机刚开始的年代,早在 1954 年,"人工智能之父"艾伦·图灵(Alan Turing)就提出了判别机器是否具备人工智能的图灵测试。随后开启了漫长的人工智能研究,比如神经网络、人机对话、知识图谱等。无论是 1997 年 IBM 深蓝(Deep Blue)击败国际象棋大师卡斯帕罗夫(Kasparov),还是 2016 年谷歌阿尔法围棋(AlphaGo)战胜围棋世界冠军李世石,这样的人机大战总是给人留下津津乐道的话题。如今,人工智能技术和应用开始在各个行业生根发芽,自动驾驶、人脸识别等人工智能的成果和场景实践正发生在人们的周围。

总之,智能世界源于世界万物连接,万物走向智能化,并且伴随着感知、连接能力的全面提升,人与物将在数据构筑的智能环境中进行交互,人们似乎离元宇宙中描述的虚拟网络世界越来越近了。

2.2 从现实浸入虚拟

如果说计算机网络是虚拟元宇宙创世的空间,那么如何进入这个空间就是另一个核心问题,否则一切都是惘然。与当前电子屏幕以平面式交互界面传递文字、平面图像或视频等信息不同,元宇宙中身临其境的真实感需要更深的人机交互。科幻作品早就给出了提示。无论是《头号玩家》中的虚拟现实装备,还是《黑客帝国》中的脑机接口,都是进入元宇宙的路径选择。除此之外,人们在虚拟数字世界中感受的山河树木、星河灿烂需要计算机图形图像学的支持。虚拟现实、计算机图形图像技术、脑机接口成为人们探索虚拟现实的重要技术。

2.2.1 看虚拟如现实的眼镜

1. 概念萌芽期

与元宇宙的概念最先出现在科幻文学中一样,虚拟现实的构想也来自科幻小说,这无疑再次印证了科幻小说家们的"预见"能力。虚拟现实技术作为应用计算机技术,其概念萌芽的生长甚至早于计算机的出现。早在 1935 年,小说家斯坦利·温鲍姆(Stanley G. Weinbaum)在其短篇科幻小说《皮哥马利翁的眼镜》(Pygmalion's Spectacles)中描述了一款眼睛(如图 2-12 所示)。主人戴上这款眼镜后,就能沉浸到一个可以模拟视觉、听觉、味觉、嗅觉和触觉的环境中,与现实所见所感没有差别。这极为形象及准确地描绘出虚拟现实的样子。

图 2-12 科幻小说《皮哥马利翁的眼镜》(Pygmalion's Spectacles)

更为奇妙的是,在之后的几十年内,虚拟现实技术正一步步朝着这个方向驶去。尽管直到今天,VR 眼镜也只能以视觉及听觉为主,并搭配辅助工具获得触觉。

而在温鲍姆正式描绘出虚拟现实眼镜之前,人们追求真实性体验的尝试就没有停过。看一看中国卷轴式画卷就能够明白,无论是王希孟的《千里江山图》还是张择端的《清明上河图》,都是以全景式的图像填充观看者的整个视野,使其尽可能感受到画中所展现的真实场景及氛围,尽管二维画面的呈现无法像眼睛看到的实景那么立体。在西方,古希腊数学家欧几里得(Euclid)很早就发现了人类之所以能洞察立体空间,主要是由于左右眼所看到的图像不同而产生的。

19世纪，英国物理学家查尔斯·惠斯通（Charles Wheatstone）利用这种双眼视差（Binocular Parallax）发明出能够看到立体画面的立体镜，即通过立体镜观察两个并排的立体图像或照片，对左右眼分别提供一组视角不同的画面来营造出双目视差的环境，给用户提供纵深感和沉浸感（如图2-13所示）。时至今日，人们在电影院里观看的3D电影、家用的3D电视，甚至谷歌的Google Cardboard和低廉的VR头戴式显示器，运用的都是这个原理。

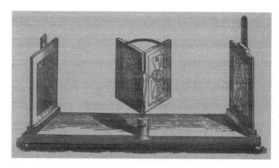

图2-13　英国物理学家查尔斯·惠斯通（Charles Wheatstone）的立体镜

除了立体视觉，其他的综合性体验来自军事训练。就在温鲍姆发表《皮哥马利翁的眼镜》前五年左右，埃德温·林克（Edwin Link）与合作者们共同开发了第一台机械飞行模拟器。这是历史上第一个纯机电的商业飞行模拟器，它由连接到方向舵和转向柱的电动机控制，以修改俯仰和滚转，模拟飞行员在飞行过程中遇到的湍流和扰动。在第二次世界大战期间，超过50万名飞行员使用飞行训练器进行初始培训，以提高他们的飞行技能。虽然这看上去似乎与虚拟现实（VR）眼镜没有什么相似之处，但是模拟人类真实感觉的想法却和VR眼镜如出一辙。

2. 初步探索期

20世纪50年代，以ENAIC为代表的电子计算机相继出现，电子技术还处于以真空电子管为基础的时代，美国电影摄影师莫顿·海里格（Morton Heilig）在全息电影的启发下，发明了名为Sensorama的仿真模拟器。这台仿真模拟器主要通过三面显示屏来形成空间感，并且拥有3D立体声、3D显示、震动座椅、风扇（模拟风吹）以及气味生成器。但是它无比巨大，有且只有1位用户观看，且必须坐在椅子上将头探进设备内部，才能体验到沉浸感（如图2-14所示）。比如这场美国曼哈顿的想象之旅，模拟驾驶汽车沿曼哈顿街区行

图2-14　莫顿·海里格（Morton Heilig）发明的仿真模拟器 Sensorama

走,生产沿途的立体图像及声效,甚至是不同的气味,座位也能根据场景的变化产生摇摆或振动,还能感觉到有风在吹动。就当时而言,这套设备是非常先进的。

随后,海里格在 1960 年提交了一个名为"Telesphere Mask"的专利。虽然海里格自己将其描述为"个人用途的可伸缩电视设备,给观众带来完全真实的感觉,比如移动彩色三维图像、沉浸其中的视角、立体的声音、气味和空气流动的感觉"。从外观和设计上看,这和现在的 VR 眼镜已十分相像(如图 2-15 所示)。Telesphere Mask 轻便灵活,耳朵和眼部的固定装置可以调整,戴在头上很方便,几乎可以看作是早期的 Gear VR。

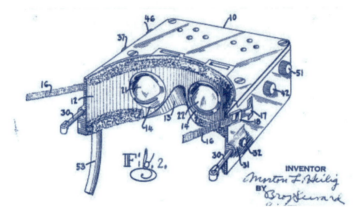

图 2-15 莫顿·海里格发明的 "Telesphere Mask" 设计图

1968 年,计算机图形学之父、著名计算机科学家伊凡·萨瑟兰(Ivan Sutherland)设计了第一款头戴式显示 Sutherland。Sutherland 实现了初步的姿态检测功能,也就是说当用户的头部姿态变化时,计算机会实时计算出新的图形,显示给用户。这或许是最接近于现代 VR 设备概念的 VR 眼镜原型。但由于当时硬件技术限制,这款头戴式显示器相当沉重,根本无法独立穿戴,需要由一副机械臂吊在人的头顶,有一种头悬梁的错觉,被人戏称悬在头上的"达摩克利斯之剑"(如图 2-16 所示)。Sutherland 的诞生,标志着头戴式虚拟现实设备与头部位置追踪系统的诞生,为现今的虚拟现实技术奠定了坚实基础,Ivan Sutherland 也因此被称为虚拟现实之父。

1969 年,美国计算机艺术家、互动艺术家迈伦·克鲁格(Myron Krueger)研发出早期虚拟现实环境原型 GlowFlow。这是一个由计算机控制、以人响应作为输入的环境。参与艺术创作 Glowflow 之后,克鲁格提出了人机互动的观念并将虚拟现实的观念带入到艺术创作,并于 1985 年创建了第一个可以让用户与虚拟物体进行交互的 Videoplace 系统,1973 年,克鲁格提出了"Artificial Reality(人工现实）"，这是早期出现的虚拟现实的词语。

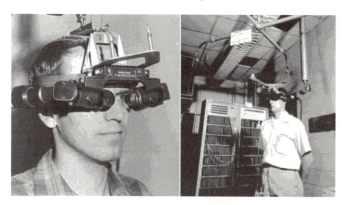

图 2-16　伊凡·萨瑟兰（Ivan Sutherland）设计的第一款头戴式显示 Sutherland

与此同时，美国军方也在模拟坦克训练、飞行系统仿真、火星探测等多领域进行了虚拟现实的研究，并取得了一定的进展。但就总体而言，由于当时各方面的条件制约，如缺乏相应的技术支持、没有合适的传播载体、硬件处理设备缺乏等原因，虚拟现实技术没有得到实质性的发展，直到 20 世纪 80 年代末，随着计算机技术的高速发展及 Internet 技术的普及，才使得虚拟现实技术迎来了发展热潮。

3. 发展热潮期

1985 年，杰伦·拉尼尔（Jaron Lanier）创建了 VPL 研究所，研发关于虚拟现实的各项技术，并提出虚拟现实技术的概念，即一种可以创建和体验虚拟世界的计算机仿真系统技术，利用多源信息融合的交互式三维动态视景和实体行为的系统仿真使用户沉浸到模拟环境中。VPL 将热情放在了虚拟现实产品的商业化，并推出了一系列产品，价格都无比昂贵，例如当时 EyePhone HRX 售价为 49000 美元，手套售价为 9000 美元，这些天价产品使得这款虚拟现实设备不可能得到普及。VPL 也在 1992 年破产，但却作为第一家销售虚拟现实产品的公司名留青史。

20 世纪 90 年代，虚拟现实行业逐渐引发人们的兴趣，使得人们开始探索 VR 的潜力，尤其是对游戏行业产生了深远的影响。Virtuality 集团在 1991 年发布了一款具有影响力的 VR 设备，能够使用头显来播放视频和音频，并通过移动和使用 3D 操纵杆进行虚拟现实交互，是消费级 VR 的重大飞跃。和 VPL 面临的问题一样，设备笨重，成本昂贵。但 Virtuality 集团提供的一系列街机游戏和机器，通过 VR 护目镜体验身临其境的立体 3D 视觉效果，给了游戏行业很大启发。

1993 年，Sega 公司在国际消费电子展（CES）上宣布他们为 Sega Genesis 游戏机研发了 Sega VR 耳机。这款环绕式原型眼镜具有头部跟踪功能、立体音效和用于显示的 LCD 屏幕（如图 2-17 所示）。尽管 Sega 计划在一年后以 200 美元的售价发布这款产品以及支持这款 VR 头显的 4 款游戏。然而，理想终归是理想，设备始终停留在原型阶段，Sega VR 也只是昙花一现。

图 2-17　Sega 在 1993 年推出的 Sega VR 头显

1995 年，VictorMaxx 发布了一种名为 CyberMaxx 的消费者头戴设备（HDM）。VR 头盔使用两个有源全彩色视频显示器来实现立体视觉，并配有 3D 运动跟踪模块，可利用沉浸式 VR 体验。但好景不长，VictorMaxx 此后停业。同年，任天堂发布了一款名为 Virtual Boy 的游戏机，这款游戏机的硬件配置在当时是比较先进的。从虚拟现实体验的角度看，Virtual Boy 采用了头戴显示器的设计，内置两块 384×224 分辨率的红色 LED 单色显示器，可支持 128 级对比度的黑色、红色显示，以不同的深度表现不同的层次。由于拥有两块屏幕、模仿人眼视角，即便当时的游戏画面为 2D，但也可通过调整视角形成一定的 3D 效果。但是，仓促之中，推出市场的硬件由头戴式变成了三脚架支撑，加上画面显示的红色单一色彩，被很多玩家放弃（如图 2-18 所示）。Virtual Boy 主机被《时代周刊》评为"史上最差的 50 个发明"之一，在市场上生存了六个月就销声匿迹。可见，VR 游戏的尝试也是步履艰难。

图 2-18　任天堂推出的 Virtual Boy 主机

从外观上看，这些 20 世纪 90 年代的设备与今天看到的 VR 设备差别不大。但在那个年代，显示器技术、3D 渲染技术、动作追踪技术并不成熟，虚拟现实体验远远达不到"可用"的标准。再加上成本及商业上未有成功的突破，虚拟现实技术的风头很快被移动互联网和智能手机盖过，似乎被人们逐渐遗忘在角落里。

4. 热潮重启期

尽管虚拟现实的热度不再，但是硬件设备厂商、游戏公司以及科技型企业对虚拟现实技术的研发依旧在有条不紊地推进中。

21世纪伊始，就已经出现了可用于个人计算机的3D可视化工具平台。2006年，美国国防部耗资2000多万美金建立了一套基于虚拟现实技术的城市应急培训计划。随后，美国南加州大学的临床心理学系开发了一款"虚拟伊拉克"的治疗游戏，利用虚拟现实治疗创伤后应激障碍，帮助那些从伊拉克回来的军人患者。2007年，谷歌将街景视图推向全球，让用户以水平360°、垂直290°的角度，查看和导航虚拟世界。这都在表明，VR已经开始渗透到各个领域，逐渐被人们熟知，而不仅仅是那些游戏玩家们。

2012年Oculus Rift问世，这是一款在众筹网站Kickstarter上发布的250万美元的VR眼镜设备，它将人们的注意力重新聚焦在VR领域，并获得首轮1600万美元的融资。通过Oculus Rift，人们惊讶地发现，VR技术近年来居然不声不响地产生了重大的突破（如图2-19所示）。公众对VR的兴趣重新被燃起，也让企业看到了新的发展机遇。Oculus VR也在2014年被Facebook以20亿美元的价格收购。同年，Google发布了其VR体验版解决方案CardBoard，即用有陀螺仪的手机作为显示器，通过硬纸板、透镜、磁铁、橡皮筋组装成一款简易的虚拟现实眼镜。这样就能够使人们以极低的价格体验到新一代VR的效果（如图2-20所示）。

图2-19　Oculus Rift虚拟现实眼镜

图2-20　Google发布的CardBoard

如今，HTC、微软、Facebook等科技巨头已经发力VR产业，VR浪潮开始席卷全球。全球VR产业进入初步产业化阶段，涌现出了HTC Vive、Oculus Rift、暴风魔镜等一系列优秀产品。大量的资本进入虚拟现实的硬件设备、内容制作以及分发平台等。如电影《头号玩家》一般的虚拟现实体验正在步步靠近。

2.2.2 "0"和"1"幻化的图形图像

1. 从数字表格到数字图像

计算机图形图像学伴随着电子计算机技术的发展而产生，计算机视觉图像最早诞生于计算机复杂的数学公式或人体工程学设计。1950 年，美国爱荷华州的本·拉普斯基（Ben Laposky）创建了第一个由机器生成的图像。这种图像是通过操纵电子光束显示在荧光显示器上呈现的效果，被称为示波艺术品"oscillons"和"电子抽象画"。20 世纪 60 年代，MIT 林肯实验室的伊凡·萨瑟兰（Ivan Sutherland），即人们提到的虚拟现实之父，发表了一篇题为"画板：人机图形通信系统"（Sketchpad：A Man Machine Graphical Communication System）的博士论文，首次使用计算机图形学术语"Computer Graphics"，证明交互计算机图形学是一个可行的研究领域，从而确定计算机图形学作为一个崭新的科学分支的独立地位。

计算机图形图像研究的另一个前沿机构贝尔实验室对计算机图形图像的实践进行了许多有益的探索。贝尔实验室的物理学家爱德华·扎亚茨（Edward Zajac）在 1963 年公开展示了首部通过计算机制作完成的电影《两个陀螺重力高度控制系统》（A Two Gyro Gravity Gradient Altitude Control System），展现了一段卫星环绕地球的动画。与此同时，肯·诺尔顿（Ken Knowlton）通过扫描、解构和重建的技术，用圆点在计算机上创作图像，创作了著名的作品《斜躺的女子》。贝尔实验室凭借其图像数字化处理技术制作出了具有高光感、高分辨率的图像，使其参与到多部电影的制作，并让人们意识到计算机动画是未来电影行业的一个重要发展方向，因此促成了三维模型的出现。另一位不得不提的是贝尔实验室科学家兼艺术家迈克尔·诺尔（Michael Noll）。他利用计算机创作现代美术作品，开创了现代欧普艺术（Op Art，即视觉效应艺术）。

20 世纪 70 年代，美国国家标准化局（ANSI）先后制定和修改计算机图形标准。一些计算机图形的标准开始建立，例如计算机图形接口（Computer Graphics Interface，CGI）、计算机图形元文件标准（Computer Graphics Metafile，CGM）、计算机图形核心系统（Graphics Kernel System，GKS）等。除此之外，为了使二维的计算机图像视觉效果更加逼真，计算机真实感图形学和实体造型技术开始产生，例如 1971 年 Gourand 提出"漫反射模型＋插值"的思想，用于图形的明暗处理等。这些都为计算机图形学的推广、应用、资源信息共享，发挥了重要作用。

2. 电影中的视觉特效

计算机图形图像技术逐渐引起了艺术家们的关注，并迅速在电影制作领域产生了巨大的商业价值。1960 年，艺术家大约翰·惠特尼（John Whitney）建立了自己的运动图像公司。1961 年，他用自己的模拟设备制作了希区柯克的电影《迷魂记》（Vertigo）的片头字幕，并开启了用计算机进行艺术影片创作的征程。20 世纪 60 年代末期，惠特尼与 IBM 的工程师们一起开发了一种用于扩展计算机设备控制图形的机器语言，其中，《目录》（Catalog）、《蔓藤花纹》（Arabesque）等是惠特尼数字动画的经典代表（如图 2-21 所示）。

图 2-21 《目录》（Catalog）中计算机生成的图形

从此，计算机图形图像技术作为一种新型的艺术创作手段，将计算机技术与平面艺术、电影动画艺术等多学科融合，开创了计算机图形图像合成技术发展的新格局。加州理工大学、康奈尔大学等高校对计算机图形图像技术的研究迅速被运用到市场中，出现了太平洋影像公司、梦工厂动画公司、皮克斯动画公司等一批动画制作及电影特效公司，创作出了诸多经典的影视作品，例如 1968 年上映的由导演塔利·库布里克（Stanley Kubrick）执导的《2001：太空漫游》（2001: A Space Odyssey），就率先运用计算机模拟太空飞船的简单机械物理运动。

早期的计算机图形图像相对比较粗糙，绘制生成有棱有角的简单物体不在话下，但是绘制出看上去相对真实且肌理复杂的动物或人物还是比较困难。于是，计算机渲染技术在 20 世纪 80 年代产生了。加州理工大学的吉姆·卡吉雅（Jim Kajiya）博士对利用计算机编辑像素更感兴趣，通过调整阴极射线管显示器字符显示效果得到一个更清晰的图像，简而言之，就是利用计算机曲面模拟技术，利用反射效果模拟尽可能真实细腻的视效，例如头发、皮毛效果模拟等。1986 年，卡吉雅进一步开发出一种渲染程序，能够在灯光和曲面的相互作用的环境下，进行全局光照建模。换句话说，就是在虚拟的网络中模拟现实太阳光照在物体上呈现的效果算法模型，也是目前最重要、最复杂光照模型的一种。

差不多同一时期，康奈尔大学启动了计算机图形学程序项目（Program of Computer Graphics，PCG）。康奈尔大学实验室的核心目标就是研究直接基于渲染程序渲染图像的方法，达到基于物理照明模式的渲染效果。PCG 开创性地进行了图像的合成工作和一些渲染算法的研发，即通过一定的计算方法，将合成场景中的直接和间接照明的光自然融合，使得最后渲染出来的画面在视觉形象上与真实世界没有区别。这直接推动了市场上渲染器软件开发，例如当时流行的渲染器"渲染巨匠"（Lightscape）就是康奈尔大学的研发结果。

1995年，由皮克斯工作室制作的《玩具总动员》（Toy Story）上映，这是第一部完全由计算机角色主演的三维动画电影。皮克斯利用数字动画技术，将动画影片中的景致和人物表情等都真实细腻地呈现出来（如图2-22所示），并迅速获得市场认可。这也推动了皮克斯工作室由开发技术和硬件设备公司向动画制作公司转型，并持续不断地制作出《怪兽电力公司》（Monsters, Inc.）、《海底总动员》（Finding Nemo）、《飞屋环游记》（Up）等佳作。

图2-22　第一部3D动画电影《玩具总动员》计算机生成画面

随着计算机图形图像技术的不断发展与完善，计算机"画"出的作品在内容上越来越丰富，无论是现实中的花草鸟兽，还是想象中的奇珍异兽，计算机都加以实现。在画面效果上也越来越写实，细腻到空气中的微尘，风中浮动的发丝都清晰可见、活灵活现。元宇宙中虚拟空间景象的布置，从技术的角度看已基本上没有太多问题。

2.2.3 "控制意念"脑机接口

提到脑机接口，大部分人的脑海中可能会浮现出电影中的画面，例如电影《黑客帝国》中被机器控制、长眠于营养液中的人们，就是通过脊椎上一排插孔，通过接入长长的电线，让意识进入虚拟的数字世界，感受虚拟的真实。又或是电影《阿凡达》中主人公杰克（Jack）通过非侵入式脑机接口设备，就能够通过意念控制不属于自己的纳美人躯体，重新奔跑起来。像脑机接口这种未来感极强的技术似乎仅存在于科幻电影中。对于大部分人而言，"脑机接口""意念控制"这样的事儿还是如同天方夜谭一般。但其实这项技术早在20世纪20年代就已产生了，只不过进展缓慢，没有得到广泛关注。

脑机接口（Brain-Computer Interface，BCI）是指在以人或动物为主的活性神经组织与计算机或其他电子设备之间建立直接连接，这种连接不依赖于常规的外周神经和肌肉的交流与控制通道，从而实现大脑与外部设备的直接交互。简单而言就是，无须手动或声控输入指令，计算机直接接收大脑的信号，并完成相应的任务。

人们对脑机接口技术的研究可以追溯到1924年，德国精神科医生汉斯·贝格尔（Hans Berger）发现了脑电波，人们惊喜地发现原来虚无缥缈的意识是可以转化为电子信号被读取的。当然，在那个电子计算机都没有被创造出来的年代，这也只是一个想法。直到 20 世纪六七十年代，一位名为埃伯哈德·费兹（Eberhard Fetz）的科研工作者无意之中，将猴子大脑中的神经元连接到一个仪表盘。当神经元被触发的时候，仪表盘的指针会转动。费兹以香蕉味的丸子为诱饵，引导猴子通过某种思考方式触发该神经元，从而转动仪表盘的指针。最终猴子为了吃到丸子学会了通过控制神经元的触发转动仪表盘。这是第一个真正意义上的脑机接口试验。

随后，脑机接口在医学领域开始一系列尝试。1978 年，威廉·多贝利（William Dobelle）在一位盲人的视觉皮层植入了 68 个电极的阵列，并成功制造了光幻视（Phosphene），即病人可以在有限的视野内看到灰度调制的低分辨率、低刷新率点阵图像。二十年之后的 1998 年，"运动神经假体"的脑际接口方面的专家、美国埃默里大学（Emory University）的菲利普·肯尼迪（Philip Kennedy）和罗伊·巴凯（Roy Bakay）在患有脑干中风导致的锁闭综合征的病人脑中植入了可获取足够高质量的神经信号来模拟运动的侵入性脑机接口，成功帮助病人通过该脑机接口实现了对于计算机光标的控制。

进入 21 世纪之后，脑机接口技术有了新的突破。2016 年，美国斯坦福大学神经修复植入体实验室的研究者在两只猴子大脑中进行了侵入式脑机接口试验。通过训练，其中一只猴子用大脑控制计算机打出了莎士比亚的那句经典台词"To be or not to be. That is the question"。同年，美国明尼苏达大学研究团队让普通人在没有植入大脑电极的情况下，只凭借"意念"，在复杂的三维空间内实现了物体控制，包括操纵机器臂抓取、放置物体和控制飞行器飞行等。经过训练，试验者利用意识抓取物体的成功率在 80% 以上，把物体放回货架上的成功率超过 70%。

脑机接口技术的发展使其获得科技公司的青睐。2017 年 4 月，Facebook 在 F8 大会上宣布了"意念打字"的项目，希望未来能通过脑电波每分钟打 100 个字，比手动打字快 5 倍。2019 年 7 月 17 日，Space X 及特斯拉创始人埃隆·马斯克召开发布会，宣布成立两年的脑机接口（BCI）公司 Neuralink 的脑机接口技术获重大突破，已经找到高效实现脑机接口的方法，Neuralink 也获得近亿美元的融资。

整体上看，侵入式的脑机接口技术还处于研究阶段，非侵入式的脑机接口在病患上的试验也是个例，尚未走向商用。所以，实现元宇宙中的脑机接口还有很长的路要走。

2.3 虚拟世界的价值联结

计算机互联网、人工智能、虚拟现实等技术搭建了栩栩如生的虚拟空间，但如若想要这个虚拟世界变得更加生机盎然，必然需要有一套技术和规则，满足元宇宙内的数字资产价值传递。这项技术就是区块链。坦白而言，区块链技术并不是一项史无前例的新技术。这是一项建立在计算机技术基础之上的综合性应用。像分布式数据存储、点对点传输、加密算法等组成区块链的关键核心技术大部分在20世纪七八十年代就已经出现。直到2008年比特币的出现将区块链这个概念正式提了出来。随后，区块链经历了以比特币为代表的区块链1.0，以智能合约为代表的区块链2.0，以及产业应用落地的区块链3.0时代。而今，去中心化金融和NFT（非同质化代币）已成为区块链网络中虚拟资产价值流转的重要手段，是未来元宇宙中价值创造与流通的关键参考。

2.3.1　分布式系统与密码学技术联姻

1. 现代密码学技术

20世纪70年代，密码学大师贝利·迪菲（Bailey Diffie）和马丁·赫尔曼（Martin E. Hellman）共同发表了一篇名为"密码学的新方向"（New Directions in Cryptography）的论文。这篇论文不仅介绍了当今大多数互联网安全协议的基础，即公钥和电子签名的方法，也展示了一种算法，表明非对称加密或是公共密钥加密是可行的。在此基础上，罗恩·李维斯特（Ron Rivest）、阿迪·萨莫尔（Adi Shamir）和伦纳德·阿德曼（Leonard Adleman）三人正式提出众所周知的RSA算法，并获得了图灵奖。RSA算法标志着公钥密码学在实际中确实是可以实现的。

进入20世纪80年代，Merkle Ralf提出了名为Merkle-Tree的数据结构和相应的算法，主要用于分布式网络中数据同步正确性的校验，后来比特币在做区块同步校验的时候确实也是这么做的。随后，莱斯利·兰伯特（Leslie Lamport）提出的拜占庭将军问题标志着分布式计算由理论向迈出实质性步伐。紧接着1985年，尼尔·科布利茨（Neal Koblitz）和维克多·米勒（Victor Miller）分别提出了著名的椭圆曲线加密（ECC）算法，解决了RSA非对称加密计算量过大而难以实用的问题。至此，区块链技术所用的现代密码学理论及技术基础已经基本确立。

随着20世纪90年代计算机的普及和电子邮件的广泛运用，出现了一种用于发垃圾邮件的算法Hash Cash，从某种意义上看，这就是比特币所使用的工作量证明机制（Proof of Work，PoW）的初始版本。1998年，戴伟（Wei Dai）、尼克·萨博（Nick Szabo）同时提出密码学货币的概念。无论是戴伟的B-Money，还是尼克·萨博的Bitgold，其特性与10年之后出现的比特币极为相似。21世纪初期，美国安全局（NSA）发布SHA-2系列算法，其中就包括目前应用最广的SHA-256算法，这种不可逆的加密算法后来也成为比特币最终采用的哈希算法。

2. 分布式存储与点对点传输

在互联网诞生之初，信息传输的超文本协议（HTTP）被设计为一对多的模式，即文件或信息被放到单一服务器上，然后由服务器传送至不同的用户计算机端。这是一种典型的服务端-客户端的集中化路径选择，不可避免地存在一些弊端，例如，集中化的问题，数据存储和访问的安全存在隐忧，如果像谷歌、Facebook 这样的大型互联网服务端遭到黑客攻击，那么成千上万的用户就无法对其进行访问或者面临着隐私数据泄露的风险。又比如网络传输的效率问题，当突然暴增的用户同时访问和下载服务器上的文件时，由于 FTP 服务器处理能力和带宽的限制，下载速度会急剧下降，用户们看到的可能就是"当前网页无法访问，请稍后再试"的页面。

在 2003 年，软件工程师布莱姆·科恩（Bram Cohen）发明了 BitTorrent 协议。这是一个架构于 TCP/IP 之上的一个 P2P 文件协议。也就是说，BitTorrent 用户将各种视频、音乐和文本文件下载到本地存储，然后可以与其他用户共享"种子"。作为一个为点对点文件共享而设计的协议，BitTorrent 上任何人都可以将资源上传至网络，同时任何人都可以在网络下下载资源，下载人数越多，下载的速度越快。但是 BitTorrent 上的文件没有加密，它们只是被碎片化成多个部分，文件片段可以从不同的种子服务器下载，像在分散的云中一样。BitTorrent 的出现奠定了 P2P 网络计算的基础。

可以说，比特币所需要的区块链相关技术在 21 世纪初就已经凑齐，静静等待 2008 年中本聪比特币的召唤。

2.3.2 从区块链1.0到区块链3.0

2008 年，一位化名为中本聪的人在密码学邮件组发表了一篇论文——"比特币：一种点对点的电子现金系统"（Bitcoin: A Peer-to-Peer Electronic Cash System），声称发明了一套新的不受政府或机构控制的电子货币系统。随后，中本聪在 Source Forge 网站发布了比特币系统的开源软件，并发送了 10 个比特币给密码学专家哈尔·芬尼（Hal Finney），这也成为比特币史上的第一笔交易，从此开启了区块链 1.0 时代。从比特币的创始到如今价值飙升至一度超过五万美元，其活跃程度和价值性也证明了区块链的价值，比特币是至今为止区块链领域中最成功的应用。但是业界并不满足将这种去中心化的技术和理念局限在数字货币领域。

2013 年末，俄罗斯程序员维塔利克·布特林（VitalikButerin）发布了以太坊 Ethereum 初版白皮书《下一代智能合约和去中心化应用平台》（A Next-generation Smart Contract and Decentralized Application Platform），标志着 Ethereum 项目

正式启动，开启区块链 2.0 时代。次年 4 月，以太坊开放为期 42 天的以太币预售，共募集到 31531 个比特币，市场价值 1843 万美元。2015 年 7 月，团队正式上线以太坊网络，以太币在多个交易所进行交易。以太坊作为去中心化的操作系统，使得用户可以基于以太坊进行去中心化应用（DAPP）的开发，且在交易的效率上较比特币具有一定的提升。不仅打破了区块链仅用于比特币等数字货币的应用边界，其智能合约及通证（Token）在金融、游戏等领域得到了更广泛的应用。

伴随着以太坊、Corda、ZCash 的兴起，区块链技术的共识机制目前也日渐成熟，区块链应用逐渐增多，在全球范围内，区块链在票据、证券、保险、供应链、存证、溯源、知识产权等十几个领域都有了成功案例，部分已经进入了实用阶段，区块链进入 3.0 时代。各行各业开始利用区块链技术，在联盟链等应用架构的基础上设计行业去中心化解决方案，赋能政务管理、金融服务、流通经济、能源交易等方方面面。

2.3.3　从比特币到 NFT

随着区块链技术的日渐成熟及应用领域的不断拓展，基于区块链技术的数字金融一片繁荣。其中 NFT（非同质化代币）凭借其对数字资产的唯一性确权及价值确定，成为近年来区块链技术应用的发展热点。NFT 的应用场景从单一化逐渐变得多元，涵盖加密艺术品、游戏、音乐、体育、影视等多领域，是元宇宙不可或缺的重要元素。

如同区块链技术并非横空出世而是多种计算机技术融合发展的产物一样，非同质化代币的萌芽在比特币等加密数字货币发展初期就可寻得蛛丝马迹。非同质化代币与现实世界中实际资产的链接可以追溯到 2010 年 1 万比特币换 25 美元披萨的事件，这开创了虚拟数值货币与现实物品交易的先河。随后，比特币论坛上出现了大量通过比特币易物的帖子，从网站域名到 DVD，从课程到游戏、艺术品，五花八门，刺激并扩展了人们对数字货币的应用与想象。

2012 年，一个名为 YoniAssia 的人在网络上发布了"比特币 2.X（又名染色比特币）—初始规格"（bitcoin 2.X (aka Colored Bitcoin) - initial specs），描述了 Colored Bitcoin 的想法，即通过对比特币做标记，且利用区块链技术对这些被标记的比特币进行追踪，那么这些被标记的比特币就可以衍生出一些特殊的功能，例如被用作商品证书、发行股票和债券或者发行其他基于比特币区块链的加密货币等。虽然 Colored Bitcoin 并没有落地，但这种打标记并且与虚拟产品绑定在一起的想法，为解决网络虚拟产品的版权与所有权的确权问题提供了相应的理论基础。

这一想法在随后的几年中逐步有了实践的探索与印证，为 NFT 的发展提供了很好的经验，其中包括 Rare Pepe Wallet 和 CryptoPunks。

佩佩蛙（Pepe The Frog）这个奇丑无比的绿色青蛙大家一定不陌生，这个由 Mett Furie 创作的漫画角色成为人们表情包中的常客。随着佩佩蛙表情包的大受欢迎，人们开始乐此不疲地参与到表情包的二次创作中。为此，社交网站 Reddit 单独开设了 Pepe The Frog 板块。随着佩佩蛙的表情包越来越多，于是有人开始区分原创的表情包并将其定义为"Rare Pepe"，通过打水印的方式进行稀缺性的声明。但是打水印这种传统的方式并不能很好地保证原创者作品的稀缺性。于是，一位名叫 Joe Looney 开发了 Rare Pepe Wallet，按照一定的图片审核要求对审核过的佩佩蛙表情通过 Counterparty 进行上链，以便人们通过钱包进行佩佩蛙图像的交易或赠送。由于每种 Pepe 有自己的发行数量，从而保证了它的稀缺性。Rare Pepe Wallet 成功建立了一个能够自由创作和交易作品的社区，让虚拟作品与区块链结合，保证其稀有性和所有权，进而保证其价格和作者的权益。最贵的一张"Rare Pepe"是美国家喻户晓的动画《辛普森一家》中的父亲荷马·辛普森与 Pepe 的合体，在 2018 年的纽约稀有数字艺术节（Rare Digital Art Festival）上，以 3.9 万美元的价格被售出（如图 2-23 所示）。

图 2-23　Pepe The Frog（佩佩蛙）、Rare Pepe 及最昂贵的 Rare Pepe

以太坊 ERC-20 标准作为一套通用的指标被以太坊的整个社区接受并应用，为基于以太坊的项目带来了繁荣，其中就包括 NFT 项目 CryptoPunks。CryptoPunks 是喜欢朋克文化的 John Watkinson 创建的基于以太坊的项目，John Watkinson 通过像素生成器制作了 1 万个 24×24 像素的朋克风头像（如图 2-24 所示）。结合以太坊的技术特性，John Watkinson 试图把这些头像做成独一无二的收藏品。通过对 ERC-20 进行调整，正式发布了 CryptoPunks。在发布初期，John Watkinson 让拥有以太坊钱包的任何人都可以免费索取这些像素头像，很快所有 10000 个 CryptoPunks 迅速被认领，并创造了一个繁荣的 CryptoPunks 二级市场。在项目发布不到两个月的时间，一些 Punks 以 8 或 10ETH 的价格出售（当时 1ETH 的价格约为 290 美元）。CryptoPunks 的成功和由此带来的影响力，为实现 NFT 项目的火热吹响了前奏。

图 2-24　CryptoPunks 的像素头像

最早真正爆发并获得大量关注的非同质化代币项目是 2017 年由一家名为 Axiom Zen 的公司推出的加密猫（CryptoKitties）。加密猫是一款建立在以太坊上的游戏，允许用户收集、繁殖和交换虚拟猫。游戏的玩法很简单，用户只需要两只不同的猫就可以进行繁殖，产下新猫。这些猫可以继续繁殖，也可以在市场上售卖。由于每只新出生的小猫会携带父母猫的 256 个元基因组，因此小猫的外观、个性与特征将会有 40 亿种可能性。也就是每一只虚拟猫都是独一无二的且拥有对应的 NFT。此时针对虚拟资产的唯一性的 ERC721 标准已被认可，加密猫团队基于 ERC721 实现了每一只虚拟猫与 NFT 的映射。在加密猫上线的 4 天后，编号为 1 的创世猫被以将近 247ETH 的价格卖出（当时超过 11 万美元）。第五天，两只加密猫的合约交易量一度占据当时整个以太坊网络的 20%，甚至一度造成以太坊网络的拥堵。上线一周时间，加密猫的交易额便超过 600 万美元，市场上公开售卖的加密猫数量已经超过 10 万只。目前，最昂贵的是一只名为 Dragon 的加密猫，售价为 600ETH（当时约 17 万美元）（如图 2-25 所示）。CryptoKitties 项目很好地对非同质化代币概念进行了论证，至少它证明了独一无二的数字资产能够在去中心化的区块链世界中进行非同质化的标记、交易并产生价值。

图 2-25　最贵的加密猫 Dragon

加密猫让人们第一次意识到非同质化代币的商业价值并为之疯狂。随后，加密猫团队核心成员 RohamGharegozlou 创建了 Dapper Labs 以便让更多的用户能够以更加便捷高效的方式参与到去中心化的项目中来。在推出了自己的 Flow 公链之后，Dapper Labs 发行了一款篮球主题的 NFT 游戏 NBA TopShot，能够将每一个赛场上的巅峰时刻通过一个流畅的小视频包的形式呈现。用户在该游戏中可以兑换、收集和交易自己喜爱球星的 NFT 卡。经过半年的游戏公测，NBA

TopShot 总销售额超过加密猫，位列 NFT 收藏品第一位。目前，NBA TopShot 的总购买人数超过 2 万人，历史总销售额超过 4473.33 万美元，而 NBA 球员的 NFT 卡售卖价格也屡创新高。这款游戏不仅得到了三星、Andreessen Horowitz、USV、Coinbase Ventures 等投资机构的投资，还获得了安德烈·伊戈达拉（Andre Iguodala）、贾维尔·麦基（JaVale McGee）等 NBA 球星的支持。NBA TopShot 的成功与 NBA 强大粉丝影响力不无关系，同时也通过数字资产的形式打破了传统实体明星卡的种种缺陷，NFT 的唯一性与稀缺性满足了粉丝的收藏心理，将线下的明星卡收藏与区块链的线上数字资产完美地结合在一起。正如创始人 RohamGharegozlou 在推特上的那句评论"我在这里看到了不可估量的未来"。

如今，NFT 的市场丰富异常，无论是游戏道具还是数字艺术品，这些数字内容都通过 NFT 被赋予了价值，并成功地在虚拟世界中流通，这对于元宇宙中虚拟世界的价值交换体系而言是意义非凡的。

Chapter Three
第 3 章

游戏敲开元宇宙的门

在科幻作品大胆设想未来可能性的指引下，伴随着计算机、互联网、虚拟现实、人工智能、区块链等关键性技术的不断成熟，尽管身形依旧模糊。但元宇宙终于从虚幻的文字及影像中走了出来。游戏成为元宇宙的第一个试验场，不仅仅是因为电子游戏创造出来的虚拟世界与元宇宙有着异曲同工之妙，更在于未来人类工作与生活的游戏化会让每一个人都成为游戏玩家，而这种虚拟与现实的自然交融正是元宇宙需要的。电子游戏的发展也由最初简易的棋牌或机械运动游戏，发展到如今五花八门的策略类、角色扮演类等大型的综合性互动游戏，满足了玩家对游戏的沉浸性需求。随后沙盒游戏的出现，提供了玩家能够在虚拟世界内自主创造的机会。而区块链技术的加入，则让这些自主创造的虚拟数字物品拥有了价值属性，一切都整装待发。终于，大型多人在线游戏创作平台 Roblox 在 2021 年的公开上市中提出了"元宇宙"的概念。曾经的科幻设想、技术更迭以及实际运用都天衣无缝地被串联起来，彻底引爆关注，无论是国外还是国内，互联网科技企业纷纷入局，都在积极争夺元宇宙的入场券。

3.1 一切从游戏开始

不难发现，除了硬件及技术领域，与元宇宙同台出席最多的就是游戏。游戏通过独特的剧情角色设计、场景视效呈现等，为玩家创造出一个具有真实代入感的主观世界。从这一点看，游戏是创造未来平行世界的雏形，是元宇宙比较容易切入也相对轻松被人接受的突破口。游戏虽是虚拟的，却与现实紧密连接在一起。虚拟的游戏不仅仅提升了个人的幸福感和行为能力、构建了强社交联系，游戏也为个人和社会创造了巨大的经济价值。在未来游戏化的社会中，每一个人都将是游戏玩家，利用虚拟游戏体验真实工作和生活的乐趣，感受虚拟与现实交互的快乐。

3.1.1 一个游戏一个世界

回想一下玩游戏时的状态，大多时候人们都是目不转睛地盯着计算机或游戏终端的电子屏幕，敏捷地滑动手中的鼠标或用力按压游戏手柄，脑海中快速思索打败敌手或寻找通关线索的方法。外界环境似乎无法影响玩游戏的人丝毫，玩家仿佛进入了一个新世界。

人们对世界的认知是多样的，人们肉身所处的现实世界很大程度上满足了人们对物理世界的客观认知。人们在这样的世界中工作生活、感受悲喜、经历苦乐，在认知世界的基础上完善对内在自我的探索。这样的探索也同样存在于非客观的意识世界中，所以人们会痴迷于古老尘封的传说，憧憬于情节百转千回的小说，感动于荡气回肠的电影，而游戏更甚。游戏通过设定的故事背景，建立了一个看得见、摸得着，同时能够充分发挥人们主观能动性的幻想世界，而不是像小说或电影中别人故事里的看客，形成"真实的"代入感。这种"真实的"代入感正是元宇宙追求的一种境界。

虽然，并不是所有的游戏都能够提供这种"真实感"，比如像俄罗斯方块、吃豆人、消消乐这样的游戏只是满足休闲挑战的需求，帮助地铁上的上班族打发无聊的时间。但剧情的代入无疑会让玩游戏的人更为痴迷。比如儿时的经典游戏《超级玛丽》（SuperMarioBros），虽然也只是简单的蹦蹦跳跳、躲躲闪闪，但是拯救公主的故事线还是激励着玩家们在一次次"Game Over"的情况下直面恶龙，直到成功解救公主并一睹公主芳容。

这就是游戏世界的力量。游戏在一个自圆其说的故事背景下，通过游戏角色设计、原画场景描绘、背景音效烘托、情节任务设定，构建了一个有意义的世界，并让玩家在其中升级打怪、不断探索。反观现实又何尝不是如此，当人们出生在这个世界时，所在的国家地域、家庭环境等角色配置均已完毕，然后在漫漫的人生中，去不同的远方，完成工作生活中一项项烦琐的任务，也是一路升级打怪、自我成长的过程。元宇宙要打造的平行虚拟世界，游戏正是一个无比契合的切入口。

令人着迷的游戏总是有着完整而统一的世界观，并在一定的逻辑下呈现出精彩绝伦的景象奇观，并且这些景象奇观在现实中是不可能出现的。比如美国暴雪（Blizzard）出品的风靡全球的游戏《魔兽世界》（World of Warcraft），就讲述了在魔幻的艾泽拉斯大陆上，人类、精灵、矮人、巨魔等种族为了争夺领土和土地资源形成了部落和联盟两大阵营，玩家需要选择不同的阵营角色参与到游戏中，可以是使用刀剑的人类，也可以是召唤魔法的精灵，或是近身肉搏的兽人，无论哪种角色都是玩家自我内在的体现。玩家在这个浩渺恢宏的奇幻世界中不断探索，感受不同种族的历史命运，体验一段奇幻之旅（如图3-1所示）。

游戏为人们创造了一个具有任意时空、无边界、开放自由的虚实交织的想象世界，并通过玩家所扮演的角色参与的每一个剧情任务、与游戏非角色玩家

（NPC）之间的交互，将这个世界逐渐展现在玩家面前。玩家在虚拟的世界中从事探险、交往、竞争、互动、建构等社会行为，感受区别于物理世界的另一种真实。

图3-1 《魔兽世界》（World of Warcraft）官方宣传图

3.1.2 游戏连接虚拟与现实

1. 游戏伴随人类发展

对于出生在21世纪的年轻一代而言，大部分人对游戏的认知都来源于电子游戏，毕竟电子设备已经成为人们日常生活中不可或缺的组成部分。实际上，游戏是一项古老的人类活动，很可能比想象中还要早。按照游戏起源理论，游戏是对与生俱来的、不完善的、不成熟的动物本能行为的练习。就如同小猫小狗的打斗嬉闹，游戏是锻炼自己捕食、战斗等生存技能的天然行为。当然，原始人可能无法将这种看似无意义的嬉笑打闹记录下来并命名为游戏，但有据可考的人类游戏确实可以追溯到3000多年前，甚至可能更早。

有历史学家认为，游戏可能并不只是茶余饭后的消遣，游戏的出现可能关乎着人类的生存。在古希腊历史学家希罗多德（Herodotus）的《历史》（Histories）一书中，希罗多德讲述了人类游戏的起源。在小亚细亚的吕底亚，人们为了忍受风不调、雨不顺灾年的饥荒，只能通过掷骰子、抓子儿这样的游戏来忘却现实中对食物的饥渴。游戏成为人们在残酷的现实中寻找力量与生存希望的重要方式。或者干脆将游戏仪式化，通过游戏祭祀通神，比如奥林匹克运动会，在古希腊就是一场大型的身体对抗类游戏祭神活动。虽然祭神已不复存在，但是通过这一活动维系不同国家或区域之间的和平及友谊的内涵却流传了下来。不知不觉，游戏成为人类文明的重要组成部分。

以游戏抵御饥饿的例子听上去可能比较极端。但游戏能够给人带来快乐并且被人喜爱是不争的事实。即便是没有电子设备的古代，有趣的游戏也数不胜数，一些经典的游戏甚至流传至今。例如，古埃及的赛尼特棋（Senet）就是已知的最早游戏之一。这是一款棋盘游戏，棋盘由 30 个正方形组成，每 10 个正方形平行排列成三排。玩家通过投掷木棍或骨头来决定移动方块的数量。将自己所有的棋子送到棋盘尽头的玩家即可获得游戏胜利（如图 3-2 所示）。这款需要运气和策略的游戏深受古埃及人民的喜爱，并流传至今，在亚马逊上就能买到精美的木质塞尼特棋。

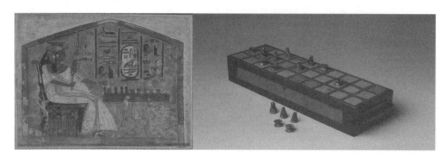

图 3-2　古埃及法老王后奈菲尔塔利玩塞尼特的壁画及古埃及塞尼特棋盘

当游戏变为人们生活中的重要组成部分时，游戏的作用也就不再是博君一笑这么简单了，游戏还承担起各种各样积极的社会作用。例如，人们可能会在围棋的黑白对弈中寻找当前困局的破解之道，在大型社交现场通过行酒令的方式以诗会友，在家宅后院通过打牌、搓麻将实现邻里社交等。

随着电子游戏时代的到来，游戏的多样性和丰富性极大丰富，人们玩游戏的方式也越来越简单，在游戏中花费的时间也越来越多，游戏对个人的生活及发展也产生了重要影响。

2. 游戏中获得幸福和提升

游戏之所以能够被人们喜爱，一方面是因为游戏能够带来很多积极的情绪，而积极乐观的情绪有助于提升幸福感、获得感；另一方面，游戏对计划管理、团队协作、思维策略等个人能力的提升也是有帮助的。

从心理学的角度来看，积极的情绪有利于个人身心发展。首先，多姿多彩的游戏世界是暂时躲避枯燥现实的有效出口，而且是一种较为便捷省钱的方式。相对每天朝九晚五、周而复始的日常工作生活而言，游戏提供的世界是多样而神奇的，与单调而平凡的现实世界形成鲜明反差。玩家可以在《魔兽世界》中魔幻的世界中选择阵营并战斗，可以在《阴阳师》中日式鬼怪文化的世界中收服式神击退妖怪，也可以在《第二人生》中过一种在现实生活中无法体验的人生……人们在现实中难以获得的情感饥渴、无法踏足的虚幻世界，都能在游中得到满足。

其次,游戏的特性决定了玩家们能够从游戏中获得挑战带来的自豪感,这一点与现实是相通的。现实中每个人都有既定的目标,为了实现目标,每个人都必须在既定的社会规则下努力挑战,并收获目标达成带来的喜悦。游戏很轻松地做到了这一点,通过循序渐进的有趣的障碍,让玩家体验通关的乐趣和成就感。更何况,与复杂的现实社会规则相比,游戏的规则相对客观公正,对于所有的玩家都一样,通关凭借的是玩家的策略性思维或者长时间的经验积累,与家庭身世、高矮胖瘦、人情世故并没有太多的关系。越是清晰公正的规则,越是能够激发人类克服障碍的挑战性,并带来自豪感。

最后,游戏是一项能够让人高度集中注意力的活动。人们在玩游戏的过程中,紧张刺激的游戏能够充分激活与快乐相关的神经系统和生理系统,其中就包括注意力系统。在注意力集中的情况下,孩子们能够产生各类积极情绪和体验,全力以赴发挥个人能力,突破关卡,达到心理上的满足。

优秀的游戏能够激发人们克服重重挑战,构建独特体验、唤起积极情绪。玩家们在游戏中不断探索、学习和改进,为了不断挑战游戏设置的重重障碍,发挥创造力、满怀热情、真心实意地努力直到通关,并满心喜悦地接受自己努力的结果。不可否认的是,游戏不仅让人们在日常生活中更开心了,也教会了人们很多东西,比如愉快地接受失败、情景模拟学习、个人团队协作等。

大多数情况下,人们是不喜欢失败的。失败引发的挫败感会让人感到失落、遗憾或者后悔等消极情绪,但游戏是个例外。有研究表明,在游戏的过程中,玩家几乎把所有的时间都用在了失败上,花了一整天的时间,拼尽了全身的力气,还是解不开谜题、输掉了战斗、得不到高分,频繁坠毁或者死掉。尽管如此,玩家还是依旧乐在其中,颇有一种"游戏虐我千百遍,我待游戏如初恋"的架势。因为游戏设计了通往成功的合理失败,换句话说,玩家深知只要投入足够的时间和动力,就能够解开游戏的谜题或完成游戏任务。因此,合适的失败成为另一种形式的奖励,失败得越多,就渴望做得越好,失败也变得更加有趣。游戏让玩家建立起超常的心理韧性,消解了人们对失败的恐惧,这在现实中是很少见的。如果将这种心理状态移情到残酷的现实中,对坚持更长时间、做更艰苦的工作、应对更复杂的挑战可能有意想不到的好处。

常规印象中,游戏似乎总是站在学习的对立面,只是提供娱乐消遣的工具。其实游戏能够带来意想不到的学习收获。游戏不单是玩乐,也能让玩家从玩中学到知识,有的可能是一些背景知识的补充,例如网易出品的《妙笔千山》就栩栩如生地描绘了《山海经》中的上古生灵(如图3-3所示)。有的或许是策略管理类的锻炼,例如《帝国时代》通过模拟人类从氏族文明到农耕文明的过程,可以让玩家认识到资源分配和管理的一些道理。有的更是模拟现实中的经营管理，例如《模拟城市》系列游戏，为玩家提供了一个趋近现实城市或农场管理的游戏模式。

图3-3　游戏《妙笔千山》中对《山海经》中比翼鸟和鲛人的描绘

最后，游戏能够让人真切地感受到团队协作的重要性，在团队中挖掘自己的优势发挥自身的价值，并了解责任与牺牲。这与现实工作中的团队协作是一个道理，只不过游戏通过更宏大的叙事背景展现出来。电影《头号玩家》中，主人公韦德和他的小伙伴在死亡星球上与IOI集团进行殊死搏斗，为了最后的胜利，大部分成员都做出了必要的牺牲，为韦德拿到最后的钥匙争取时间。这就是团队作战的力量。

3. 游戏中构建强社交联系

游戏聚焦的不仅仅是个人的情绪心理和能力拓展，对人与人之间情感的连接及社交关系的建立维系也发挥着一定的作用。人是社会性动物，在现实生活中，人不可避免地与他人产生联系，并在积极的人际关系中产生正向的能动力和内心满足感。人们需要家人朋友的陪伴、志同道合伙伴的同行，以帮助人们在艰难的现实中完成生命给予人们的课题。然而，并不是所有的人都能够很好地建立并维系这种必要的社交联系。快节奏的生活让人们疏于与家人或朋友的联系，内向的人们在社交恐惧症的笼罩下进行自我封闭，客观现实的束缚让人们很难与陌生人建立能够信任的社交联系，而这一切似乎在游戏中能够得到弥补。

与现实的支离破碎相比，游戏似乎能够建立一种天然的强纽带，为与家人朋友共度时光创造机会，主动和认识或关心的人保持联系。Facebook在2007年发布了一款线上填字游戏*Lexulous*，有超过500万人在玩这款游戏（如图3-4所示）。填字游戏是一款老少皆宜的娱乐项目，因此很多人是和自己的母亲或伴侣一起玩的。对于很多人来说，填字母拼单词并不是游戏的目的，而是通过游戏和远在另一个城市的亲人聊天问候。2017年，微信推出的小程序游戏《跳一跳》也具有异曲同工之妙（如图 3-5 所示）。通过操纵手机上的小人跳向远处方块的上方，一旦没有落在方块的平面上，游戏即结束。用户既可以独自跳跃，在朋友圈中查看积分排行，也可以邀请朋友共同完成游戏。一旦开始一局游戏，就意味着在集中的一段时间内至少要与朋友们进行多次交流，通过数百次微互动能够有效地促使人们主动跟社交网络中的其他成员展开社会交往。于是，日常生活难以见面或交流的人们的联系，通过游戏变得更加紧密活跃、轻松有趣了。

图 3-4　Facebook 填字社交游戏《*Lexulous*》截图

当然，这种紧密有趣的社交联系不限于熟人，对于陌生人社交亦是如此。很多事实表明，性格内向的人在现实中都很难与相熟的人聊上几句，更别提和陌生人了。但在虚拟的游戏中却并非如此，很多常年宅在家中玩游戏的人在游戏世界中异常活跃，游戏创造了新的社交网络通路。

在游戏中，内向的人能够在公平的游戏规则下，通过自身努

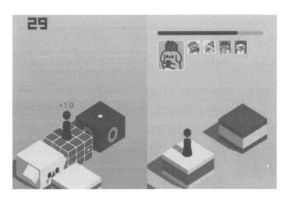

图 3-5　微信社交小游戏《跳一跳》

力创造自己喜爱的虚拟化身，一定程度上摒弃自身在现实中的缺陷并重新获得社交自信，或者通过游戏任务形成紧密的游戏社交连接，哪怕在虚拟的游戏世界中不与任何人互动，站在一边看看其他玩家在眼前晃来晃去，也能够获得"不是孤身一人"的心理安慰。在大型多人在线游戏（MMO）中，就提供了一种"情境社交性"（Ambient Sociability）的社交情境。例如，在游戏《魔兽世界》中，玩家大部分的时间也是自己一个人默默地做任务，而不是时刻都在战斗或者组队完成任务，但是也并不影响玩家们每个月坚持不懈地玩游戏。因为对于玩家而言，尽管没有和其他玩家交流，但是身处《魔兽世界》中会有一种同在艾泽拉斯大陆"不再孤单"的感觉，哪怕只是很无聊地看着其他玩家在做什么。这是一种很随意的社会交往形式，它提供了一种融入社会场景的感觉。

只要愿意，玩家是能够和别人接触的。尽管可能无法建立直接的纽带，但能满足想要与他人联系的渴望，对于具有社交恐惧症的孤僻人群来说，也是能够享受的一种社会交际方式。

4. 游戏产生现实价值

虽然游戏中的世界是虚拟世界，但是这并不代表虚拟能够脱离现实。游戏除了能够潜移默化地对现实中个人的精神情绪产生影响，更是可以通过游戏过程中产生的经济价值，打通虚拟游戏与现实世界的联系，而随着工作生活游戏化程度的加深，游戏与现实的联系变得愈发紧密了。

游戏产生经济价值。这句话无论对于产业或个人都是适用的。游戏公司通过精心策划制作的游戏，吸引玩家以各种方式进入到游戏中并为游戏付费，这种吸金能力是不容小觑的。以《魔兽世界》为例，游戏要求玩家以购买月卡以包月的方式进入虚拟世界，平均每月 15 美元。在游戏辉煌的岁月里，仅全球用户使用费就为暴雪带来每天 500 万美元的收入。而以免费进入游戏平台的手游《王者荣耀》为例，游戏通过皮肤及充值活动，让玩家甘之如饴地在游戏中买买买。据估算，《王者荣耀》大约每季度能够为腾讯控股贡献 17.6 亿元的净利润，而在 A 股市场上超过 95% 的上市公司都达不到这一水平。

个人也能够从庞大的游戏需求中分得一杯羹。游戏玩家通过坚持不懈的游戏积累或捡来的稀有装备，能够在游戏交易市场上变现，而这些虚拟装备的价值有时候到达了令人瞠目结舌的地步。例如火遍全网的游戏《梦幻西游》，曾经出过一款 150 级的武器装备"天龙破城"，根据玩家的交易数据显示，这把武器转手三次后卖出了近 200 万元的价格。除此之外，玩家还可以当游戏陪练，将自己获得的皮肤、装备、等级统一出售。或者参加游戏职业联赛，成为职业玩家，签约游戏公司。也可以通过游戏直播的方式，获得千万粉丝及流量。游戏能给个人玩家带来直接经济价值的方式也是多种多样的。

除了经济关联，游戏与现实还有一种更深层次的联系，那就是工作生活的游戏化。想象一下，玩家做的每件枯燥无聊的工作都能够以游戏的方式进行，是一件十分有趣的事。不仅如此，游戏也让工作的效率变高了。

2007 年，英国实验游戏开发员凯万·戴维斯（Kevan Davis）开发了一款类似"家务管理系统"的平行实境游戏《家务战争》（Chore Wars）（如图 3-6 所示）。顾名思义，这是一款必须与共享一定空间的熟人一起完成的游戏，比如室友、家人或同事等。以家庭环境为例，玩家可以和伴侣及孩子在游戏中为自己的家以王国的名称命名，并获取自己的虚拟化身，从而进行一系列冒险活动，比如扫地、擦窗户、倒垃圾、煮早餐等。这些原本枯燥的活动在游戏中以荒诞有趣的形式出现，例如扫地可以是"消灭菌尘大军"、倒垃圾可以是"更新清洁储量槽"等。每当完成琐碎的家务,即可登录系统报告成功,每件杂务都授予玩家一定数量的经验值、虚拟金币、宝物虚拟化身力量升级,或是能提高玩家虚拟技能的点数。同时玩家可以自定义游戏奖励,将虚拟金币兑换到真实生活,奖励多做家务的孩子或自己一个冰淇淋甜筒,感谢经常打扫宿舍的同学一杯奶茶,游戏不仅让枯燥的现实变得有趣,也为现实提供了一套激励系统,激励人们完成特定的工作或生活任务。

图 3-6　游戏《家务战争》(Chore Wars) 登录页面

游戏化对现实中参与式经济的激励不仅体现在私人领域中,在社会公共领域也发挥着意想不到的作用。2009 年,超过 2 万名英国人以玩游戏的方式联手调查了英国议会丑闻,并激发了一场政治改革。简单说就是一些以权谋私的议员的非法报销凭证被披露,随即政府在公众义愤填膺的压力下公布近 4 年来所有国会议员开支的详细会计报表。但是这些数据过于冗杂且没有分类,而媒体也没有那么多时间和精力从 100 多万份文件中找到关键证据揭露议员腐败事实。于是,《卫报》推出了全世界第一款大型多人新闻调查项目——《调查你处议员的开支》(Investigate Your MP's Expenses)。引导玩家领取一份文件,并按照提示找出可疑的收支项目。游戏上线仅仅 3 天,2 万多名玩家已经分析了 17 万份电子文档。不负众望,游戏发掘了关键性数据和结果,发现每名议员的开支是其年薪的两倍甚至更高。英国政府很快做出了反应,清退了一批出现问题的议员。游戏帮助公众直接参与到政治改革中,不再只是呼喊口号,而是投入时间和精力,创造改变所需要的证据,让世界更加美好。

3.1.3　人人都是游戏玩家

如今,触手可及的电子游戏使得每个人都能够成为游戏玩家。即便是对手机功能了解不全的菜市场阿姨,手机里也会有几款斗地主、连连看这样的休闲小游戏。计算机/平板计算机、游戏主机、智能手机等游戏终端的普及，越来越多的游戏公司、丰富多样的游戏类型与数量，以及突如其来的新冠疫情导致的社交隔离等，正在把每一个人都变成游戏玩家。

根据 Newzoo 的数据显示，2020 年，全球游戏市场产生 1593 亿美元收入，同比增长 9.3%（如图 3-7 所示），其中重要的一个原因在于新冠疫情的封闭期间，增加了人们玩游戏的时间与兴趣。其中，随着智能手机、平板计算机等移动终端的普及以及通信网络质量的不断提高，移动游戏成为最大的细分市场，创造了 772 亿美元收入，同比增长 13.3%。

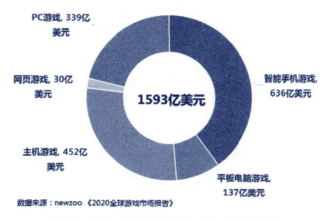

图 3-7　2020 年全球游戏及细分游戏市场规模

从游戏玩家的数量来看，到 2020 年底，全球共有 27 亿玩家。以目前全球 46.6 亿网民为基准，也就是说每十个网民中，就有超过 5 个人是游戏玩家。从地域上来看，亚太地区是全球最大的游戏市场，市场规模高达 784 亿美元，拥有 14 亿玩家，占到全球所有玩家的一半，尤其是中国玩家贡献了亚太地区玩家的最多数量（如图 3-8 所示）。据 Newzoo 推测，到 2030 年，全球玩家人数将超过 30 亿。玩游戏的人越来越多。

除此之外，人们在游戏上耗费的时间越来越多。对于一些重度的游戏玩家而言，玩游戏的时间可能比上班的时间都长。根据 2018 年市场调研公司 Niko Partners 与其合作伙伴 Quantic Foundry 的一份调查报告显示，国内 PC 平台的核心玩家平均每周投入时间长达 42 小时。

即便不是重度玩家，便捷的智能手机也让人们能够在碎片化的时间中找到玩游戏的机会，对于一些热门的手机游戏而言，玩家平均每天至少要花 30 分钟的时间玩游戏。根据市场调研公司 NPD 在 2020 年发布的市场数据显示，2020 年 25～34 岁的成年人每周花在视频游戏上的平均时间约为 15 个小时，35～44 岁的玩家每周游戏时长为 16 小时，45～54 岁玩家每周游戏平均时长为 14 小时，较去年均有较大增幅。成年人玩游戏的时间越来越多。而从全球最大的游戏平台 Steam 发布的数据来看也是如此，2020 年 Steam 月活跃用户达到 1.2 亿人，同时在线人数超过 2480 万人，总游戏时间超 300 亿小时。人们越来越爱玩游戏了。

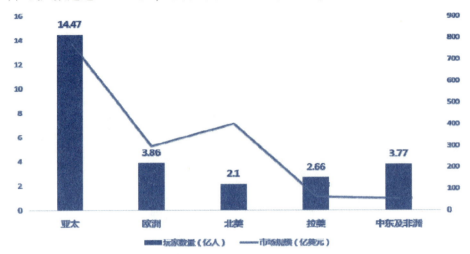

图 3-8　2020 年全球各区域游戏市场规模及玩家数量

3.2　从虚拟游戏到元宇宙雏形

电子游戏为元宇宙游戏的出现撒下了种子。电子游戏伴随着电子计算机的诞生而产生，从简单益智休闲小游戏，到大型综合多人在线游戏，无论是从剧情还是画面，游戏越来越能够创造出虚拟世界的沉浸感。随着允许玩家自主创造的沙盒游戏的出现，电子游戏有了《雪崩》中元宇宙的影子。在元宇宙爆发的 2021 年，基于区块链的元宇宙游戏 Decentraland、Cryptovoxels、The Sandbox Game 等纷纷上线，玩家们不仅可以创造，还可以将创造出来的数字资产进行确权交易，元宇宙似乎越来越近了。

3.2.1　游戏虚拟世界的兴起

在世界上第一台电子计算机 ENAIC 问世时，电子游戏的雏形也开始出现。1947 年，小托马斯·戈德史密斯（Thomas Goldsmith Jr.）和艾斯托·雷·曼（Estle RayMann）设计了第一款互动电子游戏《阴极射线管娱乐装置》（Cathode Ray Tube Amusement Device），该设计描述用了八根真空管以模拟导弹对目标发射，包括使用许多旋钮以调整导弹航线与速度。因为当时计算机图形无法以电子化显示，小型目标仍旧以单层透明版画上后覆盖于屏幕上（如图 3-9 所示）。尽管这并不是一部真正意义上的电子游戏且未走向市场，却仍然给予后人许多启发。

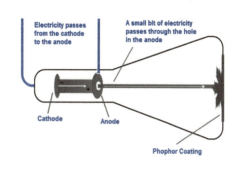

图 3-9　阴极射线管娱乐装置

1951 年，剑桥大学计算机科学家 A. S. 道格拉斯（A. S. Douglas）为了展示其人机互动的论文，开发出了史上第一款电脑游戏 *Noughts&Crosses*，即"井字游戏"。这款游戏基于 EDSAC 设计，透过阴极射线管显示记忆体内容。玩家利用转盘操作以对抗有基本人工智能的计算机。这类游戏有点类似于数独这样简单的益智小游戏，电子游戏的雏形开始形成。

1958 年，威廉·辛吉勃森（William Higginbotham）利用示波器与类比计算机创造出《双人网球》游戏。该游戏显示了个简化的网球场侧视图，通过游戏双方盒子状控制器上的轨道控制旋钮及击球按钮营造重力击球过网的效果（如图 3-10 所示）。这与之前单纯的数字图形游戏相比又更进了一步。

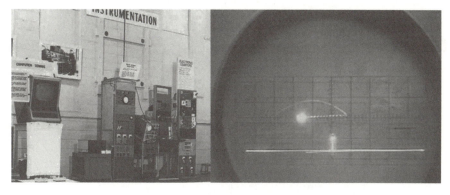

图 3-10　1958 年的《双人网球》游戏

1962年，麻省理工学院的学生史蒂夫·拉塞尔（Steve Russel）与同学共同开发出世界上第一款视频交互游戏 Space Wars。这是一款由两名玩家操作太空船互相撞击的游戏（如图 3-11 所示）。由于设备成本和游戏可玩性的原因，Space Wars 并未走向商业化。但随着视觉效果和电子音效的加入，这类设计类游戏成为电子游戏的开端。电子游戏的可玩性逐渐增强，开始走向市场。

20 世纪 70—80 年代，家用游戏机风靡市场，也就是小时候熟知的小霸王游戏机。再加上计算机游戏和网络游戏的兴起，可玩的游戏越来越多。游戏中搭建的虚拟世界也越来越完整和迷人。

 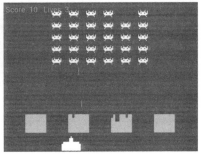

图 3-11　第一款视频交互游戏 Space Wars　　图 3-12　1978 年 Taito 发布《太空侵略者》（Space Invaders）的游戏界面

1974 年推出的《帝国》是第一款允许 32 人同时在线的游戏，这一联机游戏模式成为现代即时策略游戏的标准模式。1975 年发布的《奥布里特》（Oubliette）是一款地牢类游戏，大名鼎鼎（国外）的角色扮演游戏《巫术》（Wizardry）系列即源于此。1978 年 Taito 发布《太空侵略者》（Space Invaders），虽然也只是一款简单的射击类游戏，但是保留玩家高分记录鼓励玩家竞争、多生命的设置、敌机的进攻破坏等都具有划时代意义（如图 3-12 所示）。1980 年，南梦宫 NAMCO 出品的《吃豆人》（Pac-Man）中，游戏玩家吃了超豆之后可以变身大豆反杀敌人的设定奠定了"主角升级概念"。紧接着南梦宫发布的《大金刚》将跳跃加入到游戏中。1985 年，任天堂发布经典游戏《超级马里奥兄弟》，这款游戏增添了更加丰富的游戏场景画面、变身系统、隐藏奖励等，被称为电子游戏界的教科书（如图 3-13 所示）。

1986 年，任天堂又发布了世界上第一款动作角色扮演类游戏（Action Role Playing Game，ARPG）《塞尔达传说》，游戏中道具非收集、解谜，地图即时作战以及对完整开放世界的架构，形成了一个完整的虚拟世界的设计与架构。1987 年，史克威尔发售《最终幻想》（Final Fantasy），这是第一个根据玩家职业区分不同装备和魔法的角色扮演游戏。除此之外，《最终幻想》的叙事方式、战斗系统、成长规则和世界观体系，深刻地影响了此后数十年间的几乎所有同类游戏，堪称家用机上角色扮演类游戏的起源（如图 3-14 所示）。

图 3-13　任天堂经典游戏《超级马里奥兄弟》（Super Mario Bro.）中的游戏场景

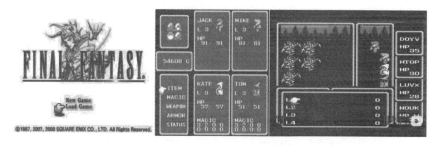

图 3-14　1987 年发行的《最终幻想》（Final Fantasy）游戏画面

随着游戏的种类和数量愈发丰富，游戏玩家的不断成熟，玩家们开始摆脱游戏公司的控制，游戏公司或平台也逐渐为玩家提供了更多的空间。玩家们逐渐在虚拟的游戏世界之中持续自由创造，元宇宙游戏的雏形逐渐出现。

3.2.2　眼花缭乱的元宇宙游戏

大部分玩过小霸王游戏机的人都知道，每一个游戏都设置了明确的目标任务，要么升级打怪救公主，要么弹无虚发攒高分，每一步都严格按照游戏设计者设定的线性剧情和关卡进行。严格意义上，这并不符合《真名实姓》或《雪崩》中描述的虚拟世界，因为玩家是不自由的，而且故事的结局只有一个，即要么成功地救出公主，要么成功地死在救公主的路上。而沙盒游戏（Sandbox Game）的出现，为玩家提供了更多的自由和选择。

沙盒游戏或模拟沙盘游戏（Sandtable Simulation Game）属于模拟游戏的分支。"自由与开放"是这类游戏的核心，游戏本身并没有设定明确的目标，玩家可以通过虚拟角色在游戏中自由行动或是做一些在游戏主题范围内的任何事情。玩家可以随时选择救公主这样的主线任务，也可以选择闲逛看风景，或者什么都不干，来去自由，行动随意，这样的开放式场景游戏就比较贴近《真名实姓》

或《雪崩》中对虚拟世界的描述。

三十年前，奇普·莫宁斯塔（Chip Morningstar）和 F. 兰德尔·法默（F. Randall Farmer）共同开发了一款游戏《栖息地》（Habitat）。这是一个最多支持 2 万人在线的大型虚拟社区，虽然由于当时硬件和网络的限制，实际最高同时在线人数只有 500 人，且游戏因为各种问题导致运营失败。但是，在《栖息地》中用户可以"交流、玩游戏、冒险、恋爱、结婚、离婚、创业、发现宗教、发动战争、反抗战争、尝试自治"，仿佛身处真实世界之中（如图 3-15 所示）。就连《雪崩》的作者尼尔·史蒂芬森也曾在小说的后记中谈到，这款游戏就和其在作品中所设想的元宇宙十分相似。从游戏运营失败的原因来看，可运行的经济系统和提供足够社区消耗的内容是游戏运行的难点和痛点。

图 3-15 《栖息地》（Habitat）游戏界面

2001 年，Jagex Games Studio 开发了一款至今还在运行的多人在线角色扮演游戏（MassiveMultiplayer Online Role-Playing Game，MMORPG）*RuneScape*。*RuneScape* 创造了一个"杰林诺"（Gielinor）的虚拟世界，玩家通过选择不同职业角色进入游戏，并开启了对中世纪魔幻世界的探索。玩家在游戏中可以制造、采矿、煮食、战斗，与大量玩家进行在线交互，探索非线性剧情（如图 3-16 所示）。十年之后，*RuneScape* 玩家数量达到 2 亿，并获得吉尼斯世界纪录"最火爆的免费 MMORPG 游戏"。

图 3-16 《RuneScape》游戏界面

2003 年,林登实验室推出了模拟游戏《第二人生》(Second Life)。据说游戏的创始人菲利普·罗斯戴尔(Philip Rosedale)深受《雪崩》中描述的虚拟世界元宇宙的震撼,在 1999 年就创立林登实验室,开始打造虚拟世界的宏伟计划。最开始游戏的名称为《林登计划》,到 2003 年上市时更改为《第二人生》。顾名思义,就是为玩家在虚拟的世界带来宛若真实的"第二次人生体验"。这是一个典型的用户定义并创造的世界,人们可以在虚拟的 3D 世界中,互动、玩耍、交易或交流,选择自己想要从事的职业,过自己在现实中无法实现的人生(如图 3-17 所示)。在经济系统方面,如同《雪崩》中的元宇宙一样,玩家需要在虚拟世界中购买土地,然后设计并建造房屋。于是有玩家购买了大量的虚拟土地并建造房屋再转手出售,赚取了大量的林登币,并折合成超过百万的美元兑现。这一现象迅速引起了媒体的注意和报道,游戏的注册人数火速飙升。但是,《第二人生》也面临着很多传统游戏的弊端,占核心主导地位的游戏公司在形势一片大好的情况下,不断发行林登币,造成了游戏经济系统的通货膨胀,导致大批玩家流失。但无论怎样,《第二人生》的概念和形式都很接近虚拟世界的样子,到了 2020 年,《第二人生》依旧每月拥有近 100 万活跃用户。

图 3-17 《第二人生》游戏画面

2006 年,如今拥有"元宇宙第一股"的 Roblox 上线,关于 Roblox 的故事会在后面的章节中介绍。2014 年,位于美国加州的在线健身平台推出游戏 Zwift。Zwift 允许玩家通过 AR/MR 的形式进入虚拟的运动世界,玩家可以自己训练也可以与其他玩家进行比赛(如图 3-18 所示)。对于枯燥的健身运动而言,Zwift 既是私人教练,又是电脑游戏及社交平台。这样巧妙的组合很快为 Zwift 吸引巨额融资。虽然 Zwift 并不像《第二人生》展现出来的世界那么复杂,但是逼真的训练效果,给未来的虚拟世界打开了另一扇窗户,即通过虚拟现实设备,将现实中的活动无比真实地投射到虚拟世界中。Zwift 在疫情肆虐的 2020 年主办了官方虚拟环法自行车赛。

2017 年,Epic Games 发布免费在线多人游戏《堡垒之夜》(Fortnite Battle Royale)。这是一款多人在线射击类游戏,也就是所谓的吃鸡游戏。2020 年 Fortnite 举办了一场由说唱歌手特拉维斯·斯科特（Travis Scott）主持的虚拟音乐会，获得了超过 1200 万的观看量。将现实拉入虚拟的这场奇幻演唱会让《堡垒之夜》被人们视为元宇宙的生动写照。到 2021 年，Fortnite 拥有 3.5 亿注册用户。

图 3-18　Zwift 玩法及游戏画面

2020 年 3 月任天堂推出主机游戏《动物森友会》，这款休闲养成的游戏为玩家提供了一个虚拟的世外桃源。游戏上线后，部分玩家开始在微博、Facebook 上晒出岛主的幸福生活。在口碑营销的发酵下，一时之间成为全网津津乐道的话题。在游戏发售后的三天内，游戏实体卡带销量就达到 188 万套，打破了 Switch 游戏史上的首周销量纪录。同样，与《第二人生》类似，《动物森友会》也是一款生活模拟游戏，玩家在虚拟的世界中可以体验采摘、种植、社交、金融等各种与现实生活无异的活动，并可以自由创造体验生活（如图 3-19 所示）。只不过《动物森友会》刻画的是一个田园诗般的虚拟世界。捕鱼、捉虫、逛博物馆、收集灵魂碎片、设计服饰、发型和自己的小窝，谁不向往这样惬意的虚拟世界呢。

图 3-19　《动物森友会》游戏画面

3.2.3　基于区块链的元宇宙游戏 Decentraland

类似《第二人生》《动物森友会》这样传统的沙盒游戏的确能够给玩家带来

数字世界中的虚拟体验，而且这种体验的感觉正是来源于现实的生活。从形式上看，沙盒游戏呈现出对人类真实活动的模拟已经很接近现实，但似乎又少了些什么。从运营上看，这些游戏还是中心化的处理模式，游戏内的经济体系以游戏公司设置的游戏规则以及游戏币为主，有些时候玩家并不能随心所欲地交换自己手中的游戏资源，比如道具、服装、皮肤等。更重要的是，游戏公司会因为吸金的需要，不断发行游戏币，导致游戏内通货膨胀，从而损害玩家利益。这些原因导致在虚拟与现实之间永远横亘着一道无比清晰的界线。

基于区块链技术的元宇宙游戏试图突破这一界限。区块链的基因，意味着由区块链驱动的沙盒游戏是一个完全去中心化、用户定义的虚拟世界。用户能够创造并拥有数字资产的所有权，并通过 NFT 进行交易和资源流通。这样的区块链游戏应用有 *Decentraland*、*Cryptovoxels*、*The Sandbox Game*、*Axie Infinity*、*My Neighbor Alice* 等。尽管这些项目的画面风格不一，但是内核相似。以 *Decentraland* 为例，说明区块链元宇宙游戏的特点。

Decentraland 是基于以太坊区块链建立的虚拟世界，为用户构建了一个居于链上的虚拟世界。和传统的沙盒游戏一样，在 *Decentraland* 中玩家可以通过 Metamask/Fortmatic 等数字钱包创建自己的虚拟分身。平台为用户提供了上百种可免费选择的虚拟形象，此外用户也可以通过市场买卖或应用内探险获得新的装饰。

拥有虚拟角色之后，用户能够在这个虚拟世界中租赁或购买土地。一方面，用户能够发挥自主创造力，通过平台提供的制作器（Builder）创建拥有自己风格的建筑，并拥有绝对的所有权，可以保留拥有或对外销售。另一方面，没有时间或能力的玩家也可以前往市场（Market Place）购买现成的建筑、装备等应用内物品。这一点和《雪崩》中对元宇宙的描述几乎一模一样。除此之外，用户可以在 *Decentraland* 的虚拟世界中参观其他玩家拥有的建筑、参与位于各建筑内的活动与游戏、触发一些特殊剧情（捡到收藏品等）、和其他偶遇的玩家通过语音或文字对话，操纵自己的 *Avatar* 在这个虚拟世界里尽情畅游（如图 3-20 所

图 3-20　玩家在 *Decentraland* 中探索

示)。例如可以在"加密谷会议中心"(Crypto Valley Conference Center)中参与寻宝活动并获得收藏品,看到随处可见的 HTC 手机广告,在虚拟的 Casino 中进行虚拟游戏,在加密艺术品画廊里参观并购买加密艺术藏品等。

作为一款区块链游戏,*Decentraland* 中的资产是以 NFT 的形式存在,并被记录在区块链上。同样以《动物森友会》为例,那么在《动物森友会》中拥有的服装、钓竿等道具,甚至是玩家角色本身,都是以 NFT 的形式存在,这些资产在所有权上属于玩家,并且可以进行自由交易。而在 *Decentraland* 中,类似于《动物森友会》零钱一般存在的便是 MANA。用户可以通过 MANA 购买 *Decentraland* 中最重要的资产——土地(Land),以及其他出现在这个世界里的商品及服务。与现实中地球上的土地属于稀缺资源一样,Land 也具有一定的稀缺性,其数量与 MANA 严格对应以稳定币价。且 Land 不仅仅是 *Decentraland* 内的 3D 虚拟空间,而且是一种以太坊智能合约控制的非同质化(ERC-721)数字资产。这意味着虚拟土地是完全可以被拥有且交易的。当然,Land 的交易也遵行一定的规则,比如两个地块到世界中心点(0,0)的距离相等,则离道路越近的地块价值就越高。或者越靠近道路,能够展示的可能性越大,因此价格越高。用户购买 Land 之后,可以在自己的地块上建立从静态 3D 场景到交互式的应用或游戏。一些地块被进一步组织成主题社区或小区(Estates)。通过将地块组织成小区,社区可以创建具有共同兴趣和用途的共享空间。

由此看来,*Decentraland* 拥有几乎全部虚拟世界类应用的特征,只是将现实搬到了链上。尽管 *Decentraland* 还处于初级阶段,游戏性能并不完美,仍然会出现一些常见的游戏 Bug。但人们对 *Decentraland* 热情依旧不减,截至 2021 年 5 月 20 日 16 点,*Decentraland* 总交易量已逾 6000 万美元,远超以太坊总市值排名第二的项目三倍,七日交易量约 65 万美元,也远远领先其他元宇宙项目。

3.3 开天辟地的 *Roblox*

提到元宇宙就不得不提 *Roblox*,因为 *Roblox* 率先正式提出了元宇宙概念,并将其写入了上市招股说明书里。谁也未曾想到,这个曾经做交互式物理实验的小项目能够发展成为如此庞大而生机的开放式游戏。用户创造的源源不断的丰富内容、用户之间的社交互动以及有效的游戏经济体系的建立,使得 *Roblox* 有底气提出元宇宙构建梦想。

3.3.1 游戏乐高

Roblox 的故事可以从 1989 年讲起。创始人大卫·巴斯祖奇(David Baszucki)和格雷格·巴斯祖奇(GregBaszucki)创办了一个名为交互式物理(Interactive Physics）的 2D 模拟物理实验项目。虽然软件项目的初衷是让学生通过模拟物理实验学习物理知识，但孩子们却不仅仅把这个软件当作教学软件，而是变成了游戏。孩子们在自己创立的试验中自得其乐，无论是汽车相撞、还是楼起楼塌，都十分有意思。而这也成为影响 Roblox 建立的基石。

十年后，大卫·巴斯祖奇的公司被做专业仿真工具的 MSC 软件公司以 2000 万美元收购。巴斯祖奇决定休息一段时间，受到孩子们创建游戏实验的启发，他与前同事艾瑞克·卡塞尔（Erik Cassel）在一个房间内埋头苦干了一年半多，最终诞生了最初版本的 Roblox。Roblox 最初的计划蓝图就是一个可交互的游戏乐高。巴斯祖奇这样描述："刚开始的时候，我们想象了一个全新的平台类型，人们能在这里做很多事。我们的计划会涉及交友，比如搭建社交网络；涉及沉浸式 3D，比如让用户在线玩游戏。我们还会像媒体工作室一样，创造吸引眼球的内容。这里有无限的创造力，就像是一个建筑式玩具。"尽管 Roblox 第一款原型的粗糙程度惨不忍睹，但是这种鼓励玩家创作的平台化理念却一直延续下来，并铸就了 Roblox 今日的辉煌。

当然，Roblox 的发展也不是一帆风顺的。首当其冲就是玩家使用创作工具的问题，如果想实现玩家们在平台上自由创造游戏，必须让他们学会使用创作工具。最初的创作工具既粗糙又稀少。Roblox 在 2006 年就推出了第一版 Roblox 工作室（如图 3-21 所示）。在这里，玩家们自己创作出来的游戏已经与 Roblox 自己制作的游

图 3-21　2006 年第一版 Roblox 游戏画面

戏不相上下。在 Roblox 里，玩家们创造了各式各样的小游戏、交通工具以及创意豪宅，这给 Roblox 带来极大的鼓舞。另一方面，Roblox 面临着游戏同行的残酷竞争。2008 年，苹果公司 APP STORE 上线，成为移动游戏的重要分发平台。Facebook 也推出了社交类游戏 Farmville 且月活跃人数高达 2000 万。2009 年，Roblox 的直接竞争者《我的世界》（Minecraft）推出，由于同样是面对青少年玩家群体，玩家数量迅速超越了 Roblox。这些都给 Roblox 的发展带来压力。

Roblox 也有自我创新的地方，在 2008 年推出了 Robux 币，并在 2013 年为开发者推出了虚拟商品，在游戏行业的大部分人还在尝试着接受免费游戏理念的时候，加入了微交易。它还支持和培育了一个无偿内容创作者社区，在当时也是比较超前的。

在不忘初心的坚持下，如今的 Roblox 非同日可语。2021 年，全球每天有

4210多万用户登录 Roblox，通过 Roblox 的虚拟世界与朋友们联系并一起学习、玩耍、交流和探索，同时扩大他们的社交圈。这个 3D 数字虚拟世界几乎是超过 800 万活跃用户的社区开发者创造的，从游戏娱乐，到社交媒体，甚至是玩具，无所不包（如图 3-22 所示）。平台上的用户在 Roblox 上以 Robux 币的形式，总共花费了 6.52 亿美元购买虚拟世界中的道具等。

图 3-22　Roblox 玩家自主创造的虚拟世界

面对日益庞大的用户数量、日渐繁荣的社区生态，Roblox 意识到这种虚拟世界的自由开放性会创造更多的可能性，尽管这一切都还是模糊的轮廓。Roblox 找到一个词来形容自己的世界，这个词尘封在科幻作品中多年，那就是元宇宙。

3.3.2　将元宇宙带入现实

作为一款大型多人在线游戏创作平台，Roblox 通过提供 Roblox Studio 工具集、3D 数字世界客户端、Roblox 云服务等，为用户提供游戏开发创造和游戏共享玩耍的双向选择。用户通过购买或者创作游戏等方式，获得游戏币 Robux，又称 R 币。这样，除了必要的技术投入与创新，Roblox 搭建了一套成功的商业系统，将内容生产者和内容消费者紧密连接在一起，把现实社会中的人际关系投射在虚拟世界中。用户生产内容和平台社交性成为 Roblox 虚拟世界生生不息的两大活力源泉。

首先是用户生产内容。Roblox 社区开发者和创造者生产的内容给予平台强大的生命力。并且，随着开发者和创造者生产的内容越丰富、质量越高，吸引到 Roblox 平台的用户也就越多。一旦 Roblox 平台用户的数量越多，平台集聚效应也会愈加明显。这意味着对于开发者和创造者而言，平台的吸引力也越强。庞大的平台用户数量带来了更多的 Robux 币的消费，从而进一步激励开发者和创作者生产出天马行空、妙趣横生的内容，这对于新用户（无论是创作者还是玩家）都是具有吸引力的。这是一个良性的正向循环，巧妙解决了很多沙盒游戏早期因为内容跟不上用户数量而走向失败的难题。

其次是平台社交性。用户加入平台总是先与朋友们一起玩耍。在创造游戏或玩游戏的过程中，朋友会邀请更多的朋友加入到平台中，从而扩大玩家的朋友圈。而在学校这样密集的社会群体组织里，学生们的口口相传以及群体游戏的参与，使得平台的用户数量自然增长并进一步突显平台价值。

有用户有内容的平台的经济价值不容小觑。庞大的用户群与日渐丰富的平台内容产生了游戏内交易需求。玩家需要购买一些自己没有时间或者无法创造的虚拟产品，创造者也可以通过出售自己的创意和劳动从中获益。*Roblox* 平台的虚拟货币 Robux 就承担了价值交换的重要功能。用户通过购买 Robux 来体验平台内开发者生产的优质游戏内容，同时，*Roblox* 根据游戏内购及游戏时长等指标向开发者分成。因此，Robux 成为 *Roblox* 平台的主要收入。*Roblox* 在招股说明书中披露到，平台利润从 2018 年的 3.25 亿美元增长到 2020 年的 9.239 亿美元。而根据 SuperData 公布的《2020 年全球游戏年度报告》显示，*Roblox* 以 22.9 亿美元的收入高居第三。但相关人员透露，*Roblox* 开发者的累计提现金额却不到 3 亿美元。这从另一个角度说明大部分的内容开发者还是愿意把货币投入到 *Roblox* 的货币体系中，*Roblox* 完善的内循环体系已经成型。

在坚持自由创造的平台核心理念驱动以及良好的平台运营状况下，*Roblox* 上市的时机逐渐成熟。为了更好地说服资本市场，*Roblox* 在招股说明书中提到了元宇宙："有些人把 *Roblox* 平台类型称为元宇宙，元宇宙这个词通常用来描述虚拟宇宙中持续的、共享的、3D 虚拟空间的概念。元宇宙的概念在未来学家和科幻小说家的笔下已经存续了 30 多年。随着越来越强大的消费级计算设备、云计算和高带宽互联网连接的出现，元宇宙的概念正在成为现实。"

3.3.3 驶向元宇宙的 *Roblox*

伴随着 *Roblox* 成功的上市，元宇宙的概念也风头正劲。或许正是因为 *Roblox* 第一个在商业场合中提出元宇宙概念，所以很多人理所当然地将 *Roblox* 视为现实中元宇宙的雏形。虽然 *Roblox* 并没有明说自己的平台就是元宇宙，但是言辞之中也给足了暗示，至少 *Roblox* 是朝着元宇宙的方向发力的。而根据 *Roblox* 对平台特征的描述，人们或多或少地对元宇宙的世界有了更多的具象化了解。*Roblox* 描述的这些特征如下。

1）身份（Identity）。所有用户都以虚拟化身的形式在平台中拥有独一无二的身份。用户可以通过虚拟化身表达自我，无论是人还是物。同时，用户的虚拟化身在平台的各类应用和游戏中是可以自由穿梭的。这一点和《雪崩》中描述的虚拟化身如出一辙。

2）朋友（Friends）。用户能够与朋友们进行互动。这些朋友有可能就是现实中的朋友，也有可能是在 *Roblox* 虚拟世界中认识的朋友。这是一个自由的社交网络。

3）身临其境（Immersive）。*Roblox* 上的体验是 3D 成像和沉浸式的。随着 Roblox 平台的不断提升与改进，这些沉浸式的体验将变得越来越引人入胜，并且与现实世界难以区分。虚拟的真实性正是元宇宙的一个重要特征。

4）触手可及（Anywhere）。*Roblox* 上的用户、开发人员和创作者来自世界各地。此外，*Roblox* 客户端可在 iOS、Android、PC、mac 和 Xbox 上运行，并支持基于 Oculus Rift、HTC Vive 和 Valve Index 耳机等设备在 PC 上实现 VR 体验。

5）低门槛（Low Friction）。在 Roblox 上设置账户很简单，用户可以免费在平台上享受体验。用户能够自己一人或与朋友成群结队快速地沉浸在不同的游戏或虚拟世界中。开发人员也能够轻松开发游戏或创作虚拟产品，然后将其发布到 Roblox 云，以便用户在所有平台上的 Roblox 客户端上访问它们。

6）内容多样（Variety of Content）。Roblox 是由开发人员和创建者生产内容而逐渐形成的一个庞大的且不断扩张的宇宙。截至 2020 年底，Roblox 上有超过 2000 万的游戏或虚拟项目，其中 2020 年 Roblox 社区内就有超过 1300 个项目。除此之外，Roblox 中有成千上万个由创造者设计建设的虚拟项目，用户可以使用它们来个性化虚拟化身。

7）经济性（Economy）。Roblox 的经济体系建立在 Robux 币的基础之上。选择购买 Robux 的用户可以将货币用于平台各类游戏或虚拟项目体验，比如购买或设计虚拟化身。开发人员和创作者通过构建引人入胜的项目体验并吸引用户购买虚拟商品来换取 Robux。开发人员和创作者可以将 Robux 提现，即转换回现实世界的货币。

8）安全性（Safety）。Roblox 平台中集成了多个系统，以提倡平台的文明秩序并确保平台用户的安全。这些系统旨在遵循现实世界中的法律法规，并在最低法律监管要求之上进一步发挥相关作用。

Roblox 对自家平台的总结评价或多或少都描述出理想中元宇宙的样子，尽管轮廓依旧模糊。当然，要真正实现身临其境的虚拟数字世界，Roblox 还有很长的一段路要走，如何慢慢扩大玩家的年龄范围、扩展玩家的区域范围、丰富虚拟世界的内容，人们可以拭目以待。

3.4　群雄逐鹿元宇宙

嗅觉灵敏的互联网公司和科技型企业是不会错过元宇宙这个热门概念的。元宇宙的火爆只是表象，其背后蕴含的未来技术发展方向及应用场景是真正让人无法抗拒的诱惑。为了抢占未来技术或市场的制高点，各企业有技术的钻研技术，没技术的出重金收购，一时间，无论国内还是国外，与元宇宙相关的经济或技术领域都格外热闹。

3.4.1　硅谷科技巨头入场元宇宙

1. Facebook："软硬兼施"

在 Roblox 正式提出元宇宙的概念几个月之后，全球知名社交网站 Facebook

也随即表达其对元宇宙的野心。无论是在公司的内部会议上还是在科技博客 The Verge 的专访，马克·扎克伯格（Mark Zuckerberg）都表示元宇宙会是公司未来的发展方向："在未来几年，我预计人们会从主要将我们视为一家社交媒体公司转变为将我们视为一家元宇宙公司。在许多方面，元宇宙是社交技术的终极表达。这是我们正在努力的未来。一个虚拟环境，你可以在数字空间中与人们一起出现。一个你身处其中的实体互联网。"随后在 2021 年 10 月 28 日，扎克伯格索性把公司名称"Facebook"直接改成了"Meta"，把元宇宙中的"元（Meta）"直接摘走了，可见 Facebook 是"咬定"元宇宙不放手了。

Facebook 作为全球科技型企业的代表之一，坐拥全球海量用户基础，从来都饱含着冲击未来的勇气和底气。想当年，区块链如火如荼发展的时候，Facebook 积极研发并倡导的 Libra 数字货币，成功吸引全球性关注，也把各国央行紧张出一身冷汗。此次，Facebook 适时提出元宇宙转型亦是如此，只不过这次的底气更足。

Facebook 对元宇宙的解读是基于其庞大的全球性社交网络，马克·扎克伯格认为独立打造《雪崩》这样的元宇宙世界可能有些难度，但是可以凭借 Facebook 自身的平台优势，打造一个全新的元宇宙生态系统，将 Facebook 所构建的用户、创作者社群，以及商业模式、VR 平台融合在一起，应用于社交、办公、娱乐等多样化的场景，扩大 Facebook 商业生态版图。

在虚拟现实领域，Facebook 早在 2014 年就先下手为强，以 20 亿美元现金及股票将大名鼎鼎的 VR 头戴显示器 Oculus VR 收购。Oculus 经过多年的发展，从消费者版 Rift 虚拟现实头显到 Quest 新型 VR 一体机，产品价格降至 300 美元，技术的更迭和价格的下降都刺激着 Oculus 产品的出货量。从性价比上看，Oculus 可能是目前市场上最优的消费级 VR 设备。这也意味着 Facebook 也在元宇宙的建设道路上先人一步。2021 年 8 月份，Facebook 将开始要求新用户和购买了 Quest 2 的用户使用 Facebook 账号登录 Oculus 头显，旨在以"沉浸式体验 + 社交"破局。随后，马克·扎克伯格在虚拟场景 Horizon Workroom 中进行了线上 VR 会议（如图 3-23 所示）。与语音和视频会议沟通的 Zoom 或腾讯会议不同，Horizon Workroom 中的会议极具"沉浸式"，开会时与会人员能够感到真正的身临其境，并且可以进行其他感觉的交互，如可以用手摸别人的头，这种触感接近于现实世界。除此之外，据说 Facebook 还将设立新的"XR Programs and Research Fund"基金，将在未来的两年时间内面向全球投入 5000 万美元，以确保元宇宙技术按包容和赋权的方式建立。

在具体应用方面，Facebook 于 2019 年就开始了 VR 社交平台 Horizon 的布局，并在 Oculus Quest 平台上登录。根据官方发布的宣传片来看，在 Horzion 的世界中，用户可以创建一个没有腿的化身，通过传送门（Telepods）前往公共空间或不同的区域，比如城市广场等（如图 3-24 所示）。与 *Roblox* 类似，用户也可以在 Horizon 中探索、游玩、创造并搭建群组社区。Facebook 在 2021 年 8 月份发布上文提到的 VR 远程协作应用 Horizon Workrooms。10 月份将 Horizon 正式更名为 Horizon World，似乎能看出 Facebook 打造 VR 虚拟世界的野心。Facebook 自己对 Horizon 的描述是："一个由整个社区设计和打造的不断扩张的虚拟体验宇宙"。从一些测试体验公开的视频来看，它是社交加强版的《第二人生》和 VR 版本的 Roblox。

图 3-23　Horizon Workroom 中进行的线上 VR 会议

图 3-24　Horizon 宣传片中游戏画面

为了鼓励更多的创作者加入 Horizon，丰富平台的内容，并增加平台吸引力，Facebook 公布了价值 1000 万美元的创作者基金，从培训计划、资金奖励、开发者大赛等多方面提供助力，鼓励更多人为 Horizon 平台开发内容。而进入 Horizon，Oculus 设备是必需的。

在通往元宇宙的道路上,Facebook 从硬件到场景应用都已完成基础布局。无论是 Oculus,还是 Horizon,都是令人期待的。

2. 英伟达:无与伦比的虚拟视觉

作为一家以设计显示芯片和主板芯片组为主的半导体公司,英伟达(NIVIDA)对计算机图形图像的处理和应用做出了极大的贡献。元宇宙的构建离不开虚拟视觉的呈现,因此英伟达对元宇宙的进军也在意料之中。而英伟达和元宇宙的故事要从 2021 年 4 月份 SIGGRAPH 的那场发布会讲起。

SIGGRAPH 是计算机图形图像学的全球顶级峰会,英伟达创始人黄仁勋通过直播的方式发布了公司的 Grace 服务器。画面中黄仁勋依旧穿着他那件黑色夹克,站在祖传老厨房前,面带微笑,侃侃而谈(如图 3-25 所示)。直到三个月后,英伟达发布了关于这场发布会幕后的纪录片,人们才恍然大悟,原来黄老板用他的虚拟替身骗过了所有人的眼睛。换句话说,这是一场明目张胆的虚拟"造假"发布会,共有 34 个 3D 美术师和 15 个软件研究人员参与。画面呈现出来的质感和细节达到了肉眼难以分辨的真实效果,是当前 3D 游戏乃至一些 3D 数字电影都难以企及的。如果不是英伟达的纪录片,估计全世界的人都不会知道,画面中黄仁勋的微笑与动作、祖传厨房中的烤箱、厨房里摆放的金属罐等,都是计算机建模和渲染出来的。而这正是英伟达的强项。

图 3-25 英伟达 SIGGRAPH 发布会上虚拟数字版黄仁勋

要做出逼真的数字版黄仁勋,首先需要在摄影棚内拍上几千张各种角度黄仁勋的照片,通过一套 3D 扫描设备,把他脸上的每处细节都采集成数据。然后用得到的数据对黄仁勋做 3D 建模,动作追踪,最后进行计算机渲染,即实现建模物体的实时光线追踪,一旦物体移动视角,光线也随即完成调整更新。

这些工作的完成就不得不提英伟达的 Omniverse 平台。Omniverse 平台功能的强大超出了发布会"造假"的技术范畴,从工具包到渲染引擎,从渲染到光纤照明的路径追踪等,Omniverse 几乎承载了领先的图形图像技术。在 RTX GPU

硬件及 Neural Radiance Cache 等技术的支持下，平台现在几乎可以实时实现电影级别的画质渲染。要知道传统的计算机渲染，即使用最先进的机器渲染每一帧也基本需要几十秒时间才能达到逼真毛发的效果。除此之外，英伟达还将大量的人工智能技术融入进来，节约渲染计算量，达到更加逼真的渲染效果。英伟达利用数字人实时渲染技术，在 Omniverse 中就能构建更逼真的、更符合物理定律的人类模型。例如在英伟达的数字孪生技术（Issac Digital Twin）中，能够将机器人 AI 放到虚拟环境中完成训练，然后直接部署到真实环境中。而宝马已经用英伟达的数字孪生技术，对数字工厂的生产流程进行了优化，效率直接提升了 30%。无论是机器人仿真还是自驾车仿真等现实中的仿真场景，大都也会用到 Omniverse 平台。

Omniverse 平台无疑是英伟达打造元宇宙的关键。通过开源 3D 场景数据标准和文件格式，搭建虚拟世界中的点点滴滴。Omniverse 不仅能跨平台支持所有用户的物理渲染、模拟和仿真，还能让创作者、审核者在任何地方只通过软件应用就在一个共享的虚拟世界中进行合作。这意味着围绕着 Omniverse 平台的生态网络也正在编织。或许，英伟达让人们看到了搭建虚拟平行世界的可能性与真实性，这不仅是 3D 图像这么简单的视觉效果，而是来源于物理真实的虚拟真实，就像黄仁勋的发布会，已经能够让人分不清楚这是现实还是虚拟。

3.4.2　国内互联网公司积极布局元宇宙

1. 腾讯：游戏社交两不误

很多人都认为，在国内的互联网公司中，最符合元宇宙特质的公司可能就是腾讯了。乍一看，腾讯基本上涵盖了社交、游戏、娱乐等诸多与元宇宙相关的产业。不仅如此，对于 Roblox、EPI Games 这些元宇宙雏形的公司，腾讯或多或少也以投资入股的方式参与其中。更重要的是元宇宙也是当前国内互联网发展瓶颈下的一个可能的突破口，与腾讯早些年提出的全真互联网不谋而合。

2020 年底，马化腾曾在公司年度特刊《三观》中这样描述互联网的未来，也就是全真互联网："现在，一个令人兴奋的机会正在到来，移动互联网十年发展，即将迎来下一波升级，我们称之为全真互联网……虚拟世界和真实世界的大门已经打开，无论是从虚到实，还是由实入虚，都在致力于帮助用户实现更真实的体验。"从描述上看，其内核与元宇宙大同小异，暗指腾讯未来的发展方向。

很快，2021 年腾讯就根据新的战略方向进行了史上第五次组织结构调整。其中，天美工作室负责人姚晓光兼任 PCG（平台及内容事业群）业务负责人，主要负责 QQ。作为腾讯旗下最大的游戏工作室，天美工作室出品了《王者荣耀》等诸多家喻户晓的游戏。因此游戏事业的一把手去管理社交产品就显得颇有意思。按照腾讯自己的说法，此举是希望探索游戏领域所积累的计算机图形技术和能力应用于社交和视频领域的想象空间。这么看来，就有了 Facebook 布局元宇宙的味道。

尽管腾讯不像 Facebook 在 VR 硬件领域有一定的建树，在对外布局方面，腾讯也从来没有闲着。在 Roblox 公开上市之前，腾讯就已经参与了 Roblox 1.5 亿美元的 G 轮融资。随后，双方迅速宣布战略合作伙伴关系，将在深圳成立合资公司，以打造"游戏+教育"形式，为中国青少年提供 Roblox 产品。2020 年底，《罗布乐思》在中国上线。不仅如此，腾讯还是在《堡垒之夜》中举办虚拟演唱会的 Epic Games 的股东，拥有 Epic 40% 的股份。除此之外，腾讯还投资了举办虚拟演唱会的公司 WaveVR，探索 VR 演唱会蓝海市场。领投 *Avakin Life* 研发商和发行商 Lockwood Publishing 2500 万美元的融资，在 3D 虚拟社交游戏中又增添一笔。仅从资本布局来看，腾讯也毫无疑问是国内元宇宙领域的代表性大厂。

虽然不知道接下来腾讯将如何奔向元宇宙，人们还是期待腾讯憧憬的逼真、沉浸、智能和开放的、并且打破文字、图片和视频等传统内容交互的全真互联网的到来。

2. 字节跳动：紧密追赶完善布局

在国内的元宇宙市场之争中，与腾讯齐头并进的大概就是字节跳动了。尽管两位在传统的互联网媒体与流量的争夺战中就已经交锋。只不过这一次，战场挪到了元宇宙。

作为一家互联网公司，字节跳动也没有关于元宇宙的硬件技术储备，大部分的布局也是通过收购进行。与 Facebook 的布局类似，字节跳动不仅将资金注入了元宇宙游戏，更是花重金砸在 VR 技术与设备上。

2021 年 4 月，紧随 Roblox 提出元宇宙概念公开上市之后，字节跳动投资近 1 亿人民币入股代码乾坤。代码乾坤出品的游戏《重启世界》是一款类似 *Roblox* 的沙盒游戏。《重启世界》无论是游戏对象，还是玩家自主创造内容的模式都与 *Roblox* 极为相似（如图 3-26 所示）。这与腾讯联手 *Roblox* 在国内布局《罗布乐思》遥相呼应。

2021 年 8 月，字节跳动收购国内领先的 VR 硬件厂商 Pico。这一消息在 Pico 创始人周宏伟的一封内部信中得到证实，但并未公布收购金额。Pico 是一家专注移动虚拟现实技术与产品研发，致力于打造全球领先的移动 VR（虚拟现实）硬件及内容平台，位居中国 VR 市场份额第一。2021 年 9 月根据公开信息查询，字节跳动大约花了 90 亿元将其收入囊中。此情此景无不让人联想当年 Facebook

收购 Oculus 的情形。鉴于之前字节跳动在元宇宙领域中的动作，以及 VR 技术就是打造元宇宙不可或缺的关键性技术之一，字节跳动收购 Pico 也就不足为奇。除此之外，字节跳动还投资了人工智能服务商摩尔线程、AI 创作服务商百炼智能、3D 视觉技术解决方案提供商熵智科技等，一点一滴地拼凑元宇宙的板块。

图 3-26 《重启世界》中玩家创作的游戏

从某种程度上看，字节跳动与 Facebook 有着极其相似的标签：社交、内容、全球化，当 Facebook 正在用新型的软硬件生态打造元宇宙，字节跳动也面临相似的命题。从 VR 硬件到各种云与人工智能技术，从游戏、社交到视频，字节跳动也正在通过技术和内容扩大自己的生态版图，抢占未来元宇宙的入场券。

现状篇
虚拟与现实的平衡交互

Chapter Four
第 4 章

元宇宙的构成要素与价值生态

在漫长的技术演进和市场尝试之后,元宇宙逐渐从科幻步入现实。元宇宙是美好而复杂的,现实中的元宇宙是在众多前沿技术的积累和支撑下,辅以虚拟世界的经济体系和价值规则,进而渗透到人们日常经济活动、休闲娱乐、生产制造等方方面面的虚拟平行世界。为了更好地了解元宇宙的构成,本章将从元宇宙的技术体系、经济体系以及未来应用场景三大维度对元宇宙进行剖析。

4.1 元宇宙的生态全景

在前言部分,通过介绍并分析各行业专家或企业家们对元宇宙的观点及看法,不难看出元宇宙是一个庞大而复杂的新生事物。你无法简单地将元宇宙归类成一种技术,因为它是多种不同技术综合构建而成的。尽管没有人能够准确地预测未来元宇宙的模样,但是,基于人们当前的社会组织及生活习惯,元宇宙对未来社会经济的影响也是可以窥探的。一如当年的互联网,谁能预料到一种数据信息传输的技术,会如此深刻地影响到社会方方面面,无论是经济还是生活方式。只不过看上去元宇宙似乎显得更加复杂。

元宇宙的生态全景(如图 4-1 所示)的构成要素,首先是元宇宙的技术体系。元宇宙是一个由数字化技术呈现出来的沉浸式 3D 虚拟空间。而为了实现这种沉浸式的感觉,需要的数据量是当前二维数据或图片传输数据量的几何级倍数。这意味着需要更高效的网络传输及计算能力,例如 5G、WIFI6、物联网、云计算和边缘计算等技术的支撑。在高质量的网络及算力基础上,进入虚拟的仿真世界不是裸眼就能够感受到的,需要运用 VR、AR、MR、XR 等一系列人机交互技术和设备。除此之外,元宇宙中不仅需要海量丰富的内容,还需要权益认证的技术与机制。前者需要人工智能和电子游戏技术来支撑并呈现,而后者需要区块链技术加以实现。网络算力基础设施、人机交互技术、人工智能、电子游戏、区块链共同构成了元宇宙的技术体系。

第 4 章　元宇宙的构成要素与价值生态 // 89

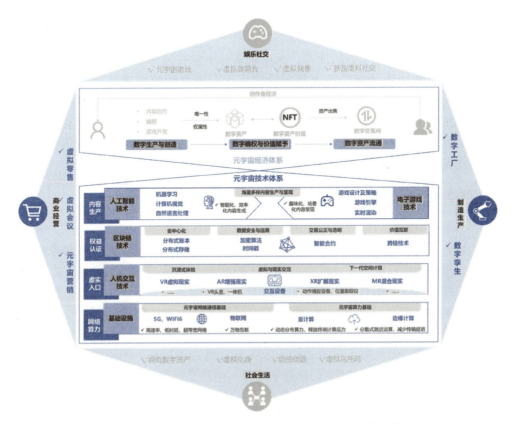

图 4-1　基于技术、经济体系及场景应用的元宇宙生态全景图

其次是元宇宙的经济体系。在元宇宙的技术体系基础上，尤其是在区块链技术的推动下，在元宇宙中每个人都能够通过内容创作、编程和游戏设计为元宇宙的建设做出贡献，创造价值。人们创造的数字内容，以非同质化代币的方式进行数字资产确权，并在虚拟数字交易市场中获得价值回馈，从而激励个人创造，刺激创作者经济，从而形成元宇宙内容生态生生不息的正向循环。

最后是元宇宙的应用场景及生态。在元宇宙技术体系和经济体系的相互作用下，元宇宙能够在经济生活的方方面面得到应用，真正做到虚拟与现实的交融。在娱乐和社交领域，线上的虚拟演唱会等大型虚拟现场活动将为人们带来前所未有的沉浸式娱乐体验。在商业经营领域，沉浸式的虚拟零售、虚拟世界的沉浸式营销可能会带来新的商业模式。在生产制造领域，虚拟的数字化工厂、基于数字孪生等技术的智能制造或许是一场新的工业革命。在社会生活领域，虚拟身份及虚拟资产又会给人们带来意想不到的新体验。

4.2 元宇宙的技术体系

数字化技术是元宇宙的地基。无论未来元宇宙长成什么模样，都必须具备 5G、云计算及边缘计算等技术基础设施提供高质量的网络通信及算力，需要 VR/AR/MR/XR 等人机交互技术保证沉浸式的感官体验，依托人工智能以及电子游戏技术生成丰富多样的虚拟内容，以及需要去中心化的区块链技术对元宇宙中的虚拟身份、数字资产等重要权益进行认证。如果没有这些技术的支撑，元宇宙无异于空中楼阁。

4.2.1 基础设施

虽是虚拟的网络世界，元宇宙与我们所处的现实世界中的城市一样，需要基础设施才能维系城市的正常运转。正如城市需要城市干道、轻轨路网等基础设施，用于满足日常经济及社会活动中人员和物品的运输，元宇宙也需要畅通无阻的网络和巨大的算力，才能实现海量信息及数据的传输。毕竟，信息传递中的"0"和"1"才是构成虚拟世界存在的根本。

当前的网络信息基础设施对于日常工作生活中数据、文件、音频和视频的传输是足够的，但是对于沉浸式的元宇宙却显得力不从心。还记得英伟达的发布会吗？黄老板的以假乱真的3D数字虚拟人耗费了几千张360°无死角各种角度的照片，通过一系列扫描及渲染等复杂的工序才完成的，营造3D沉浸感的视觉效果产生的数据量极其巨大。海量的数据，意味着元宇宙需要更快、更好、更敏捷的网络及强劲的算力。

虽然网络通信和计算机算力是两个不同的领域，但殊途同归，最终的目的都是为元宇宙沉浸感的营造提供高速稳定的网络环境。

从网络通信来看，5G、WIFI6 等技术是提高网络通信质量的关键。5G 通信具备高速率、高带宽、低时延能力，这是元宇宙的海量数据传输的基石。以元宇宙的关键技术之一人机交互技术为例，VR/AR 相关的 3D 环境理解、3D 交互理解、多样化交互体验等产生的内容包含大量的图像数据、语音数据以及基于不同角色和视角的计算数据，传输这些数据对网络的带宽需求将呈现爆炸式增长，这是 4G 网络无法满足的。相比 4G 网络，5G 网速最快将会有 100 倍的提升，数据传输的延迟不超过 5ms，而且峰值速率可达 20Gbit/s，是 4G 网络的 20 倍，能够有效解决 VR/AR 内容传输问题，桎梏元宇宙最基础的网络通信问题会迎刃而解。同时，第六代无线网络技术 WIFI6 允许路由器同时传输数据到多个设备，提高无线传输效率与速率，最高速率可达 9.6Gbit/s，为无线化网络传输设备提供了高效的网络连接，WIFI6 与 5G 通信叠加并用，能够实现万物互联的网络架构。

计算机算力，即计算机数据处理能力，包括数据的计算、存储及传输，是支持元宇宙的重要技术基础。在元宇宙中，趋近于真实的沉浸式体验必然涉及物理模拟、渲染、数据同步、影像投放、动作及表情捕捉等多样化和高要求的计算功能，以及与人工智能有关的复杂计算任务，仅凭单一的服务器或本地计算设备，无法满足大规模的运算要求。云计算将计算机的算力集中在云端，通过网络把众多数据计算处理程序分解，通过服务器组成的系统处理分析分解的计算任务，实现计算机算力的共享。而边缘计算则是在靠近数据源头的地方，采用开放平台，就近直接提供服务，减少因数据传输而造成的计算效率的降低。无论是云计算还是边缘计算，都能够帮助元宇宙以更加灵活、高效的方式进行部署，释放终端设备压力，降低用户使用门槛。

总而言之，网络与算力是构建元宇宙最重要的基础设施。无论是元宇宙中丰富多彩的虚拟内容，基于区块链的各种应用，还是人工智能技术，都离不开网络及算力的支撑。

4.2.2 虚拟现实交互技术

虚拟现实技术是元宇宙中必不可少的一项技术。人们在大量的科幻电影作品中见到过，主人公戴着有显示器的头盔或者眼镜，穿上体感衣，就可以进入和现实一样真实的虚拟世界。

虚拟现实技术（Virtual Reality，VR），顾名思义，就是虚拟和现实的交互结合。从理论上来讲，虚拟现实技术是一种可以创建和体验虚拟世界的计算机仿真系统，通过计算机产生的数字信号，与各类输出设备结合，生成一种模拟环境，能够让用户感受到三维模拟的物体真实感，使用户沉浸在计算机技术模拟出来的虚拟世界中。因为所见所闻均是虚拟的，但感觉却是真实的，故而称之为虚拟现实。虚拟现实也具有三大明显的特征，即沉浸感（Immersion）、交互性（Interaction）和想象性（Imagination）。

虚拟现实技术经过多年的更迭发展，形成了多个技术分支，出现了虚拟现实（Virtual Reality，VR）、增强现实（Augmented Reality，AR）、混合现实（Mixed Reality，MR）、扩展现实（Extend Reality，ER）等代表性技术。VR 为用户提供完全的沉浸式体验，通过全面接管人类的视觉、听觉、触觉，并通过动作捕捉技术，令人产生置身于真实世界的感觉，是一种高级的、理想化的虚拟现实系统。AR 则在现实世界的基础上叠加一层虚拟信息，即虽然看到的是虚拟的视觉效果，但是自身的感觉依旧停留在现实世界中。MR 是指一种合并现实世界和虚拟世界而产生的全新可视化环境，也可以看成是 VR 与 AR 的混合。XR 与 MR 的概念类似，也是指通过计算机技术和可穿戴设备产生的一个真实与虚拟组合的、可人机交互的环境，实现虚拟与真实之间的部分保留与自由切换。XR融合了 VR、AR、MR 等多种形式的虚拟现实交互技术。

无论怎样，虚拟现实交互技术都提供了沉浸式的真实体验。让人们在现实世界与虚拟数字世界的交互过程中，能够身处沉浸式的 3D 虚拟与现实的交错空间，在虚实融合的元宇宙中工作和生活。

4.2.3 人工智能技术

毫无疑问，人工智能技术是当前关注度较高的前瞻性技术之一，各行各业都在努力地将这种综合性技术融入实际业务中。元宇宙的虚拟与现实交互体验中，大量虚拟现实内容需要通过人工智能技术实现智能化生成，即便是普通用户，也需要智能化的虚拟现实制作工具，提升建模、渲染虚拟现实内容生成的效率。

通常意义上，人工智能是指研究、开发用于模拟、延伸和扩展人的智能理论、方法、技术及应用系统的一门综合性技术学科。电影《机器人总动员》中，那个能干活、能恋爱、有意识的机器人瓦力（Walle），就是典型的具有人工智能的智能实体，也是元宇宙中数字虚拟人的理想状态。以现在人工智能的发展水平，单一领域的弱人工智能可能难以制造出拥有情感和意识的虚拟人，但是计算机视觉、机器学习、自然语言处理等人工智能关键技术，为元宇宙虚拟世界内容的创造提供了动力。

例如，计算机视觉技术利用图像处理以及其他技术，将图像分割成小块任务进行更好的分析与管理，从而实现对物体、场景以及活动的识别，例如人脸的识别、汽车车牌号的识别等。这对于 VR/AR 的图像及场景的识别是至关重要的。而语音识别技术则是让计算机自动且准确地识别并转录人类的语音。这样，元宇宙中的虚拟生命就具有了"耳聪目明"的能力。

机器学习是指计算机不用按照程序指令，只是经过数据及算法不断加强和完善自身性能，从而模拟或实现人类的学习行为，以达到特定的要求。机器学习和算法能够极大地提升元宇宙虚拟内容（如对虚拟景象进行 3D 建模及渲染）的生产效率和质量。机器学习和算法也为元宇宙中的系统运行和虚拟人的行为决策提供了必不可少的技术支撑。

自然语言处理与文本处理相关，就好比你和虚拟人进行了对话，虚拟人通过语音识别获得文字文本后，从文本中提取意义，以及从文本中解读含义。这同样对于元宇宙中的虚拟人来说是不可或缺的。

可以说，人工智能技术渗透到元宇宙的方方面面，从虚拟内容的生产、虚拟人的互动，到系统的运行效率等都离不开人工智能技术的支撑。

4.2.4 电子游戏技术

电子游戏作为元宇宙的雏形，与元宇宙是密不可分的。那些制作出庞大游戏世界的电子游戏技术，如游戏引擎、3D 建模和即时渲染等，也是构造元宇宙中虚拟内容的重要技术手段。这些技术对电影、工业设计等诸多领域的发展也产生了重要作用。这些对于元宇宙中虚拟内容的创造、角色及场景的塑造是必不可少的。同时，随着人工智能、5G、云计算等技术与电子游戏技术的融合，游戏人工智能和云游戏的发展将进一步降低普通人进入元宇宙创造虚拟内容、享受虚拟世界的门槛。

与游戏开发如出一辙，元宇宙的内容创造者也需要通过计算机、音响、显示器等硬件设备，在程序开发环境中利用各种开发工具，将虚拟场景与真实世界融合并呈现出来，甚至可以设计如游戏一样的主题，为元宇宙增添乐趣。这种类似游戏开发的内容创造是一项复杂的工程，哪怕只是开发一个简单的游戏。被誉为信息技术领域常见的三大引擎之一的游戏引擎，是缩短游戏开发周期、提高游戏开发效率的应用程序组件集合，包含多种功能模块接口，例如渲染引擎、物理引擎、游戏逻辑管理等。游戏引擎能够将游戏中的场景、剧情、音乐、逻辑等所有元素有序地组织在一起，为游戏提供强力支撑，是开发游戏的关键技术，这也是元宇宙内容创造的重要工具。

游戏人工智能和云游戏的发展让游戏开发的效率得到进一步的提升。游戏人工智能能够提供智能化游戏设计手段并产生非程序固定化的新体验，也就是说，不同的玩家在不同时刻做出的决策会带来独特的个人体验。这对于区分虚拟平行世界和电子游戏而言是至关重要的。而具备人工智能的游戏角色，即智能化虚拟人，也将是元宇宙中重要的组成部分。

云游戏是游戏与 5G 和云计算等技术的结合，即把游戏放在云端服务器运行，并将渲染完毕后的游戏画面压缩后通过网络传送给用户。简而言之，在云游戏场景下，玩家体验高质量游戏的门槛和成本降低了。玩家不需要花费时间下载几十个 GB 的游戏安装包，耗费大量的硬盘空间，配置高端处理器和显卡，就能够体验游戏。此外，由于游戏进程存储在云端，玩家在家用 PC 玩游戏，出门用手机还能接着之前的剧情继续玩，实现在 PC、手机等多个终端无缝切换。这也是元宇宙需要达到的效果，人们需要轻松便捷的进入虚拟世界，且虚拟与现实的时空是连续的，不会因为在不同的设备上登录就中断了。

4.2.5 区块链

区块链是一项融合了分布式数据存储、点对点传输、共识机制、加密算法等计算机技术的新型应用模式。与普通数据信息不同，在区块链中，数据信息被打包成一个个数据区块，按照时间顺序相连组合，从而形成一种可追溯的链式数据结构，通过密码加密保护，分散在非中心化的分布式账本中。这就意味着，区块链具有去中心化、数据不可篡改、可追溯等一系列特性，天然适配元宇宙的关键应用场景，比如数字资产的确权、数字货币的流通等。

去中心化，或者弱中心化，是区块链最核心的特征。在分布式账本及分布式存储的框架基础上，元宇宙的平台将实现去中心化的运营，且按照一定的共识机制，保障参与者的权益和利益。这与传统中心化的游戏平台不太一样，由于游戏开发商掌握了游戏世界的绝对控制权，游戏突如其来的服务器崩溃是家常便饭。而元宇宙是一个共同参与的虚拟世界，这意味着没有一家企业能够自己说了算。如同现实世界一样，世界是大家共同创造并维护的。除此之外，元宇宙中数字资产交易通过点对点的通信方式发起，并在分布式账簿中完整记录下来，提高了数字资产交易的效率和安全性。

区块链中的数据安全性和可追溯性对于元宇宙中用户数据安全及权益保护具有重要作用。暂且不提分布式账簿及存储增加了数据篡改的难度和成本，区块链中运用的哈希函数及非对称加密技术，更是为用户数据的上链及传输增加了另一层安全保护屏障。时间戳技术则使每一笔交易的数据信息均可以按照时间顺序进行追溯，进一步减少了弄虚作假的可能性。因此，用户在元宇宙中创造的虚拟产品，以及交易的数字资产，相关的信息均能够安全地记录下来并且不会被篡改。

除此之外，区块链中的智能合约技术为元宇宙中的数字资产交易提供了技术保障。按照约定好的交易规则、预先设定在区块链中的编码程序里、通过读取相关数据并自动执行程序的智能合约，能够最大程度减少交易过程中人为干预的行为，保证交易的安全与透明。

区块链的这些特性在比特币及数字货币中得到了极为成功的应用，形成了一套特有的虚拟数字经济规则。从某种意义上看，区块链技术是连接元宇宙底层与上层的桥梁。因为在元宇宙的整体架构中，在基础设施、数字化技术及海量数据的基础之上，在多样化的商业应用之下，正是需要以区块链技术为支撑的元宇宙经济体系。从区块链孕化出来的 DeFi、NFT、跨链等技术或应用，将在元宇宙经济体系的搭建以及经济激励中发挥重要作用。

4.3 元宇宙的经济体系

数字世界中的价值传递是元宇宙区别于当前互联网或电子游戏的重要特征之一。区块链技术作为元宇宙的重要构成，能够承担其价值传输功能——去中心化的虚拟资产权益记录与价值流转。元宇宙原生虚拟资产或数字内容的创造、确权和流通等构成了元宇宙的经济体系，这也是元宇宙形成商业生态，永焕生机的关键。

4.3.1　数字生产与创造

随着数字经济的发展，无论是企业组织还是个人都愈发意识到数据的重要性。那些沉睡在组织内部或业务平台上的数据拥有极高的价值。通过数据的积累和挖掘，企业能够提升组织运行效率、摸清客户变化需求、寻找市场机遇。因此，数字资产这个概念也随之产生，数据被认为是数字经济时代最重要的生产要素。在这一阶段，尽管以数据形式为主的数字资产有别于现实世界中的实体资产，但是这是数据却是实实在在来源于现实中的。无论是工厂的产品生产效率，还是用户的特征及偏好，这些数据通过机器或人工采集进入到计算机中，并通过数据挖掘形成有价值的信息。无论是资产数字化也好，还是数字资产化也罢，这些数字资产都是现实中的虚拟孪生，是一种被数据化处理的现实信息的集合。

在元宇宙中，数字孪生的概念可能会被打破。这并不是说元宇宙的虚拟世界中没有来自现实的数据和信息，而是元宇宙中大部分的数字产品都是"原生"的，即这些数字产品或资产就是自虚拟世界中诞生，并不能在现实世界中找到对应的关系。比如，用户在 Decentraland 中购置了一块地并在此基础上建设了一栋大豪宅，这些虚拟产品只存在虚拟世界中，并无真实房产存在现实之中。大量原生的虚拟产品或数字内容构成了元宇宙中异彩纷呈的世界。

元宇宙是去中心化的，这意味着它是数以万计的人们共同创造而成的。这和现实世界的底层逻辑基本上一致，每个人都是去中心化的节点，利用自然馈赠的资源，发挥自身的主观能动性，身体力行地创造现实世界中的点点滴滴。在元宇宙中，任何用户都能够利用虚拟世界的工具，通过内容创作、编程和游戏设计等各种各样的活动做出自己的贡献，并通过劳动价值的交换获得价值回馈，尽管这些只是存在于虚拟世界的数字产品。

总之，在元宇宙的虚拟世界中，每个人都有权利并且能够创造、生产虚拟产品或数字内容，为元宇宙添砖加瓦。这些虚拟产品或数字内容通过数字确权及虚拟市场机制的价值赋予成为用户的个人数字资产。如同现实中的物品一样，这些虚拟商品或数字内容拥有了商品属性，成为元宇宙经济运行的重要基础。

4.3.2　数字资产与确权

物品之所以能够成为资产很大程度上受两个因素的影响。一方面，这个物品必须有权利归属。只有当某人对某个物品拥有所有权了，才能将这个物品称之为资产，没有人会将无主之物划为资产范畴。另一方面，资产应当具有一定的价值。比如，人们对厨房垃圾桶中的厨余垃圾拥有绝对的所有权，但是这些垃圾并不能成为资产，因为它们会在第二天被人们丢弃在小区的分类垃圾桶中，并不能产生任何价值。无论在现实世界还是虚拟世界中，确定什么是资产是极为重要的，因为只有确定了资产，资产才能流通，流通才能产生价值，价值才能带动经济和社会的发展。

在现实世界中，资产的归属遵循着约定俗成的规则。日常的交易通过合同或者交易行为的完成就可以确定资产的权属，对于像房子这样的固定资产需要进行产权登记来进一步明确财产的归属。但是，在虚拟的网络世界中似乎很难做到这一点。因为，网络空间中几乎零成本的复制粘贴以及病毒式传播方式，让人很难明确虚拟产品或数字内容的归属。这样就很难让数字产品变成数字资产，产生价值。

区块链的分布式账本及链式数据结构对这个问题的解决提供了很好的思路。比特币就是最成功的应用典范，通过多方维护同一个区块链账本，以计算随机数的方法确定记账权并记录比特币的所有权归属及流转。由于网络中的数据是无法被篡改且每一笔交易的数据是可追溯的，因此比特币的权益归属清晰明了。

同样，在元宇宙中，当用户经过自主创造，设计出另类的虚拟角色形象、编写出有趣的游戏程序、创作出一幅风格迥异的电子艺术作品时，用户可以利用区块链技术为自己创造的作品进行确权，相关的确权数据则会以哈希值的形式存储到区块链上进行保存，通过区块链去中心化和分布式记账等特点，有效保证存储的电子数据不被篡改，保障确权数据的真实性和原始性，即明确虚拟数字资产的权属。

经过确权的数字资产具备了虚拟资产流通的基础，下一步则是在虚拟的经济市场中获得价值评估，并通过价值流通工具，实现虚拟资产的交易。

4.3.3 数字货币与交易

根据传统经济学理论，商品的价格由商品的价值决定，而商品的价值又受到供需关系的影响，从而导致市场上的商品价格围绕着商品价值上下波动。在现实世界中，商品的供应总是会受到生产资源、生产工具及自然环境等多方面的限制，越是稀缺的资源或者供不应求的产品，其价值越大且价格越高。例如，煤炭等能源资源的匮乏可能会导致寒冬中电力供应的紧张，从而导致电力价格的上涨；播种机、收割机等农业机械设备的使用直接提高了小麦的供应量，使得粮食的价格不断降低；阴雨连绵的年份葡萄酒的供应量总是会相应的减少，而这些年份葡萄酒的价格总是格外的昂贵。但这些规律似乎在元宇宙的虚拟经济中就不太适用了。

虚拟产品的供应几乎没有太多资源性的限制，对于生产者而言，"0"和

"1"的代码是取之不尽用之不竭的，关键是如何用这些代码堆砌出自己创作的虚拟产品或内容，唯一的限制是生产者的创造力和执行力。虚拟产品的价值更多是对创作者本身创造力的衡量。因此，当每个人都是创作者时，这也就意味着元宇宙中呈现的虚拟产品是多样化及个性化的，换句话说，这些独一无二的虚拟产品同样具有物理世界中的稀缺性特征。当别人想拥有你在元宇宙中的私人别墅及虚拟宠物时，你创造的虚拟产品和内容就有了价值。

价值的实现需要价值流通工具的运转。在现实世界中，人们使用货币进行商品价值的交换。在虚拟的元宇宙世界中，数字货币代替了现实中法定货币的功能，帮助人们在虚拟世界中进行价值交换。最经典的莫过于比特币等主流数字货币，经过多年良好运行状态的验证，已被越来越多的人接受其资产属性，在虚拟世界中充当着一般等价物。

随着区块链金融的进一步发展，去中心化金融（Decentralized Finance，DeFi）获得了新一轮关注。DeFi通过智能合约代替传统金融契约，提供了一系列去中心化的金融应用。利用DeFi实现虚拟资产的相关金融操作，如兑换稳定币、虚拟货币借贷、虚拟产品及衍生品交易、虚拟货币支付等。这对于建设元宇宙高效可靠的金融系统是极为重要的。

在DeFi持续发展的基础上，非同质化代币（Non-Fungible Token，NFT）开始出现并自成一派。NFT作为一种非同质化资产，不可分割且独一无二，与元宇宙中内容生产者们的个性化创造具有天然的联系。NFT能够映射虚拟物品，成为虚拟物品的交易实体，从而完美地实现虚拟物品资产化。人们可以把虚拟世界中的房产、装备、土地等各种虚拟资产进行链上映射，使NFT成为数据内容的资产性"实体"，进而实现数据内容的价值流转。

DeFi与NFT的结合是连接数字资产与现实世界的桥梁，为元宇宙内数字资产的产生、确权、定价、流转、溯源等环节提供支持，使得一个容纳更多样化资产、支持复杂交易的透明自主的元宇宙金融体系能够成为现实。

最后也是最为重要的，在去中心化的元宇宙经济体系中，所有创作者都能参与到这个经济体系中。创作者们的创造和努力都能够得到相应的回报，支持创作者经济，而不是将大部分的收益归为中心化的平台所有。

4.4　元宇宙的应用场景

元宇宙虽是平行于现实的虚拟世界，但与现实世界紧密相连。回归于现实是元宇宙躲避不开的话题。元宇宙不能只是虚拟的世界中的存在，依旧需要与现实交互，为人们的娱乐休闲、商业经济、生产制造以及社会生活带来前所未有的新体验。

4.4.1 娱乐社交

从元宇宙最初的落脚点——游戏产业来看，就知道元宇宙与文化娱乐的紧密关联。元宇宙中构建的数字世界将极有可能颠覆人们的娱乐生活，其程度不亚于互联时代兴起的网络游戏、网络音乐和网络社交对人们日常娱乐方式带来的革命性变化。

尽管当前的互联网为人们提供了丰富的视频影像、游戏互动等精彩的娱乐方式，但人们始终身处现实世界观望，通过观看电子屏幕上跳动的画面，移动或按压手中的按钮，触动大脑中兴奋或快乐的神经。而基于虚拟现实、人工智能等数字化技术的元宇宙，能够营造出无限接近真实的观感。人们不再是现实世界中的看客，而是被"拉入"虚拟世界，置身其中，感受虚拟的真实。这种神奇的体验将打破日常娱乐社交的边界，曾经在现实生活中的文娱活动将走入虚拟世界，虚拟文娱将成为人们日常娱乐的重要组成部分并给人们带来前所未有的新体验。

不仅仅是游戏，从《堡垒之夜》的虚拟线上演唱会中就可以发现，元宇宙里是一个相互关联的虚拟世界。在当前的网络中，各类娱乐活动的边界是清晰的，游戏是游戏，音乐会是音乐会，但是元宇宙所有的娱乐活动是融合在一起的。人们可以在元宇宙的世界中玩游戏、看电影、参加演唱会，这些都是可以随意选择的，就像在现实世界中自由选择游乐园、电影院和音乐厅一样。

同时，随着人机交互技术的进步，在元宇宙的虚拟世界中，举办一些融合性更强的虚拟演出和大型互动现场演出成为可能。这与看现场直播不一样，并不是将现场大型演唱会以视频的方式搬到线上让观众观看，而是像身处真实世界举办文艺演出和娱乐节目一样，在虚拟世界中举办的活动，人们不再是隔着屏幕观赏，而是身处虚拟的现场，挥动虚拟的荧光棒，换上自己最爱的虚拟角色形象，实时感受虚拟现场带来的震撼。

除了虚拟文娱活动，元宇宙还将产生新的虚拟偶像。这些虚拟偶像可以是用户的虚拟化身，例如电影《头号玩家》中主人公韦德的虚拟化身帕西法尔（Parzival）就是绿洲（Oasis）中的英雄兼偶像。也就是说，多彩的元宇宙世界及形象化的虚拟化身给每个人都创造了成为虚拟偶像的机会。虚拟偶像也有可能是数字原生的虚拟形象，就像网络虚拟偶像初音未来和洛天依一样。或许未来人们能看到虚拟偶像出演的电影。

在社交领域，元宇宙将提供更具有交互性和沉浸感的社交。虽然当前互联网也能够通过文字或图片的方式，让远隔天南海北的人们进行信息的沟通与交流，但是无法营造大家同处一地的相聚感。3D虚拟环境的营造以及虚拟角色的会面，能够突破文字或图片的疏离感，提供虚拟而真实的聚会场景。人们能够通过元宇宙社交，彼此认识更多、了解更多。

4.4.2 商业经营

元宇宙对商业领域的影响也是显而易见的。一方面，文化娱乐与商业活动从来都是你中有我，我中有你的关系。另一方面，这种跨地域、沉浸式的社交新体验对于未来工作方式的影响也是巨大的。

元宇宙或许能够帮助重新定义未来的工作。在当前的互联网的支持下，远程办公及会议已经成为现实，尤其是新冠疫情的突袭，让人们意识到远程办公的重要性及便利性。人们可以通过互联网异地实时沟通工作的细节并探讨面临的问题，不受空间距离的限制。与沉浸式的社交新体验类似，元宇宙对这种工作沟通的影响更多。在元宇宙中构建的虚拟办公环境中，人们能够通过虚拟化身或者通过全息投影实现"面对面"的交流。或许，这种沉浸式的虚拟办公环境能让人们更加专注于手头的工作和会议，而不是关闭计算机的摄像头和音频，一边撸猫一边假装开会的样子。

对于企业而言，元宇宙也提供了品牌和营销的新途径和新方式。元宇宙作为一个无缝融合了游戏、大型互动现场演出、区块链数字商品和虚拟商品的共享虚拟世界，无疑成为企业争夺消费者注意力和塑造品牌美誉度的新战场，例如在 Decentraland 的虚拟世界中到处都有 HTC 的广告牌，像 Gucci 这样的奢侈品牌也开始推出数字虚拟奢侈品，紧随时代潮流。元宇宙为企业品牌创建线上自有场景或者与用户一同创造共同体验场景提供了机会，这是品牌在数字化时代获得增长的好机会。

元宇宙也将重新定义零售。人们戴上 VR 眼镜，在如同现实世界的镜像的虚拟商店中挑选喜爱的商品。零售商们可以在线上出售各种新奇的虚拟数字商品，设计有趣的游戏替代无聊的抽奖活动，或者在线下利用增强现实技术为顾客营造与众不同的购物体验。线上线下的虚实融合或许会让零售重获生机。

可以预见的是，在元宇宙中，每个人都会参与到虚拟经济中，企业也会在其中找到新的商业机会，元宇宙为商业经济提供了新的发展空间。

4.4.3 生产制造

不仅仅是商业消费领域，元宇宙作为庞大复杂的技术综合体，对生产制造领域的影响也是不容小觑的。那些用于制作逼真生动的虚拟化身或虚拟场景的图像渲染技术及 3D 建模技术，同样可以运用在虚拟化数字工厂的建设中。那些用于服务虚拟系统或用户的虚拟人，同样也可以转变成机器人代替人类进行机械化作业。数字工厂和数字孪生将元宇宙的虚拟世界与现实更加紧密的联系在一起。

数字工厂和数字孪生并不是一个全新的概念。早在企业资源计划系统（Enterprise Resource Planning，ERP）、制造执行系统（Manufacturing Execution System，MES）、仓库管理系统（Warehouse Management System，WMS）、产品生命周期管理系统（Product Lifecycle Management，PLM）等种类繁多的企业信息管理系统出现在市场之中，物联网、传感器及机械臂进入工厂车间之际，数字化工厂就被制造业认定为未来工业制造的必由之路。目前，众多大型企业的工厂都基本实现了信息化和自动化，以更高的效率和更低的成本进行生产及质量管理、成本控制。然而，对于更加复杂、更加智能化产品的设计与生产而言，制造业企业需要一个能够把工厂中所有的人、机械化设备及自动化系统、计算机信息系统等连通在一起的数字虚拟环境，为现实中的工厂在虚拟世界里建立一个复刻版"数字化工厂"，更高效地生产和制造。

在数字工厂中，数字孪生（Digital Twins）是一项极为重要的技术。类似元宇宙中对虚拟物品的建模和仿真，工业制造中的数字孪生亦是如此，只不过工业数字孪生大都建立在真实的现实世界基础上，是在充分利用物理模型、传感器更新、运行历史等数据的基础上，基于多学科、多物理量、多尺度的仿真。数字孪生技术能够在虚拟空间中完成映射，从而反映相对应的现实物理实体的全生命周期过程。数字孪生的数字映射性是元宇宙的重要特征之一。

总之，元宇宙的核心支撑技术，如虚拟现实、人工智能、物联网等，将赋能未来的制造业，工程师们能够在虚拟的仿真环境中进行大胆的设计、辅助车间机器人的学习训练，工人们能够通过虚拟化身更加高效地与现实物理工厂进行交互，并以更加有效的方式管理生产流程。未来的生产制造会被重新定义。

4.4.4 社会生活

毫无疑问，当整个社会的经济生产、日常休闲都开始与虚拟世界紧密关联的时候，元宇宙也会从各方面对人们的社会生活产生一定的影响，比如每个人都会拥有一定价值的虚拟资产、超真实的数字化身以及在虚拟世界中进行自由创造等。

对于个人而言，拥有虚拟资产是一件值得期待的事情，谁能拒绝手中拥有价值性的资产呢。或许很多人不以为然，认为虚拟世界的资产并没有什么价值，因为再珍贵的游戏装备可能也无法说服煎饼摊的老板给你摊一份加鸡蛋的煎饼。但你无法否认，这些游戏装备是有价值的，虽然仅存在游戏圈的小部分人中。如果这个虚拟世界无限放大，就像互联网一样覆盖并普及大部分人的时候，那么存在这个世界中的虚拟物品或数字内容就是有意义并有价值的。当所有人都拥有虚拟化身，开启虚拟世界的第二人生时，人们就会在意自己的虚拟化身的日常穿着、拥有的虚拟资产等，就和现实生活中一样。在这种情况下，如果煎饼摊老板恰巧看中了你在虚拟世界中戴着的帽子，或许他真的会用现实中热腾腾的煎饼与你交换。

而拥有超真实的数字化身则是一件更加炫酷的事情。如果能够像英伟达发布会中黄仁勋那样，有一个与现实中的自己一模一样的数字替身，那么穿梭在虚拟和现实之间就变得更加自然了。这意味着和亲友的虚拟相聚、与同事的远程协作都将变得与现实难以区分。空间将被重新定义。除此之外，个性自由的虚拟化身很大程度上满足了每个人内心的真实表达。在现实中，人们背负的形象角色很难被改变，而在虚拟的元宇宙中，人们可以重新定义自己的虚拟形象，释放内心的自我。

最为重要的是，元宇宙是一个可以自由创造的虚拟世界。当然，现有的互联网也能够满足人们在网络中撰写文字、绘制图片、制作音频和视频等多样化的数字内容。而在元宇宙中，这些虚拟内容可能会更加丰富、沉浸感体验更加强烈，例如一场置身其中的游戏、一幕梦幻迷离的场景等。除此之外，创作者们在元宇宙中创作的内容，通过元宇宙内在经济体系和规则，可以获得应有的价值回馈，这也是当前互联网环境渴望实现却难以做到的。

Chapter Five
第 5 章

实现元宇宙的数字技术

如同现实世界中的城市建设，需要道路、桥梁、地下管线系统等基础设施保证人员和物资的流动，需要房屋建造技术、园林环保、景观设计、绿色能源等各种技术完善城市的建设，元宇宙也是如此。通畅的网络和强大的算力是元宇宙的基础设施，是其他数字化技术能够发挥作用的先决条件。虚拟现实技术是将人类带入虚拟世界或虚实交融境界的门钥匙。人工智能和电子游戏技术为元宇宙多姿多彩且不计其数的虚拟内容创作提供了工具。而区块链技术则是元宇宙价值网络的编织者。在众多数字化技术的共同推动下，元宇宙才能真的从科幻小说中走进现实。

5.1 元宇宙的基础设施

网络和算力是构筑元宇宙虚拟世界的基石。元宇宙中异彩纷呈的虚拟内容、分布式区块链网络、人工智能技术、计算机图形图像技术等都离不开通畅的网络及敏捷强大的算力支持。高速率、低时延、超大带宽的 5G 通信网络，以算力共享为特点的云计算及实现算力下沉的边缘计算等，共同构成了元宇宙的基础设施，支撑着元宇宙虚拟内容的创作，价值网络的编织、以及更加真实的交互体验。

5.1.1 更通畅的 5G 网络

5G 通信技术作为新一代通信技术，是构筑现代信息社会的重要信息基础设施。元宇宙离不开 5G 技术的支撑。高速率、低时延、超大带宽的 5G 通信网络，是打破元宇宙沉浸式体验技术瓶颈的关键。5G 将与 AI、云计算等技术携手，一同推动极具"真实感"的元宇宙虚拟世界的到来。

1. 高速率、低时延、超大带宽的 5G 网络

与移动互联网时代的 4G 网络相比，5G 网络具有海量连接、超低时延及超大带宽的基础特征。用户能够观看到更加高清、逼真的画面，并且在呈现这种极致的画质效果同时，无论是实时直播还是互动游戏，用户不会遇到画面忽然停止或断断续续的卡顿。要知道，实时交互过程中的卡顿或者永远慢半拍是一件令人尴尬而崩溃的事情。5G 恰是通过 eMBB（大带宽）、URLLC（低时延）及 mMTC（广连接）提供了更高品质的网络通信环境，这也正是国际电信联盟（International Telecommunication Union，ITU）定义的 5G 三大核心场景（如图 5-1 所示）。

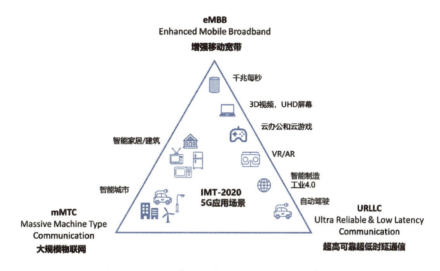

图 5-1　国际电信联盟定义的 5G 三大核心场景

eMBB（Enhanced Mobile Broadband），即增强移动宽带，是指在现有移动宽带业务场景的基础上，利用 5G 更好的网络覆盖及更高的传输速率为用户提供更好的上网接入服务，进一步提升用户数据体验速度。最直观的例子就是 4K、8K 高清视频直播，当前 4G 的平均用户体验上行速度为 6~8Mbit/s，用 4G 做上行数据包传输，根本无法满足用户需求。而 5G 的 eMBB 上行用户体验速度可以达到 50Mbit/s 以上，支持 4K、8K 高清视频直播是轻而易举的，能够极大地提升用户视听体验。

URLLC（Ultra Reliable & Low Latency Communication），即超高可靠超低时延通信。顾名思义，是指 5G 网络能够实现高可靠性且网络时延尽可能降低。一方面，5G 网络架构自带边缘计算属性，能够有效支持需要快速反应需求的场景，例如无人驾驶、VR/AR、工业机器人、远程医疗等。因此，5G 网络端到端时延约为 4G 网络的 1/5，可以达到 1~10ms。另一方面，5G 支持终端与网络建立双通道，两条通道互为备份，确保连接的可靠性。

mMTC（Massive Machine Type Communication），即大规模物联网，是指 5G

网络能够支持海量连接，丰富的连接数量与连接类型推动网络连接进入新纪元。一方面，5G 每平方公里可以支持 100 万的连接数，这意味着传统的人与人之间的通信将被突破，人与物、物与物的大规模通信成为可能。另一方面，连接的终端不再囿于计算机、智能手机这类主动性较强的终端设备，广泛分布于智慧城市、环境监测、智能农业、森林防火等以传感和数据采集为目标的终端将被大量接入网络。

随着 5G 技术的不断发展，在 ITUD 提出的 5G 三大场景 eMBB、URLLC、mMTC 的基础上，华为提出了 5.5G 的概念。新增了三大场景：UCBC（Uplink Centric Broadband Communication），即上行超带宽，侧重行业的智能化升级；RT-BC（Real-TimeBroadbandCommunication），即宽带实时交互，强调身临其境的沉浸式体验；以及 HCS（Harmonized Communication and Sensing），即通信感知融合，聚焦智能驾驶发展。由此可见，华为的 5.5G 是对 5G 技术及应用场景的进一步演进。

无论是 5G 还是 5.5G，都实现了网络质量的全面提升，包括网络峰值速率、移动性、时延、体验速率、连接数密度、流量密度和能效等能力，能够实现真正的万物互联。这必将渗透到社会的各个领域，其中就包括与元宇宙密切相关的 VR/AR 等技术。

2. 5G 打破 VR 技术瓶颈的关键

沉浸式体验是元宇宙的重要特征之一。VR/AR 是进入这样一个逼真的虚拟世界的关键，目前市场上像电影《头号玩家》中那样成熟的虚拟现实技术及产品依旧欠缺。实际上，类似《头号玩家》电影中呈现的全新的连接方式和革命性的沉浸式体验面临的最大障碍就是高质量的网络传输。5G 高达 10Gbit/s + 的峰值速率大带宽和毫秒级别的低延时正是解决这一问题的关键，VR/AR 也是 5G 典型应用场景。

当前 VR/AR 体验的一个重要缺点就是晕眩。晕眩确实不是一种美妙的体验。

产生 VR 晕眩感的原因有很多，大体上来看是因为大脑接收到从身体感受到的两种不同的信息，导致大脑一时之间被截然不同的信息搞乱了，产生困惑，进而引发晕眩感。比如眼睛看到的画面与从耳朵内的前庭系统所感受到的信息不匹配，就好比假如你在虚拟世界中坐霸天虎过山车的时候，视觉上正处于高速运动的状态，但是前庭系统却停在静止状态。这在现实中是有悖于物理规律的，所以晕眩感就产生了。又比如，VR 眼镜中观察到的运动存在着迟延滞后现象，就好比你快速转动了脑袋，但是 VR 设备因为网络延迟需要花零点几秒才能捕捉到你的动作，产生的图像跟不上人的动作，这也会引发晕眩。因此，降低延迟成为消除 VR 眩晕的重要解决手段，而 5G 毫秒级别（1ms）的时延会为 VR/AR 应用尽可能消除或减轻眩晕感，提升用户的使用体验。

5G 将是推动 VR/AR 发展的关键。5G、云计算和 VR/AR 技术的融合，将推动以 360°全景技术为主的弱交互应用向以计算机动画技术（Computer Graphics，CG）和复杂的计算机图形渲染为主的强交互应用演进。这种强交互应用也正是元宇宙所需要具备的。利用 5G 强大的带宽和超低的时延，元宇宙才能利用 VR/AR 技术让人们走进虚拟的仿真世界，拥有沉浸式视听感受，获得流畅自然的体验。

3. 5G 逐步走向商用

5G 通信技术是众多前沿数字科技的基础，不单是 VR/AR，但凡与数字化相关的技术都离不开 5G 通信技术的支撑。

从政策层面看，5G 一直是国家政策重点支持的对象，被纳入国家重点发展战略。早在 2013 年，工信部、国家发展改革委员会、科技部就共同成立 IMT-2020（5G）推进组，在测试、试验、应用等方面做了大量工作，协调推进国内 5G 全面发展的同时，为 ITU 形成全球标准提供了重要的输入。随后，关于 5G 标准研究、关键技术和产品研发、业务及应用等相关的指导意见和支持政策层出不穷，2020 年 3 月，我国提出将 5G 基础设施建设作为新基建 7 大重点建设领域的关键组成部分。而放眼国外，美日欧也在十多年前对 5G 技术给予了极大关注并积极布局。无论国内还是国外，5G 产业发展前景广阔。

从 5G 商用层面看，2019 年工信部正式向中国电信、中国移动、中国联通、中国广电发放 5G 商用牌照，标志着我国正式进入 5G 商用元年。从 2019 年我国 5G 牌照发放开始，基础设施建设期将持续 3~4 年。尽管目前 5G 建设驱动力主要基于政府的政策驱动，通过传导至运营商，进而推动接入网、传输网、基站等 5G 基础设施建设。未来，随着 5G 基础设施的完善与应用的成熟，市场将逐渐转化为应用驱动为主。作为元宇宙的重要支撑性技术，5G 能够带动相当显著的经济效益。根据美国高通公司预测数据，到 2035 年 5G 将在全球创造 13.2 万亿美元的经济产出。根据信通院《5G 经济社会影响白皮书》数据，截至 2030 年，5G 将带动我国直接经济产出为每年 6.3 万亿元，间接产出 10.6 万亿元。

在市场应用层面，目前市场整体处于早期 5G 应用阶段，主要集中在落地相对较快的消费端应用，例如 5G 手机终端电子设备、超高清视频/直播、VR/AR 等。对于数据传输量更大、传输速率要求更高的产业端应用而言，如智慧工业、车联网、智慧电力、智慧医疗等，还有待 5G 技术发展及商业化成熟度的进一步提升。随着这些 5G 应用场景的不断成熟，并逐步向全社会领域渗透，元宇宙中高沉浸感、强交互性的实现也将不再是难事。

5.1.2 算力共享的云计算

云计算也是元宇宙重要的基础设施之一。构建真实沉浸感的虚拟世界，需要大量的数据。而元宇宙数据量爆发导致算力需求激增。云计算是提供高效率、低成本算力的重要技术之一，通过资源虚拟化和算力共享，推动云化虚拟现实等技术的实现，释放终端设备压力，为用户提供舒适逼真的"沉浸感"。得益于云计算技术，元宇宙的算力具备了坚实基础。

1. 走进算力时代的云计算

与 5G 通信技术一样，云计算也是构筑数字经济重要基础之一。如果说 5G 网络解决的是道路宽不宽的问题，那么云计算解决的就是如何保证在高速路上行驶的信息能够高效地进入目的地的问题。只有当计算机存储和计算机处理进行共享时，全社会的整体算力才会提升，这正是云计算做的事情。

云计算在 20 世纪初的互联网信息大爆炸中应运而生。得益于芯片、磁盘等计算存储硬件产品的性能快速提升和成本的下降，同时伴随着网格计算、分布式计算和并行计算技术的快速成熟，人们开始尝试利用在地理上分散于各处的计算机资源来完成大规模、复杂的计算和数据处理。2006 年，在亚马逊的努力下，云计算服务实现了商用，通过"租赁"存储空间和计算处理能力给企业以运行企业应用程序。尽管在当时不被看好，如今云计算却已成为各大互联网公司的核心业务之一。无论是云计算厂商还是互联网企业巨头都在持续不断地增加服务器投入，通过提高云计算的算力以满足更多应用场景需求，从而为更多的客户服务。

按照美国国家标准与技术研究院（National Institute of Standards and Technology，NIST）给出的定义：云计算是一种按使用量付费的模式，这种模式提供可用的、便捷的、按需的网络访问，进入可配置的计算资源共享池（资源包括网络、服务器、存储、应用软件、服务），这些资源能够被快速提供，用户只需投入很少的管理工作，或与服务供应商进行很少的交互。由此可见，云计算具有资源虚拟化、服务按需化、部署可扩展、使用可计费等特点，通过将大量独立的计算单元相连，提供可扩展的高性能计算能力。

以元宇宙中的用户计算为例，当终端用户向平台提出 3D 建模或图形渲染需求时，用户的计算需求不必在本地计算机上实现，而是只要把计算需求交给云平台，云平台把巨量数据分解成无数个小任务分发给众多服务器，最后汇总出计算或处理的结果，并返回给用户。这就好比吃饭不必亲自种菜、摘菜、炒菜，只需要去小区门口的餐馆点餐即可，餐馆也会同时服务其他顾客，达到效率的最优。

除此之外，云计算对用户的终端进行了解放。云计算带来的算力提升降低了终端设备处理信息的要求，用户能够使用更加轻量化、移动化的终端设备体验虚拟世界带来的快乐，毕竟 VR 头显设备如果太沉会压着脖子疼。想一想智能手机的演变，过去很多只能在计算机、电视上进行的办公、娱乐活动，现在都可以通过手机轻松搞定，而这背后重要的技术支持之一就是云计算。云计算将计算、存储优势应用到移动端，从而突破移动端的资源限制，改善用户体验。这一点对于元宇宙而言，依旧是适用的。

可以预见的是，元宇宙的虚拟世界中将会产生更多样化的应用，这势必会对算力能力提出新要求，而算力能力的提升则为元宇宙的数字内容及应用扩展提供新的发展空间，算力能力的提升与数字内容互为促进，共同促进元宇宙虚拟世界的繁荣。

2. 云化虚拟现实

元宇宙中海量数据信息处理很大程度聚焦在"沉浸式"虚拟内容的制作与呈现上。为了制造如同"现实镜像"的虚拟空间，大量的内容渲染、感知交互需要强大的算力支撑。云化虚拟现实（Cloud VR）能够高效推进 VR/AR 的大规模应用，并提高终端用户的体验，成为产业发展的方向。

云化虚拟现实是将云计算、云渲染的理念及技术引入 VR/AR 应用中，包括渲染上云、内容上云等。渲染上云，即将计算复杂度较高的渲染通过云计算完成。不同于利用 VR 头盔通过有线连接一个负责渲染的高端个人计算机实现沉浸体验的传统渲染方式，云化虚拟现实是结合 5G、云计算以及边缘计算，完成复杂 3D 仿真的计算机图形图像的运算。利用云端强大的计算能力和 GPU 的渲染能力呈现 VR/AR 应用运行结果，继而经过低时延编码技术处理形成实时内容流通过 5G 网络传输到 VR 头显上，实现沉浸式体验效果。云化虚拟现实技术将大幅降低终端 CPU 和 GPU 的计算压力，实现终端的轻量化，大幅降低成本。内容上云，即利用超高速、低时延、超大带宽的 5G 网络，将云端的显示和声音输出经编码压缩后，再传输到用户的终端设备。

从技术实现上来看，用户通过 VR 头显或一体机等终端设备登录元宇宙的虚拟世界，VR 终端采集用户面部表情、动作姿态等，通过上行 5G 网络传输到云渲染服务器。元渲染服务器根据上传的信息对动作的光场和光线进行跟踪调整，从而进行 VR 画面渲染。云渲染服务器将渲染后的音频、视频抓取并利用通用视频格式进行编码封装，通过高速接入、毫秒级低时延的网络传输到用户的 VR 终端，为用户提供清晰的内容传输。最后，用户 VR 终端通过对视频流数据解码后进行相关处理，将最终逼真的画面呈现给用户（如图 5-2 所示）。

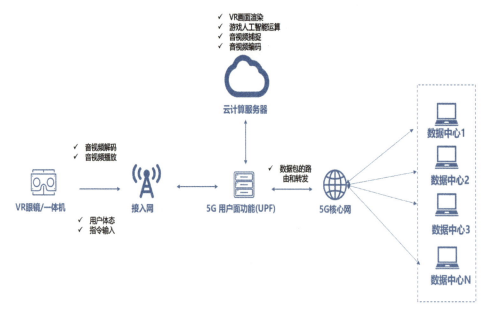

图 5-2　云化虚拟现实的技术实现

云化虚拟现实是虚拟现实的落地应用及规模化发展的必经之路。在元宇宙丰富多彩的虚拟世界中，无论是 VR 游戏、VR 直播还是 VR 电影都能够给用户带来沉浸式的临场感。而这种真实的临场感需要利用云化虚拟现实提供大量高效、低成本的运算、存储及传输。并且从用户体验上来看，云化虚拟现实大幅降低了对终端复杂的计算和渲染能力需求。这意味着与传统的本地 VR/AR 终端相比，云化虚拟现实能够降低 VR/AR 终端功耗和成本，提升了用户佩戴的轻便度和舒适度。这对于 VR 的大规模市场化应用是极其有利的。

3. 云计算向全社会渗透

自 2006 年云计算走向商用以来，云计算的技术愈发成熟，市场规模总体呈稳定增长态势，迎来繁荣的产业发展热潮，为元宇宙提供了较为成熟的商业应用基础。

无论是国内还是国外，云计算的政策体系都已日趋完善。国内方面，2015 年开始国内关于云计算的支持政策接二连三地出台，从战略规划到落地实施逐步推进。从《国务院关于积极推进"互联网＋"行动的指导意见》，到《云计算发展三年行动计划（2017—2019 年）》再到《推动企业上云实施指南（2018—2020 年）》，政策都从产业发展、行业推广、应用基础、安全管理等方面大力支持云计算的发展，带动并引导云计算在企业生产、经营、管理中的应用广泛普及，拓宽行业市场。而云计算较为领先的美国，在 2011 年就提出了

"云优先"(Cloud First)战略,即将所有新建的政府信息系统,优先考虑采用云平台。随后又更新了"云敏捷"(Cloud Smart)战略,即通过从共享资源池快速供应系统或服务的各种技术,使用更加节约、安全和快捷的关键任务服务解决方案,简化信息技术转型。

从市场的角度看,全球云计算市场在经历起步阶段的爆发式增长后进入平稳发展阶段。根据 Gartner 的数据,2018 年以来,云计算都保持了 20% 以上的市场增长率。到 2022 年,全球云计算市场规模将达到 2700 亿美元。同时,Gartner 指出,随着全社会的数字化转型,云计算渗透率将大幅提升。以新冠肺炎疫情为例,在政务云方面,云端的智慧城市系统在疫情动态显示、防控指挥中发挥巨大作用,为疫情中正常的城市运行、交通出行等提供了精准数字化保障。在医疗云方面,云计算在病毒基因测序、分离毒株、药物筛选、新药研发等多个环节中提供稳定高效的算力支持。同时刺激了云医疗需求的激增,基于平台即服务(Platform as a Service,PaaS)的云平台开始提供影像云平台、远程医疗、人工智能等新兴应用服务,带给用户更好的产品和服务体验。而对于企业而言,基于基础设施即服务(Infrastructure as a Service,IaaS)架构的企业上云,能够实现资源池化,将计算级的硬件资源抽象地展现为一个统一的运行环境,打破了硬件资源的物理障碍,根据用户需求做出动态调整,在各类资源之间进行快速匹配,将进一步提升可用性并降低成本,成为企业提升工作效率和服务水平的重要手段。

云计算在各行各业中的落地应用逐步普及,以及企业上云日益加速,这些都为打造元宇宙所需的算力打下了坚实的基础。

5.1.3 算力下沉的边缘计算

在元宇宙中徜徉,不仅需要云计算进行大量的数据运算处理,同时也要保证运算的时效。如果基本的流畅感都达不到,就更别提所谓的沉浸感了。边缘计算将原有以云端为中心的计算任务部分迁移到网络边缘设备上,保证了数据处理的实时性。云边协同为元宇宙虚拟世界的信息处理提供较为完美的解决方案。

1. 云边协同

与云计算相比,边缘计算(Edge Computing)是一个相对较新的概念。面对日益剧增的数据量,云计算虽然能够提供足够的算力,但是对于实时性或时效性反应较高的数据处理,单凭集中式的云计算还是鞭长莫及。比如坐在智能驾驶汽车里的时候,你无法等待远在千里之外的云计算数据中心接收、处理并传输实时数据,因为还在数据中心未识别出前方障碍物时可能车辆就已经撞上前方道路中突然窜出来的猫猫狗狗了。边缘计算的作用就是将这种运算处理移至最近的边缘设备，通过算力下沉实现本地化数据处理。这对于即将到来的万物互联时代是极为重要的。

边缘计算是指在靠近数据源或用户的网络边缘侧，融合网络、计算、存储、应用核心能力的开放平台，充分利用整个路径上各种设备的处理能力，就地提供计算、存储、处理隐私和冗余数据等服务，满足在用户近端实现敏捷连接、实时业务、应用智能、安全与隐私等方面的关键需求（如图5-3所示）。从某种程度上看，边缘计算类似云计算的加强版升级功能，是云计算提升算力的有力补充。

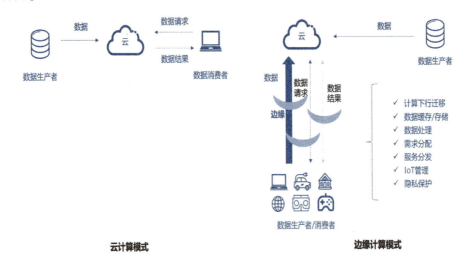

图5-3　云计算与边缘计算模式的对比

边缘计算的技术起源可以追溯到20世纪90年代，美国信息技术公司阿卡迈（Akamai）开发了CDN（Content Delivery Network）技术。这种内容分发网络技术在接近终端用户的地方设立传输节点，能够存储缓存的图像、视频等静态内容，为客户就近提供所需内容，以避免网络拥挤并提高用户访问网站的响应速度，进而提高网络效率和用户体验。传统CDN的弊端在于，终端所产生的数据将需要回溯到远端的云计算中心进行处理。在流媒体、VR/AR等应用爆发的情形下，大流量数据将会对传输网造成较大的冲击。因此，在更靠近终端的网络边缘上提供服务的边缘计算应运而生。

相比集中式管理的云计算服务，边缘计算能够帮助解决云计算时延过长、汇聚流量过大及数据隐私泄露等问题，为实时性和带宽密集型业务提供更好的支持。一方面，数据处理的实时性、海量数据的多样性也正是元宇宙虚拟世界重要的信息特征。在元宇宙中，通过VR设备终端的感知数据急剧增加，且数据处理的实时性要求极高。如果不能实时处理这些数据，用户感知到的将不是如真如幻的虚拟世界，而是天旋地转的晕眩。无论网络带宽如何提高，云计算中心的数据能力多强，终究还是远水解不了近渴。为此，在接近数据源的边缘设备上执行部分或全部计算，尽可能降低时延，是未来元宇宙及万物互联新时代需求的新兴计算模式。另一方面，边缘计算减少了数据的对外传输，能够让用户的源数据在上传至云数据中心之前，通过利用近数据端的边缘节点直接对数据源进行处理，以实现对一些敏感数据的保护与隔离。或者仅接收来自云计算中心的请求，并将处理的结果反馈给云计算中心，有效降低隐私泄露的风险。

总之，在未来元宇宙爆炸式增长的海量边缘数据背景下，单一的云计算资源已不能满足大数据处理的实时性及安全性等需求。在现有以云计算为核心的集中式大数据处理基础上，亟待需要边缘计算处理海量边缘数据。云边协同为元宇宙的算力提供保障。

2. 元宇宙中的边缘计算

元宇宙中的虚拟世界能够为用户提供身临其境的极致体验。如同现实世界的事物是由难以计数的原子分子构成，制造虚拟的真实也需要不计其数的代码，这其中的数据量是海量的。而置身其中的体验不仅仅是所见真实，还意味着反映真实，至少不会在扭头的时候看到的是上一秒的视觉画面。元宇宙的"真实"需要更大的带宽以及更低的时延来满足。

5G 网络为元宇宙提供了更大的带宽，云计算给予了集中式强大算力，而边缘计算则有效地降低了时延。在元宇宙的虚拟内容供给方面，边缘计算可向 VR 终端用户提供网络边缘侧强大的计算、存储和传输能力，通过机器学习和深度学习技术从高清图像或视频流中提取信息，完成本地逻辑运算，过滤和压缩数据，从而降低传输时延。

例如，人们在虚拟的元宇宙中观看高清视频或直播，就像电影《头号玩家》中主人公韦德的虚拟化身帕西法尔在绿洲中那场通关彩蛋比赛的全网直播，对网络带宽及传输的要求极高。在没有边缘计算参与的情况下，高清视频数据流需要流至汇聚层和核心网，较大的数据量和有限的带宽势必会产生时延，很可能会产生视频画面卡顿的现象从而导致较差的体验。通过利用能支持实时数据处理的边缘计算平台和终端，为用户提供大量服务、功能和场景接口，使得相关视频及画面的处理能够在本地尽可能地完成，而不需要上传至汇聚层与核心网，在减少时延和提高客户使用感受的同时，将会大幅度降低数据流对传输网络的冲击。

再比如，以元宇宙的虚实交互为例。当用户使用 VR/AR 设备进入虚拟世界时，用户的 VR/AR 设备需要对于其所处方位及面向的方向进行空间计算并做出判断。当相对位置确定后，更多的数据，例如渲染数据、任务数据等，将会传输到用户的终端中。因此，用户的每一个动作、每一瞬的表情都意味着数据的改变，数据的发送和接收频率都会处于高位。边缘计算的作用在于，将大部分的计算任务都放在边缘服务和移动端进行，减低响应时间，降低平均时延。对于带宽和延迟要求较高的元宇宙而言，云边协同是较为有效的解决方案。

除此之外，边缘计算与人工智能的结合，能够通过跟踪终端用户的实时信息，包括心理、行为、位置、环境和运营商网络的实时连接能力，对终端用户所处场景进行全面把握，实现端到端网络资源的优化配置。边缘智能也可以实现按需"切片"、动态收费，基于用户对时延、带宽、安全性和可靠性的不同需求来提供同一场景下个性化的内容服务。这对于元宇宙多样化的场景体验是有帮助的，有利于更好地满足用户个性化的需求。

3. 边缘计算步入快车道

边缘计算的发展是顺应万物互联时代潮流的产物。在"物"与"物"、"人"与"物"互联的背景下，任何被连接的"物"将具备更强的计算能力和感知能力。这样的能力需要强大的网络及算力支撑。边缘计算从某种程度上能够弥补云计算的不足，对于实时性较强的业务具有独特优势。云边协同将成为数据运算发展的新模式，同时也不断驱动着边缘计算市场和应用的发展。

随着终端设备互联成为常态，越来越多的数据将产生于终端和网络边缘，边缘数据中心将会成为理想的承载基础设施去处理更多对时延要求更高的业务。2020年，全球已有超过500亿的终端和设备联网，其中超过50%的数据需要在网络边缘侧进行存储、处理和分析。到2023年，将有42.4%的企业采用"边缘+核心"的组合架构建立和运行数据库，设备架构向"云-边-端"三级架构演进迭代。而根据国内研究机构信通院预测，未来边缘市场规模将超万亿元规模，与云计算市场不相上下。边缘计算将迎来广阔的市场空间和发展机遇。

在实际的落地应用中，边缘计算已经形成了一个集网络信息技术与运行的产业融合泛生态环境，将运营、计算、存储、连接资源等有机地结合在一起，为各行业应用提供端到端的网络和业务承载能力。例如通用电气的工业互联网平台包括了边缘、平台和应用三个主体。其中 Predix 边缘系统，为边缘设备提供网关框架。用户可以开发各类现场接入协议，实现边缘设备的连接和数据的采集，满足现场业务实时性和智能化的需求（如图5-4所示）。云计算的先驱领头羊亚马逊 AWS，也在2016年推出 GreenGrass 边缘计算套件。它能够以安全方式在互联设备上运行本地计算、消息收发、数据缓存、同步和机器学习推理（Machine Learning Inference）功能的软件。像亚马逊这样的互联网公司也正在依托云计算能力向工业现场设备的扩展和渗透。

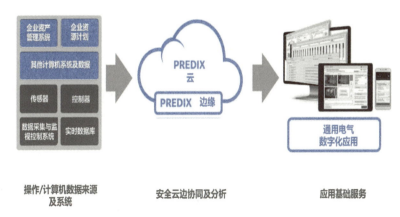

图 5-4　通用电气 Predlx 边缘系统

由此可见，随着云边协同技术的发展及落定应用的不断探索，云计算和边缘计算在网络、业务、应用、智能等方面的协同将有助于支撑行业数字化转型更广泛的场景，例如工业互联网、智能驾驶、AR/VR、超高清视频，以及万众瞩目的元宇宙等等。

5.2　虚拟现实：元宇宙的虚拟之眼

既然元宇宙是要打造一个以假乱真、身临其境的虚拟网络世界，那么虚拟现实技术就是关键。虚拟现实技术为人们在虚拟世界的畅游提供了无比真实的沉浸感与交互感，并提供了天马行空的想象空间。随着技术的进步，虚拟现实交互技术形成了 VR、AR、XR 等几类技术分支。经过 VR 的产业寒冬，在 5G 网络与云计算的支持下，伴随着 VR 终端设备的发展进步，VR 重新走入人们视野。AR 的发展时间不长，目前在工业制造等领域的应用被看好，XR 融合了 VR 与 AR 以及 MR 多重虚拟现实技术，力图打造真假难分的虚实交融的世界。无论是 VR/AR，还是 MR/XR，虚拟现实技术都是将人们从现实进入元宇宙的虚拟世界中的关键性技术。

5.2.1　VR 东山再起

1. VR 的虚拟沉浸感

VR（Virtual Reality）是虚拟现实交互技术分支中发展历程最长的，AR、XR 或多或少都是基于 VR 的理论及技术基础而产生的，VR 成为整个虚拟现实技术的代名词。VR 利用计算机模拟虚拟环境，带给用户沉浸感，是一种创建与体验虚拟世界的仿真系统。不像 AR 是在物理世界中叠加虚拟信息，VR 中的世界基本上都是虚拟的。用户通过 VR 设备，将自己的意识代入虚拟的世界。这也是元宇宙的基本任务，构造一个无比真实而绚烂的虚拟世界，等待人们进入。因此，VR 也被认为是元宇宙的最为关键的技术。

VR 最显著的特征就是沉浸性、交互性与想象性。所谓沉浸性，就是将用户处于一个四维的虚拟世界之内，然后用户通过各种感觉系统、特别是视觉器官对虚拟世界产生适应性正向反馈。简而言之，真实感是基于我们存在的现实世界，我们的现实世界四维的。这就可以理解为什么我们在屏幕看看到的二维图片或三维电影，或许能够达到逼真但是远不足沉浸真实感。时空维度的不同是人类体验无法跨越的障碍。因此，VR 都是通过一系列技术手段，欺骗人类感官尤其是视觉，让人们误以为自己身处于四维空间，哪怕这个空间是虚假的。

从视觉原理上看，人眼在某一时刻观察到的视野范围是有限的，但是当人自由转动头部的时候，就产生了 360°的三维空间感，而平面的视觉呈现很难达到这个效果。因此，为了实现这种真实的沉浸感，VR 通常有几种技术途径。比如，利用放大的显示屏技术，通过凸透镜来放大人眼看到的即时图像范围，使得 VR 眼镜产生 90°~120°范围的图像视野。这样的视野大概和一个良好的三通道环幕投影系统产生的效果差不多，再加上看到的三维立体图像，营造出具有真实感的三维空间。或者通过和头部的位姿传感采集的数据配合，利用头部的陀螺仪及时通知三维图像生成引擎，让三维引擎依据当前头部位置变化，迅速响应头部转动方向，以很高的频率实时改变显示的三维头像。这样，用户头部转动的角度和三维引擎模拟的三维画面视觉刚好一致，及时更新不同角度的画面，产生实时的真实感（如图 5-5 所示）。

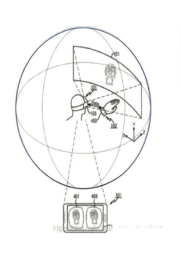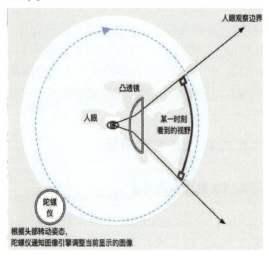

图 5-5　VR 视觉原理图

交互性也是沉浸真实感的重要因素。与看照片或电影那样只是被动地观看不一样，VR 的交互性意味着用户可以通过动作、手势、语言等人类自然的方式能够与虚拟世界进行有效的沟通。用户在虚拟世界中迈出的一小步，都如同身处现实世界一般，会对所有的感官系统做出刺激与反馈。这种实时互动的感官反馈是看二维图片或三维电影无论如何也无法体会到的。正是基于用户动作及虚拟世界对用户的及时反馈，用户才能在虚拟世界中体验到宛若物理世界的真实感。

想象性是从 VR 内容的角度对所呈现虚拟世界的描述。由于突破了现实世界物理规则的限制，人们天马行空的想象力能够被形象化地通过"0"和"1"的代码展现在眼前。虚拟内容制作技术的成熟很大程度上归功于游戏产业对 3D 游戏画质孜孜不倦的追求，这部分内容将在电子游戏引擎中详细阐述。

总之，VR 技术提供了极具沉浸性和交互性的虚拟内容，完全契合元宇宙对虚拟世界沉浸感和真实感的需求。在实际发展过程中，无论是技术发展还是市场拓展，VR 都在起起落落中不断前行。

2. VR 设备是关键

大约五六年前，伴随着一些初级 VR 设备的问世，VR 曾经有过一波发展热潮。但受限于网络及硬件等技术因素，出现了 VR 内容跟不上、商业模式不清晰、用户体验感不佳等诸多问题，使得人们对 VR 憧憬的光明未来也逐渐黯淡，VR 的市场热度急剧下降，VR 行业进入寒冬，仅剩下技术或经济实力较强的企业韬光养晦、蓄势待发，例如 Oculus、HTC 等。随着超高速、低时延、超大带宽的 5G 网络的推出，以及芯片半导体等硬件不断更新迭代，一些价格合理且性能强劲的 VR 设备开始走入市场，VR 设备的成功直接带动了 VR 内容的销量。不仅让更多的消费者领略到 VR 技术的魅力，也让市场重新审视那些曾经被认为是噱头的 VR 应用的商业价值。因此，不少人认为 VR 产业当前已走出泡沫破灭低谷期，处于稳步爬升复苏期。

标杆性产品 Oculus 的 Quest，就是一个 VR 设备性能逐步完善、成本逐渐降低、生态逐渐构建成形的良好范例。综合设备性能和成本来看，Oculus 的原始机产品 Oculus VR 尚未具备大规模商业化的能力。在 2014 年的 Oculus Connect conference 大会上，Oculus 展示了新一代头戴式 VR 头盔原型机 Crescent Bay。Crescent Bay 提升了显示帧率，可实现对头部 360°的运动侦测，重量也更轻。2015 年 6 月，Oculus 正式发布了消费者版 Oculus Rift，并在一年后推向市场，上市时售价为 599 美元。由于适逢 VR 低谷和智能手机的高潮，Oculus Rift 并没有引发太大的市场反响，但这并不影响 Oculus 对它的进一步迭代。2019 年 5 月，Oculus 发布新一代 VR 设备 Quest，最低售价仅为 399 美元，这也标志着 Oculus

设备由 PC 平台全面转型 VR 一体机，甚至引领了整个行业的发展趋势。2020 年 9 月，Oculus Quest 2 发布（如图 5-6 所示），除了机身更加轻便小巧、性能进一步提升之外，价格更是降至 299 美元。要知道苹果最新款手机 iPhone13 的起售价也要 799 美元。可见 VR 设备作为商品，其市场价格已是在大众电子消费能够承受的范围内了。除此之外，Oculus 拥有自己的开发平台，开发者可以基于平台推出在虚拟旅游、医疗健康、影视娱乐、在线教育领域的各种虚拟现实应用。最为重要的是，Facebook 将硬件 Oculus 与虚拟世界 Horizon 有机结合起来，所有想进入 Horizon 虚拟世界体验"沉浸式"社交的人必须通过 Oculus 账号登入，形成硬软结合、相互促进的局面。Oculus 与 Horizon 成为 Facebook 打造元宇宙的核心"撒手锏"。

图 5-6　Oculus 发布的虚拟现实一体机 Quest 2

表 5-1　国内外 VR 设备厂商近期产品发布表

品牌	机型	发布时间	产品形态	分辨率	重量	售价
Oculus	Quest 2	2020-09-27	一体式	3664x1920	503g	USD 299/399
Vajro	VR-3	2020-12-01	PC VR	主屏 3840x19200 辅屏 5760x2720	944g	USD3195
HTC	Vive Focus 3	2021-05-11	一体式	4896x2448	-	USD1300
Xspace	Manova	2020-05-26	一体式	2880x1440	470g	USD599
Pico	Neo 3	2021-05-11	一体式	3664x1920	395g	RMB2499
华为	VR Glass 6DOF	2020-10-19	分体式	3200x1600	166g	-
3Glasses	X1S	2020-03-17	分体式	3200x1600	150g	RMB4999

从市场反应来看，Oculus Quest 2 表现不俗，已成为现象级消费产品。目前 Oculus Quest 2 累计销量超出此前各代之和，2021 全年销量为 500 万～900 万台。除了 Oculus，Sony、HTC、Pico 等国内外 VR 设备厂商都在近期推出了自己的产品（如表 5-1 所示）。总体来看，VR 一体机成为主流方案，VR 设备的价格进一步下探。根据陀螺研究院的数据显示，2020 年 VR 头显全球出货量达 670 万台，

预计到 2022 年 VR 全球出货量将分别达 1800 万台（如图 5-7 所示）。无论是体验感的提升，还是设备价格的下降，以及越来越多的消费者选择 VR 设备，这对于人们进入虚拟的元宇宙世界而言都是可喜的局面。

全球VR头显出货量（万台）

年份	出货量（万台）
2016	180
2017	375
2018	350
2019	390
2020	670
2021E	980
2022E	1800

数据来源：IDC、陀螺研究院

图 5-7　2016-2022 年全球 VR 头显出货量预测

5.2.2　AR 引领下一代空间计算

1. AR 的虚实相生

AR（Augment Reality）总是与 VR 同框出镜，以至于很多人都将 AR 与 VR 混为一谈。确实，AR 与 VR 系出同宗，但却各有千秋。AR 指增强现实，是一种将虚拟信息融合叠加在真实世界上的技术，利用计算机将文字、图像、三维模型等信息仿真后应用到现实世界中，虚拟信息与真实信息互相补充，实现对现实世界的"增强"作用。

AR 与 VR 的首要区别就在虚拟空间的呈现上。VR 提供的是一个完全不存在于现实世界的虚拟化三维空间，通过视觉等感官欺骗营造深度沉浸的体验感。而 AR 是在真实环境下提供辅助性虚拟物体或画面，本质上是用户视野内现实世界的延伸和拓展。打个比方，站在一片空地上，带上头显，感觉自己正处于一间欧式洛可可的奢华套房里，这是 VR。站在一间家徒四壁的房间里，带上头显，发现这个房间拥有各种先进的智能家居，在明亮的灯光下，散发出安宁的舒适感，这是 AR。可见，AR 将计算机中的虚拟世界拉入了现实中。因此，从技术实现的角度来看，AR 与 VR 也有较大的差异。VR 的关键在于如何通过定位与虚拟场景渲染实现用户"以假乱真"的沉浸体验。而 AR 的关键是如何通过在虚拟环境里重构现实世界的物体，进而实现现实与虚拟的交互。

除了具备与 VR 一样的虚实融合的沉浸性以及实时交互性等特征，AR 最显著的一个技术特性是三维注册,也被称为跟踪注册技术。因为不是单纯的虚拟环境,所以需要强调计算机生成物和现实环境的对应关系,那么在空间计算中,虚拟的物体和现实环境的三维位置和大小必须完美融合。例如,如果想要在一张空桌子上摆放一个虚拟的金苹果,需要实时检测出摄像头相对于真实桌子的位姿状态,确定所需要叠加的虚拟金苹果在投影平面中的位置,并将这些虚拟金苹果的信息实时显示在屏幕中的正确位置。

从技术实现的角度看,AR 首先需要实时对真实环境的数据进行采集,不仅包括通过摄像头和传感器采集的真实场景数据,还包括 AR 头显设备上的摄像头、陀螺仪、传感器等配件实时更新用户在现实环境中空间位置变化的数据,经过处理器的分析和重构,得出虚拟场景和真实场景的相对位置,实现空间坐标系的对齐并进行虚拟场景与现实场景的融合计算,最后将其合成影像呈现给用户(如图 5-8 所示)。用户可通过 AR 头显或智能移动设备上的交互配件,如话筒、眼动追踪器、红外感应器、摄像头、传感器等设备采集控制信号,并进行相应的人机交互及信息更新,实现增强现实的交互操作,从而进入虚实相生的美妙境界。

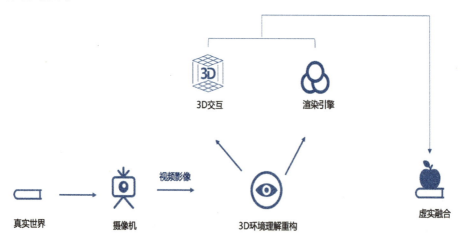

图 5-8 增强现实 AR 实现的简易流程

2. AR 消费级市场尚未成熟

与经过多年技术沉淀和市场多番检验的 VR 产品相比,AR 步入商品化的流程显得更为缓慢。一方面,AR 硬件的核心眼镜的技术关键——光学与显示模组,包括光波导镜片、MicroLED 微显示屏幕及与二者相关的景深技术及量产难题有待突破。另一方面,AR 设备的价格一如当年 VR 刚走入市场时令人难以承受的高昂。当前 VR 产品的零售报价为 500～4000 元,而仍然处于发展的初期的

AR 相关新品的报价在 20000 元以上。不成熟的产品及技术、昂贵的价格，使得 AR 离普通消费者还有一段较远的距离。目前 AR 主要面向特定的企业级用户，在工业制造等 B 端商业场景落地。

从市场上来看，比较领先的虚拟现实产品有微软的 HoloLens，以及 MagicLeap 公司的 Magic Leap One 等。HoloLens 是微软在 2015 年发布的 AR 头显。这款采用了高清晰度 3D 光学头置式全角度透镜显示器的 AR 眼镜（如图 5-9 所示），还配有可以进行空间映射、手势识别和语音识别的全息处理器，能够满足人们在现实世界中对虚拟物体的交互与操控。很多体验了 AR 游戏的玩家意外地反映 AR 有着比 VR 更强的沉浸感和代入感。玩家可以在真实场景中，与虚拟的角色进行互动，以最真实自然地状态与

图 5-9　微软发布的增强现实眼睛 HoloLens

虚拟世界进行沟通，从而获得更加自由的交互体验（如图 5-10 所示）。但是 HoloLens 的价格并不是很美好，最低售价 3000 美元足以把大部分玩家排除在外。

2019 年，微软在世界移动通信大会（Mobile World Congress，MWC）上发布了迭代产品 HoloLens 2。比起四年前发布的第一代 HoloLens，HoloLens 2 结合轻质碳纤维材料以及全面的轻量化以及镜片旋转活动式的设计，优化了佩戴舒适感及灵活度。在沉浸感方面，HoloLens 2 的视野范围得到扩充，且视角像素密度得到提升，同时增加了测算佩戴者瞳距的摄像头，以帮助用户获取更优秀的视觉体验。HoloLens 2 普通版是售价是 3500 美元，而工业版售价则高达 4950 美元。很显然，微软把用户的重心放在了企业客户上。

图 5-10　利用 AR 与虚拟人玩游戏场景

对于 AR 及空间计算技术的应用，工业企业给予了极大的热情。因为，AR 及空间计算技术正改变企业设计和制造产品的方式。通过空间可视化之后，企业在产品开发流程的上游和早期阶段，能够进行快速构思、迭代产品设计，不必再制作实物原型，或者在目标环境中可视化数字模型，查看 CAD 设计中的改

动是否适用于现实情况，防止有设计问题的部件进入产品制造流程。从而实现设计和制造流程的优化及效率的提升（如图 5-11）。除此之外，三维空间式的指南对于培训和教学的意义也是重大的。这些已经在实际中得以应用。例如梅赛德斯正在为全美 383 家经销商配备虚拟远程助理（Virtual Remote Assistant），当地技术人员戴上 HoloLens，然后可以在头显上调出线路图、原理图和其他细节，这样他们就可以在对客户的车辆进行维修时参考。

图 5-11　利用 AR 进行机械故障维修

　　AR 在 B 端市场的开疆拓土直接推动了 AR 市场的成长，根据陀螺研究院报告显示，2020 年 AR 头显全球出货量达 40 万台，AR 头显全球出货量将持续高速增长，预计到 2022 年 AR 头显全球出货量将分别达 140 万台（如图 5-12 所示）。相信随着 AR 技术的不断进步，AR 产品功耗、体积、重量、视场角会有大幅的改善及提升，AR 眼镜将越来越接近普通眼镜形态，价格也会越来越友好。那么，人们利用 AR 进入虚实交融的元宇宙指日可待。

图 5-12　2016-2022 全球 AR 头显出货量预测

5.2.3　XR 与元宇宙的终极交互

　　从 VR 完全沉浸式的虚拟世界到 AR 虚拟进入现实的融合，虚拟和现实的边界已经开始慢慢模糊。走在技术和市场前沿的厂商们开始提出一些新的概念和设想，比如混合现实，以及最近提出的扩展现实。

　　MR，顾名思义就是 VR 与 AR 的混合，即将真实世界和虚拟世界混合在一起，来产生新的可视化环境，环境中同时包含了物理实体与虚拟信息。这听上去好像和 AR 也没有什么太大的区别，但 MR 至少包含了以下不同。比如 MR 中虚拟物体的相对位置不随设备的移动而移动，也就是说当再 MR 中观察虚拟舞台布景的时候，虚拟舞台并不会随着头显的移动而变化，自始至终存在于物理空间的固定位置，但是头显中所看到关于虚拟物品的光场却是随着角度的变化而不断调整的。因此在理想的状态下，MR 设备直接向视网膜投射整个四维光场，虚拟物体的视觉呈现效果与看真实物体已无限接近。相对于 AR 设备使用二维显示屏呈现虚拟信息，MR 中虚拟物体与真实物体并没有那么容易被区分。简单而言就是，在 VR 的世界中，人们看到的一切都是假象。在 AR 世界里，人们还分得清虚虚实实、真真假假。但在 MR 中，人们已经分不清何为真、何为假了。

　　在 MR 概念的基础上，XR 的概念也被提了出来，即是指通过计算机技术和可穿戴设备产生的一个真实与虚拟组合、可人机交互的环境，实现虚拟世界与现实世界之间无缝转换的"沉浸感"体验。很多时候，XR 被认为是 AR、VR、MR 三种视觉交互技术的融合（如图 5-13 所示），或者是这三类技术的统称。总的来说，XR 能够更加自然的穿透虚拟与现实，带给用户更强的沉浸感。

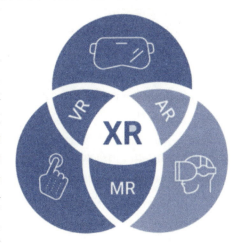

图 5-13　XR 是 AR、VR、MR 三种视觉交互技术的融合

　　作为未来视觉交互的发展方向，在眼球追踪、动作识别、环绕式计算机图像、5G 和空间计算等技术的支撑下，XR 的体验也正在被探索与尝试。XR 被认为会在众多领域发挥潜力。例如在大型表演活动现场，XR 能够实现与 CG 或虚拟角色的实时互动，提高在场景中物体表面光线的真实感，用极为自然的视觉方式来将表演内容呈现于舞台，增加舞台表演的魅力。在工业设计中，XR 也是 VR/AR 继续发展的必然趋势，能够帮助设计师完成在现实世界中很难重现或模拟的设计，降低昂贵的设计成本和时间成本。

　　同样，在未来的元宇宙中，XR 不仅为平行虚拟世界提供了真实而自然的沉浸感，也为人们创造力的释放提供了技术基础。借助 XR 增强的人机交互，人们能够把创新的构思与广阔的想象在虚拟或现实的世界创造出来。与物理创造不同，人们能够以个人或者以团队合作的方式，在沉浸式虚拟环境中操作现实实物的界面，转变模拟以及虚拟原型构建的方式，让想象无阻碍，让合作无限制。

5.3 人工智能：元宇宙的内核之心

人工智能是元宇宙建设中一项普遍应用的技术。因为在构建元宇宙的过程中，其中一项最为艰巨的挑战就是如何创建足够的高质量内容。元宇宙不可能指望每一个参与者都会绘制专业的 3D 虚拟图像，参与者们也不会乐意元宇宙中充斥着如机器客服那般机械死板的虚拟人。人工智能能够通过计算机视觉、机器学习、自然语言处理等技术辅助人们进行虚拟内容创作，满足元宇宙中对海量内容的需求。同时，结合 3D 建模和渲染技术，人工智能技术能够创造出活灵活现的虚拟人，在元宇宙的虚拟世界中提供更高品质的服务。

5.3.1 让机器看见：计算机视觉

1. 计算机视觉

对于元宇宙来说，让运行在虚拟世界背后的计算机系统能够"看见"是一件重要的事情。如同视觉占据了人类感官的 80%、人类大部分信息的收集和决策的依据来源于看到的一切，元宇宙要想创造出极其丰富的幻想虚拟空间，或实现智慧化的交互，必须依赖计算机视觉。

计算机视觉（Computer Vision, CV）就是赋予机器像生命体一样的生物视觉能力，是使用计算机及相关设备对生物视觉的一种模拟。直白来讲就是让计算机具备人类的视觉。本质上这是一种视觉感知或认知，让机器能够对输入的图像信息进行组织，识别所遇到的物体和场景，进而对图像内容给予解释。例如，判别眼前的动物是一只猫而不是狗，是一只温和的猫还是一只发怒的猫。因此，计算机视觉不仅需要利用摄像机等设备获取图片信息，还需要图像处理技术、信号处理技术、概率统计分析、计算几何、神经网络、机器学习理论和计算机信息处理技术等五花八门的技术手段，对目标进行分割、分类、识别、跟踪、判别、决策。

从运行原理上看，模仿人类视觉系统，计算机视觉不仅需要精确性和敏锐度较高的摄像机获取图像，更需要通过深度学习和算法对所获图像进行分析、归类和理解。例如，创建一个包含标注图像的数据集或者使用现有的数据集（如图 5-14 所示），然后从每张图像中提取与待处理任务相关的特征，例如人脸识别就是提取五官、皮肤等基于人脸标准的特征，街景识别则是提取建筑、道路等基于环境要素的特征。机器对大量的图片进行学习，捕捉到重要元素，从而对图像进行识别和理解。

街景图片

按照语义分割的计算机视觉标注

按照全景分割的计算机视觉标注

图5-14　计算机视觉对街景图像标注的数据集实例

2. 元宇宙中的计算机视觉

计算机视觉的应用领域十分广泛，从人脸识别与视频监控到机器或车辆的识别与避让，从医学图像分析到AR的空间环境分析，从广告图像插入到电影剪辑与修复，计算机视觉几乎渗入到每一个行业或领域。

在零售行业，实体零售店利用摄像头和计算机视觉算法了解顾客的购买行为。通过计算机视觉技术追踪顾客在店内的移动轨迹，分析其移动路线，检测其行走模式，并统计零售店店面受到行人注意的次数，进而判断商品是否受顾客欢迎，商品陈列的位置是否合适等，从而做出相应调整，以提升销售额。在医疗行业，计算机视觉在医疗图像分析中已有大量的应用。通过对磁共振成像图像（MR图像）、CT扫描图像和X光图像进行分析，找出肿瘤，搜索相关神经系统疾病的症状。在自动驾驶领域，如果没有计算机视觉技术对道路上的交通信号灯、汽车、行人等对象进行定位和分类，自动驾驶根本就无从谈起。在工业制造领域，计算机视觉化身工业机器人的手和眼，通过对工厂环境的感知与了解，进行道路跟踪、回避障碍、特定目标识别等，让机器人能够完成目标作业。

广泛的应用领域催生了巨大的市场。计算机视觉的行业预期被普遍看好。Intel、Facebook、Microsoft、NVIDIA等大批科技巨头都已投入到计算机视觉相关的技术及产品研发中，国内旷视科技、商汤科技、腾讯优图、依图科技等科技型企业也在安防、自动驾驶等计算机视觉相关的领域深耕发力。

在元宇宙中，计算机视觉技术是虚拟世界内容创作的有力支撑，例如通过视觉识别和算法实现创作风格的迁移或改变，自动生成妙趣横生的图片等。

从美学的角度来看，每一种事物都具有自己独特的风格，这在艺术创作方面体现得尤为明显。比如,当人们谈到古典写实派和印象派的画风时,脑海里就会出现不同的色彩氛围感。在实际的创作中,人们会借鉴不同艺术流派的艺术风格,并在此基础上形成自己的特色。这种创作的基本原理在元宇宙的内容创作中也是适用的。当人们想在虚拟的空间里打造一间极具洛可可风格豪华房间时,人们希望这种风格能够迁移到制作的3D模型上,就像美颜相机中不同风格滤镜的应用,只不过在技术实现上可能会更加复杂。

计算机视觉风格迁移是指将一个领域或者几张图片的风格应用到其他领域或者图片上。通过卷积神经网络(Convolutional Neural Networks,CNN)识别并提取图片多个局部特征,找到每个神经元所对应的能激活的图片,并和另外一张图片的特征结合起来,从而形成图片风格迁移。如图5-15所示,通过风格迁移,风景照片的风格只需要几秒钟就变成了梵高或蒙克的画风。这对于不懂得绘画原理却渴望创作的人来说就像是拥有了神笔马良的画笔,只要有创意,在虚拟的元宇宙中一切皆可创作出来。

照片原图　　　　　　　梵高艺术风格迁移　　　　　　　蒙克艺术风格迁移

图5-15　计算机视觉画面风格迁移示例

图像生成也是元宇宙虚拟内容创造的重要方面。图像生成是根据一张图片生成部分区域修改的图片或者是全新的图片。元宇宙中的虚拟世界需要海量的内容才能支撑起来,生成大量生动丰富的虚拟内容需要基于计算机视觉的图像生成技术。

例如,NVIDIA推出过一款基于对抗神经网络(Generative Adversarial Nets,GAN)的图像生成器,能够对一些高级属性,比如姿势、身份等进行自动学习和无监督分割,且生成的图像还具备如雀斑、头发、皱纹等随机变化(如图5-16所示)。利用GAN图像生成器对风格的尺度调整来控制图像合成,能够生成丰富多样且真实生动的新图像。这对于元宇宙中虚拟内容的自动化生成或创造都是极为有用的。

图 5-16　NVIDIA 基于 GAN 的图像生成器效果示例

5.3.2　数字大脑：机器学习

1. 机器思考

如果可以的话，谁不想拥有像电影《银翼杀手 2049》中那样一个貌美如花、机灵贤惠而且还深爱着你的虚拟人 Joi 做伴呢（如图 5-17 所示）？她能够装扮成任何你喜欢的样子，在你回家的时候问你"想吃什么"并启动厨房自动化程序，在你疲惫的时候轻语劝解你"放松一下"，在你深感孤寂的夜晚对你说"我爱

图 5-17　电影《银翼杀手 2049》中的虚拟人 Joi

你"。这似乎就是元宇宙中虚拟人的理想化描绘。要想实现这一点，除了虚拟人形象的设计、建模及渲染，最重要的是得让这一堆代码能够"思考"，能够通过人们的话语、表情去理解人们当前的状态，并与之对话，实现真正的类人化。要实现这一点，机器学习（Machine Learning）是关键。

与人类根据以往的经验和当下的状况进行行为决策的过程极为相似，机器学习也是通过前一步的动作和状态会决定下一步机器的判断和决策。这与传统的为解决特定任务、硬编码的软件程序不同，传统的计算机程序是在人类的命令指示下一步步完成任务，而机器学习是通过大量的数据"训练"从中发现事物运行的规律并进行相对自主的判断。总而言之，机器学习就是使用算法来解析数据、从中学习，然后对真实世界中的事件做出决策和预测。

从实现的方式上来看，机器学习的算法比较多，比较常见的有监督学习（Supervised Learning）、无监督学习（Unsupervised Learning）、深度学习（Deep Learning）以及强化学习（Reinforcement Learning）等。

监督学习（Supervised Learning）最经典的应用场景就是分类，通过已知数据以及其对应的输出的训练样本，去训练得到一个最优模型，再利用这个模型将所有的输入映射为相应的输出，对输出进行简单的判断从而实现分类。这样，人工智能就具有了对未知数据进行分类的能力。这种感觉就像看图识物，小孩子们被大人们拿着画册或对着实物被告之这个是猫咪、那个是火车等等。久而久之，小孩子们的脑子里就慢慢地得到了一些泛化的模型，能够在不需要大人指导的情况下识别猫咪或火车。监督学习也是类似，只不过需要大量的数据模型训练。

无监督学习（Unsupervised Learning），是相对于监督学习而言。监督学习的分类需要大量的人工干预，比如分类的图标上必须明确标注这是猫咪，或者当训练识别图片中是只老虎而不是猫咪的时候，需要人工反馈错误结果并纠正。无监督学习就没有这些标签（Label），无监督学习的主要应用体现在聚类（Clustering）上。不是所有的事物都具有量化的标准和意义，比如当听一段音乐或欣赏一幅画，人们很难用一个量化的标准去进行分类，但是人们能够从不同的内容中发现相似性，比如风格、旋律或节奏等，恰是这些相似性是有价值的。

深度学习（Deep Learning）在当前机器学习中的比重和价值很高，是近几年机器学习关注的焦点。最初的深度学习是受到人脑神经系统的启发，利用深度神经网络来解决特征表达的一种学习过程，通过多个隐含层的神经网络结构提高机器训练学习的效果，例如 DNN 深度神经网络（Deep Neural Networks，DNN）、卷积神经网络（Convolutional Neural Networks，CNN）、循环神经网络（Recurrent Neural Network，RNN）、长短期记忆网络（Long Short-Term Memory，LSTM）、生成式对抗网络（Generative Adversarial Networks，GAN）等。这些神经网络是对样本数据内在规律和表示层次的学习，使机器能够像人一样具有分析学习能力，能够识别文字、图像和声音等数据，因此在视觉识别。语音识别自然语言处理等领域应用广泛。

强化学习（Reinforcement Learning）也是机器学习中极为重要的领域之一，它强调如何基于环境而行动以取得最大化的预期利益。强化学习的灵感来源于心理学中的行为主义理论，即有机体如何在环境给予的奖励或惩罚的刺激下，逐步形成对刺激的预期，产生能获得最大利益的习惯性行为。因此，人们可以构造某个特定场景下的规则和角色，并设定一定的目标，从而让角色能够快速地在这个目标框架下，反复地进行训练，并且逐渐地学习并展现出智能。当然这种训练可能需要几十万、几百万甚至上千万次的训练和模拟。强化学习与深度学习一起，或将成为让机器变得智能的关键性机器学习方法。

2. 遍布机器学习算法的元宇宙

机器学习在现实世界的应用会平行映射到虚拟的元宇宙中，甚至在元宇宙这些算法或神经网络的作用显得更为重要。无论是元宇宙中虚拟视觉效果的呈现，还是虚拟人关怀备至的服务，虚拟世界的广告投放等，都离不开机器学习中的各类算法。

例如，聊天机器人就可以看作是元宇宙虚拟人的简易版模型。聊天机器人实现了人类与机器的对话，并根据人类提出的请求或要求采取行动。关于这一点，相信很多人在各类金融、购物等服务型网站或 App 上体验过机器人客服。这些简易的机器人客服遵从一定的脚本规则，通过摘取关键词做出相应的反应，但是在实际生活中，关键词与具体问题并不是一回事，所以大多数时候人们会在与机器人客服的无效沟通后转向人工客服。在机器学习和自然语言处理等技术的作用下，聊天机器人能够具备更优质的交互性，更好地响应用户的需求，并越来越像真人一样交谈。与苹果手机助手 Siri 的交谈就是很好的例子，Siri 不仅能够帮助用户及时解决手机功能问题，还能够开一些无伤大雅的玩笑。无聊的时候，调侃一下 Siri 成为人们的一大乐趣。而在元宇宙中，能够与人们交谈的虚拟人也是其构成元素之一，只不过与 Siri 比起来，它们可能有着更立体的虚拟实体，或许更懂你。

除此之外，与现实世界一样，机器学习能够为元宇宙中的人们提供客户推荐引擎，根据人们的历史数据提供虚拟内容产品推荐，增强个性化体验；为用户点对点的虚拟资产交易提供动态定价参考；为虚拟游戏提供决策行为设计等。机器学习在元宇宙中无处不在。

全球领先的科技巨头们几乎都积极参与了机器学习市场。例如 Facebook 将机器学习用于每天为上亿用户提供朋友标记建议、个性化新闻、共同朋友分析和社群推荐。苹果在加强机器学习的研发以不断强化 Siri 的交互功能。亚马逊将机器学习用于确定用户喜好,提供更贴心的消费者服务。谷歌将机器学习应用其图像识别、智能翻译以及自动驾驶业务板块。IBM 的机器学习研究成果体现在 Watson 的预测模型上。

或许,在这些科技巨头以及研究机构的努力下,Joi 真的会出现在元宇宙的世界中,你们坐在虚拟世界海岸的沙滩上,就像老朋友那样,畅聊着生活的烦恼和憧憬。

5.4 电子游戏:元宇宙的灵动之魂

电子游戏本就是元宇宙的雏形,因此,电子游戏技术中的游戏引擎、3D 图像渲染技术、云游戏等也为元宇宙的内容制作提供了强大的技术支撑。

5.4.1 游戏引擎

1. 游戏开发的利器

自从电子游戏在 20 世纪六七十年代出现以来,就深受人们的喜爱。庞大的市场和持久强劲的消费需求为游戏厂商带来了巨额利润。知名游戏《王者荣耀》单在 2020 年就为腾讯在全球吸金 23.5 亿美元。每天都有大量的游戏从工作室走向市场,游戏市场的空前繁荣。游戏玩家对游戏的规模、游戏画面的质量、游戏设计的难度等需求日益提升。在市场的推动下,产生了游戏引擎这个游戏开发的核心工具,它为游戏行业的繁荣产生了巨大作用。

游戏开发的过程大致就是开发人员在计算机、音响、显示器等硬件设备上,基于程序开发环境,利用开发工具,按照游戏故事线设计游戏项目,并将游戏场景与真实世界融合显示给玩家。在电子游戏开发的早期,由于设备和环境的限制,游戏需要的各种程序功能只能由游戏开发团队自己开发。而随着游戏规模越来越大、游戏设计越来越复杂,中小型游戏开发商很难通过人工的方式快速完成游戏开发。随后出现了游戏开发的中间件,即擅长特定领域的开发者们提供了一种能够跨机通用的简单便捷的工具程序,以实现游戏所需特定机能,例如 3D 建模,纹理或声音数据的制作等。当这些零散的部分功能汇聚成一条"游戏开发内容生产线"的时候,游戏引擎应运而生。

游戏引擎是指一些已编写好的可编辑计算机游戏系统,或者一些互交式实时图像应用程序的核心组件,供开发人员高效、便捷地设计和编写游戏程序需要实现的功能。游戏引擎将游戏中的所有元素有序地组织在一起,让游戏设计者能够高效快速地设计出游戏程序,而不是从零开始。游戏引擎由硬件管理、开发环境、场景构建及游戏设计等部分构成（如图 5-18 所示）。

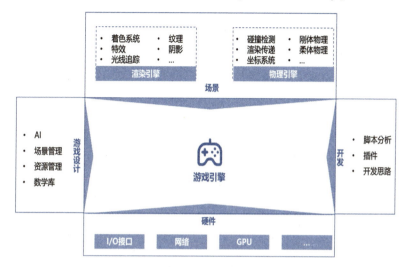

图 5-18　游戏引擎的构成

硬件和开发部分偏向后端管理，即主要负责游戏引擎的硬件资源的管理与使用以及为开发人员使用引擎、灵活装配功能组件提供支持。游戏设计主要是通过数学库与人工智能对游戏的逻辑、关卡进行趣味性设计。游戏引擎最核心的部分主要是场景构建中的渲染引擎和物理引擎。

渲染引擎通过光照、阴影、动画、粒子特效等子系统，实现光影的投射与反射等光学效果，是游戏体现真实感、交互性的关键组成。例如在模型动画系统中，渲染引擎通过预先植入的设计代码，在模型基础变形的基础上实现人物或动物活动的自由操控，或者对极具特征性的事物进行渲染，比如头发和毛皮（如图 5-19 所示）。由于头发和毛皮是由具有一定特征的彩色发丝构成的复杂有机结构，本身拥有独特的半透明与反光属性，还会对重力或风吹等外力产生反应，且数量较多，所以生成逼真的图像是普通的计算机设备难以实现的，必须利用高性能的渲染工具。在 3D 模型制作完成后，渲染引擎根据游戏的需要，将动画、光影、声音、特效等融为一体，并根据后台编写的代码将所有的效果渲染到游戏中，产生最终输出的游戏画面。

物理引擎是遵循现实物理规律对虚拟世界环境的真实模拟，以提高游戏的逼真效果，包括碰撞检测系统、物理模拟系统等。碰撞检测系统，主要用来合理描绘虚拟世界中模型与模型之间的

图 5-19　头发渲染示例

物理关系，以提高场景的交互真实感。例如，人物在开车时遇到障碍物会产生"翻车"等，为凸显游戏的逼真性，碰撞检测系统需要通过对游戏中各项虚拟物体模型边缘的探测，从而产生逼真的触感与物理反应。物理模拟部分，包括重力、刚性物理、柔性物理等，进一步丰富了虚拟场景对运动中的真实世界的模拟。

2. 元宇宙的创作工具

因为游戏引擎的存在，曾经专业的游戏制作环节逐渐工具化、可操作化，让游戏的创作变得更加简便高效。这也就意味着，在元宇宙中普通人都有机会利用相关的软件或工具，构建出自己心中的虚拟世界。

从当前游戏引擎的现状来看，游戏引擎技术的发展已经十分成熟。目前无论是主机游戏、PC端游戏还是移动端游戏都离开游戏引擎的开发。游戏引擎也出于其强大的建模及渲染能力，从游戏行业中走出，拓展到影视制作、工业设计等多市场领域。供给侧方面，全球涌现出大量优秀的游戏引擎，例如虚幻引擎（Unreal Engine）、Unity、寒霜引擎（Frostbite Engine）、尖叫引擎（CryEngine）、起源（Source）、IW Engine等。其中比较受欢迎且如雷贯耳的游戏引擎当属虚幻引擎和Unity了。

以Unity为例，Unity是由Unity Technologies公司开发的一个让玩家能够轻松创建诸如三维游戏视频、建筑可视化视频、实时三维动画等类型互动内容的多平台的综合型游戏开发工具，《王者荣耀》《使命召唤国服手游》《炉石传说》《神庙逃亡》等一些广为人知的游戏就是Unity开发的。

Unity Technologies公司成立于2004年，其前身是一家名为Over the Edge Entertainment（OTEE）的游戏公司。虽然OTEE没有推出拿得出手的游戏作品，但是多款游戏的打磨为OTEE积攒了大量的游戏技术开发经验并促使其进行战略转型。更名为Unity后，Unity Technologies公司开发了适用于Mac OS X操作系统的应用，并获得一致好评。随后，Unity成功覆盖PC、手机、主机等几乎所有的端口。Unity始终贯彻开发大众化原则，将最有效率的开发工具提供给游戏开发者，及时解决开发中遇到的困难。截至2020年6月30日，Unity在全球超过190个国家和地区拥有每月约150万活跃用户。2019年，这些开发者开发的应用程序在超过15亿台独立设备上每月被下载超过30亿次。在中国市场，超过70%的手游都使用Unity开发。

2020年，Unity成功在纽交所顺利上市，Unity开盘价为75美元，较发行价涨44.2%，市值一度超200亿美元，收盘后Unity股价为68.35美元，较发行价上涨31.44%，市值为180亿美元。Unity也不再将其自身定位于游戏引擎，而是创建和操作交互式实时3D内容的平台，包括VR/AR的内容实时创作等，应用于包括游戏、3D 艺术、建筑、汽车工业、电影制作等多个行业领域。例如，Unity 在 2021 年 1 月正式发布了一部具有中国传统美学元素的讲述爱与成长的温情动画短片 *Windup*（如图 5-20 所示），该短片揽获 19 项全球级别的电影节提名、斩获 5 个奖项，并且正式获得 2021 年奥斯卡参选资格。该动画短片最大的亮点在于整部影片都是实时渲染的，单帧渲染时间小于 33 毫秒，相比传统的动画电影要快几百万倍。与此同时，实时渲染的所见即所得功能，能够使动画团队在制作的过程之中一旦发现问题，就可以立即修复、实时调整，在不同部门的协同努力下高效完成影片的制作。Unity 这种高效且协作性较强的虚拟内容制作软件或平台是元宇宙建设必不可少的工具。

图 5-20　Unity 利用实时渲染技术制作的动画短片 *Windup*

5.4.2　云游戏与触手可及的元宇宙

未来的元宇宙一定不是少数人的狂欢，而是一个任何人都能够轻松进入的虚拟世界。这就必然面临着一个问题，那就是进入信息量超载的虚拟空间并在其中建设、创造、社交、玩乐，这对用户的硬件设备的要求极高。而这势必会将一大部分用户挡在元宇宙的大门之外。随着 5G 技术和云计算技术的成熟及广泛应用，云游戏正在成为游戏行业的重要发展趋势，对于元宇宙而言，也是极为有益的探索与尝试。

所谓云游戏是指以云计算为基础的游戏方式，在云游戏的运行模式下，所有游戏的计算和渲染都在服务器端运行，并将渲染完毕后的游戏画面压缩后通过网络传送给用户。而在传统游戏模式下，游戏在本地计算机上运行，对于以高成本、高体量、高质量为特征的"3A 游戏大作"来说，往往需要较高的硬件配置才能匹配游戏精良的画质和复杂的动作设计。云游戏则将内容的存储、计算和渲染都转移到云端，所有游戏逻辑和渲染完毕后的游戏画面将被压缩，再通过解码形成实时的游戏画面串流到终端进行显示，最终呈现到玩家眼中（如图 5-21 所示）。游戏的运行并不是在玩家自己的设备上而是在远程服务器上运行，相当于万千玩家共同集资购买了一个性能超级强大的计算机，然后共享使用。因此，只要有畅通的网络，用户就可以不用购买高端游戏硬件配置，也可体验精彩的游戏效果，从而让更多的玩家可以进入精彩绝伦的游戏世界。推此及彼，元宇宙也是同样的道理。

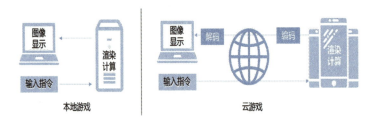

图 5-21　云游戏与本地游戏的区别

云游戏成为未来游戏发展趋势之一，不仅在于玩家的可接入性变强，也在于人们生活习惯的改变。随着智能手机性能的不断提高、生活节奏的加快、日常时间日益碎片化，人们对于移动型游戏设备更加青睐，移动端游戏为云游戏市场提供了足量的增长空间。根据国外研究机构 Newzoo 发布的《2021 年全球云游戏市场报告》数据显示，至 2021 年底，云游戏服务付费用户总数将达到 2370 万，而到 2024 年这个数量将增至 6070 万。其对云游戏服务的支出消费在 2021 年大约为 16 亿美元，将增长至 2024 年底的 65 亿美元。

从市场角度来看，云游戏的崛起是游戏市场的一个新的增长点。云游戏平台的搭建需要庞大的资金与技术支持，吸引了微软、谷歌、腾讯、英伟达等科技巨头的参与，也迎来了移动、联通等网络基础设施运营商的加入。例如英伟达不仅是领先的计算机图形图像及半导体公司，也是领跑全球市场的几大云游戏公司，旗下的云服务 GeForce NOW 深受用户喜爱（如图 5-22 所示）。据称英伟达出下一代云游戏平台 GeForce Priority 在 PC 或 Mac 计算机系统上运行速度高达 120FPS，能够给玩家带来更好的游戏体验。

图 5-22　英伟达 GeForce NOW 云游戏平台

实际上，一些玩家实际体验云游戏之后，认为云端运算的延迟永远不可能优于本地运算，短期内云游戏想成为游戏主流依旧困难。网络延迟、外设适配、解码能力、卡顿频繁、费用模式上等依旧是待解决的问题。当云游戏的这些问题能够迎刃而解，那么元宇宙也就触手可及了。

5.5 区块链：实现元宇宙价值交互之钥

如果说虚拟现实、人工智能、电子游戏技术等是打造并充实虚拟世界内容必不可少的技术，那么区块链就是形成数字资产、营造可信任交易环境、构建元宇宙中价值网络的关键核心。去中心化的区块链网络尽可能降低了元宇宙中心化垄断的可能性，每个人都可以自由参与到元宇宙的建设中来。智能合约为数字资产的生成及交易提供了技术保障，在智能合约技术支持下，通证、去中心化金融（DeFi）、非同质化代币（NFT）将为元宇宙数字价值的流通贡献力量。跨链技术将进一步为元宇宙中各色各样的应用打通价值交互的桥梁，让元宇宙真正成为价值互通的自由网络。

5.5.1 去中心化：没有人能够按下终止键

1. 去中心化是区块链的基础特征

虽然关于区块链的定义各有不同，但是"去中心化"是一个高频出现、恒久不变的描述。本质上，区块链就是一个去中心化的分布式账本或数据库。自然而然，去中心化成为区块链区别于其他计算机技术最显著的特点，也是区块链技术宣传的重要口号之一。

"去中心化"是相对"中心化"而言的。中心化，即大部分的数据、信息、服务等都集中汇聚在大型的服务器或平台上。中心化能够通过规模效应将资源的效用最大化。去中心化则是相反的过程，即整个区块链网络依靠遍布全球的节点运行，数据及信息都分散在相应的节点上，每个节点的地位是对等的且具有高度自治的特征。结合加密算法和共识机制，网络中的节点各为中心，在不受任何第三方机构或组织制约的情况下，能够自由连接，形成新的连接单元，并对相连接的其他节点产生非强制性控制的影响。因此，在去中心化的区块链网络中，整个网络呈现扁平化、开放化、平等化的状态，各节点在网络中能够平等且自由交换数据。

"去中心化"之所以被频繁提及，在于较之中心化的平台或网络而言，去中心化具有独特的优势。中心化平台遇到最大的问题就是，如果平台系统超负荷运转而出现故障，那么围绕平台的信息及服务就会崩溃。例如一年一度的"双十一"，淘宝服务器经常会因为平台访问量和交易量超载而短暂性崩溃。大量的游戏公司会突然通知关闭某个游戏服务器，让玩家们被迫离开。这些都是中心化系统或平台切实存在的问题。因此，为了避免系统的崩溃，传统的中心化系统或平台会花费大量的精力加固自己的系统，以免受到突如其来的网络攻击或超负荷运转。同时，整个社会也需要投入足够的成本，减少中心化平台因垄断、欺诈而出现的损害他人利益的行为。

区块链就是以避免中心化问题为出发点。因此，无论是系统架构还是治理方式上，区块链系统都是去中心化的。所有的节点在一定共识机制的基础上共同维护账本，一方面，即便某个节点遭到篡改或破坏，整个网络的数据依旧是真实且完整的，区块链网络的抗攻击性会更强。另一方面，没有一个节点对整个网络拥有绝对的控制权，不存在关闭整个网络的"按钮"。只要这个网络是有生命力的，那么它就会一直持续下去，而不会因为节点之间的利益博弈而关闭。这对于元宇宙的客观持续而言是极为重要的。

在技术实现上，区块链的去中心化主要依靠 P2P 网络、共识机制、容错机制以及零知识证明等密码学技术共同完成。P2P（Peer to Peer）网络也称对等网络，是一种在对等者（Peer）之间分配任务和工作负载的分布式应用架构，P2P 网络中的节点相互平等，是区块链实现去中心化特性最基础的计算机技术。共识机制是将节点串联成网的关键性因素，在去中心化的区块链系统中，系统的治理方式、价值分配等需要在于系统参与者之间达成一致共识的情况下才能进行。如果不能达成共识，节点就如同一盘散沙。例如利用实用拜占庭容错机制（Practical Byzantine Fault Tolerance，PFBT）的高效性能够更新各节点账本，而用工作量证明机制（Proof of Work，PoW）的严谨性能够验证链上交易等。容错机制是指伴随着区块链系统越来越多的节点，出现传输错误数据、干扰系统正常运行的错误节点，系统需要一套容错机制来保证系统的正常运行。通常来说，区块链系统去中心化的程度越高，可容纳错误节点的能力也就越高。零知识证明（Zero-Knowledge Proof）技术是一种基于概率的验证方法，目的是让证明者既能充分证明自己是某种权益的合法拥有者，又不需要泄露任何有用的额外信息（比如隐私信息等），最终实现在"给验证者的知识为零"的情况下证明自己。基于密码学技术的完备性、合理性，以及该技术所特有的"零知识"性，可以更好地促进节点间共识的达成。

当然，区块链作为一种技术工具，追求的并不是绝对的"去中心化"，因为不是在所有的场景下，去中心化都占据绝对优势。当遇到纠纷、争议等问题时，中心化可能是更加有效的解决方式。只不过相对于中心化来说，区块链提供了一种弱中心化的网络状态，尽可能赋予区块链透明、公开的特性，而不是由一个或几个中心节点来控制整个系统的命运。

2. 去中心化的公链

通常，按照去中心化程度的高低来划分，区块链可以分为公有链、联盟链及私有链。其中公有链的去中心化程度最高，联盟链次之，私有链去中心化的程度最低。

私有链也称为专有链，是一条非公开的"链"，即各个节点需要授权才能加入节点，并且写入权限收归内部控制，读取权限可视需求有选择性地对外开放。私有链上的节点较少且具有较高的信任度，所以网络内的交易速度较快。私有链的交易只需要几个受到普遍认可的高算力节点确认即可，其交易成本与公有链和联盟链相比极低。此外，因为节点少且上链节点均通过审核授权，因此隐私安全性也相对较高。因此，私有链特别适合大型机构的内部数据管理与审计。

联盟链将节点的范围从组织机构内部扩散到多个组织机构之间，每个节点对应一个机构组织，通过授权后才能加入与退出网络。每个组织或机构管理一个或多个节点，其数据只允许系统内不同的机构进行读写和发送，从而形成一个由各组织机构组成利益相关的联盟，共同维护区块链的健康运转。因此，联盟链比较适合组织机构间的交易和结算、信息认证等。曾经名声大噪的 Facebook 的 Libra 数字货币就是联盟链的典型代表。

顾名思义，公有链是一条完全公开的"链"，即这条链是对所有人开放的，各个节点均可自由加入和退出网络，任何人都可以读取数据、发送交易且交易能够获得有效确认。信息的交互以扁平的拓扑结构互联互通，网络中不存在任何中心化的服务端节点。公有链对于普通用户是极其友好的，只要有计算机和网络就能够访问，访问门槛极低。且公有链是高度去中心化的分布式账本，每个人在任何节点的行为都是公开透明的。因此，基于庞大的用户体系，在公有链上篡改交易数据几乎是不可能的。同时，这也意味着公有链数据的读写是不受任何人控制和篡改的，用户在公有链上的行为完全自由。众所周知的比特币、以太坊（Ethereum）、EOS 等都属于公有链。

比特币区块链是区块链公有链的始祖。作为史上最成功的公有链之一，比特币不受任何中心机构控制，没有任何人或机构可以篡改或控制其中数据的读写。交易的信息全网公开确认，每个人都可以参与共识过程和监督，实现了在算法面前人人平等。在共识机制上，比特币采用 PoW 鼓励参与者竞争记账，维护网络的运行。

以太坊是第一个底层公有链项目，初期采用 PoW 共识机制，通过挖矿来维护以太坊上的生态。作为一个底层公共平台，以太坊提供一个图灵完备脚本语言，支持用户搭建任何的智能合约和交易。目前，大多数以太坊项目都依靠以太坊作为公有链，一个个 DAPP 组成了以太坊的核心，使之成为一个全新开放的区块链平台。以太坊允许任何人在平台中建立和使用通过区块链技术运行的去中心化应用，是可编程的区块链，成功地将区块链的发展推入 2.0 时代。比较热门的区块链元宇宙游戏（如 *The Sandbox*、*Decantraland*、*Cryptovoxel* 等）都是基于以太坊公有链搭建的。

随着区块链技术的进步及应用市场的逐步扩大，底层公有链的项目也越来越多，比如定位于通用的区块链操作系统的 EOS 公有链，采用委托权益证明机制（Delegated Proof of Stake，DPOS）能够承载大量的用户，减少交易费用和网络拥堵。聚焦智能经济分布式网络的 NEO 公有链，采用授权拜占庭容错机制（Delegated Byzantine Fault Tolerant，DBFT），能够提高包含安全性和可用性的容错能力。Qtum 量子链结合了比特币生态的优势，并通过账户抽象层完美兼容包括以太坊在内的各类虚拟机，同时采用了权益共识机制（Proof of Share，PoS），为商业应用落地和分布式移动应用提供了无限可能性。

总之，区块链公有链是元宇宙数字资产交易最底层的基础设施。经过多年的发展，市场见证了区块链底层公有链技术的进步，无论是借力以太坊公有链部署元宇宙游戏，还是自行开发元宇宙专属公有链，都是能够实现的。

5.5.2　智能合约：维护虚拟资产交易

1. 自动执行的"合同"

理论上，作为一个分布式的数据库，区块链的分布式节点能够通过共识算法来生成和更新链上的交易信息，从而实现数据的真实性和完整性流通。但是要完成无第三方的信任交易仅靠去中心化的架构是不够的，还需要使用自动化脚本代码（即智能合约）执行区块链网络中交易或其他经济行为。

智能合约（Smart Contract）并不是一个全新的概念，早在 20 世纪 90 年代跨领域的法律学者尼克·萨博（Nick Szabo）就提出了智能合约的理念，并将其定义为："一套以数字形式定义的承诺，包括合约参与方可以在上面执行这些承诺的协议。"尽管由于技术的原因，智能合约并没有成功应用，但尼克·萨博（Nick Szabo）所定义的智能合约言简意赅地概括了智能合约最为重要的关键词，比如协议、数字形式、承诺等。协议是交易的体现，就像是现实中的交易合同，当参与双方制定协议时，需要记录下来作为合约的证据。数字形式便是利用计算机形成的代码，合约双方一旦达成协定并启动这段代码，这段代码将通过网络被计算机按照代码一步一步执行，任何人都不能篡改或反悔协议的内容，并在执行后会产生相应的可被验证的证据，以确保合约的有效性。承诺则是合约的本质和最终目的，将合约双方的权利或义务进行兑现。

换言之，智能合约是区块链上运行的一段用户自定义的代码，这些代码是区块链中每一笔交易之间重要的"合同"的写照，包含了众多对交易双方的约束规则。在协议制定和部署完后，当交易双方触发交易事项时，协议和用户接口将完成合约的自动执行和验证，无须任何外设或人为干预，进而保证交易的安全性和不可逆性。

在技术实现上，智能合约将交易"合同"以链上代码的形式存储在区块链的数据区块中，所以用户能够随时调用和部署智能合约。具体来看，首先，需要将开发语言将智能合约编写出来，也就是用代码将合同或者业务规划"翻译出来"，包括条件、输入参数、执行逻辑、输出结果等内容。其次，完成智能合约的部署，即将编写好的合约代码转换为在虚拟机上执行的字节码，并向区块链节点接口发送创建请求交易，经由矿工们验证后生成新的区块广播到点对点的网络中，节点在接收到区块信息并生成智能合约特有的账户地址之后，应用程序接口获取到该交易的收据，得到账户地址，则智能合约部署完毕。再次，作为合约的基本信息源，交易过程中的数据及信息将输入至智能合约中。最后，基于输入并保证确定的逻辑关系，合约自动执行并在执行成功后会反馈正确可信的执行结果。

总而言之，作为区块链的核心技术之一，智能合约的终极目标就是实现合约条款的自动执行，最大限度降低恶意和意外事件发生的可能性，并最小化信任式中间媒介需求，例如降低欺诈损失、仲裁和执法成本等其他交易成本。区块链去中心化、不可篡改等技术特点为智能合约的运行提供了适应性土壤，智能合约的自治化也极大地拓展区块链技术的应用范围，使其不仅在数据校验、数据交易、数据共享等方面发挥着重大作用，也能够让用户可以开发出适用于本身业务场景的代码，使区块链架构适用于自身的业务需求。正是基于智能合约等技术，区块链网络上的去中心化应用已经形成了一个庞大的去中心化应用市场，使区块链的应用范围从单一的金融领域向医疗、供应链、知识产权等多个领域拓展。

2. 智能合约的应用

在分布式账本去中心化架构的基础上，智能合约让交易合约的执行变得更加高效透明，进而提供一种有利于交易或其他经济活动的信任环境。信任是商业活动中的基石，无论是一手交钱一手交货的面对面交易、远程的电子邮件确认，或是凭借信用卡记录或芝麻信用评分延长贷款期限、第三方担保人担保等，当前的商业系统都在采用各式各样的方式来确认交易过程中的信用，以保证交易的顺利进行。智能合约无非是通过计算机代码自动执行的方式将违约风险降至最低。经过多年的应用与发展，智能合约早已突破数字货币的应用范围，在供应链、知识产权等众多行业领域发挥力量。最重要的是，智能合约是区块链中分布式金融（DeFi）和非同质化代币（NFT）的核心技术之一，而 DeFi 和 NFT 正是构筑元宇宙经济体系必不可少的基础要素。

首先，区块链世界中的通证（Token）就是智能合约应用的典型。所谓通证就是以数字形式存在的可流通的权益凭证，具有使用权、收益权等多种属性，是数字资产的一种表现形式。例如比特币在区块链中就如同现实中的货币，是实现交易双方协议的重要工具。因此，通证成为区块链数字资产交易的重要载体，是区块链中的应用项目融资的重要利器。现实中传统的项目众筹存在诸多问题，比如对于线上众筹项目，往往因缺乏赢得公众信任的可信资料、众筹平台缺少严格管控的监督机构等，从而难以对众筹项目发起方和支持者双方的利益进行保障。基于区块链的智能合约技术能够解决在没有中心化平台监督作用下的交易信任问题，一方面，经过密码学方法生成相关联的区块，包含了交易的时间、具体条件、验证消息等信息，且信息具备可追溯性、不可篡改等特性，为交易提供了基础的可信任环境。另一方面，当项目达到预定目标之后，智能合约将自动执行交易双方的权利义务，例如直接通过通证进行交易，打破了以用户与第三方平台交易为主的传统模式，提高了系统中资金的流动性，对资金的筹集等具有积极作用。

在虚拟世界中，通证类似一种数字现金协议，能够在区块链网络中实现流通支付，且具备不可伪造性、可分性等特征。当把这类智能合约的应用范围扩大，人们会发现这些协议实施到种类繁多的电子无记名有价证券也是很适用的。例如将资产证券与金融衍生品以各种各样的方式混合，通过对这些复杂的期限结构进行计算化分析，建成标准化的合约并以低成本进行交易。因此，智能合约也成为区块链金融，尤其是不依赖中心机构的去中心化金融的重要技术手段。

在多姿多彩的元宇宙中存在着大量独一无二的虚拟内容或数字资产，这类数字资产的价值通常会通过不可分割的 NFT 来衡量。本质上，NFT 是一种基于智能合约的标记数字资产所有权的方法，即通过智能合约将资产数字化，并通过合约的 ID 信息确定数字资产的所有权。除此之外，智能合约也对元宇宙中的数字内容创作者提供了类似版权保护的权益保障。例如区块链智能合约和数字版权管理结合，通过智能合约，艺术家就可以直接向消费者销售数字音乐文件或其他受版权保护的内容，减少版权纠纷并自动支付版税。

总之，智能合约试图以计算机程序的方法清晰地定义标准、描述规则、约束各方行为，保证相关方不会且不能违约，从而实现合约执行的"去中心化"，构建一个透明公正的交易环境。面对元宇宙纷繁复杂的虚拟内容，智能合约对虚拟内容的资产化、公开透明交易及价值兑现、节省交易成本等方面发挥着重要作用。

5.5.3 跨链技术：虚拟世界的互联

基于分布式数据库、智能合约、加密算法、共识机制等计算机技术的区块链固然能够营造去中心化的信任环境，是信息认证、资产交易等经济活动的理想之地，但不同的区块链与区块链之间形成了天然的信息及价值屏障，使得真正意义上的互联互通的价值网络始终存在于理想中。这种不同区块链网络的价值互通对于元宇宙是极为重要的，彼此独立的虚拟网络世界绝对不是平行于现实的元宇宙。

无论是公有链还是私有链，目前大部分区块链项目都是由不同团队基于不同的场景需求和设计理念，采用不同的技术架构开发出的异构区块链，例如比特币公链与以太坊公有链就是不同的公有链，*Decentraland* 和 *Crypovoxels* 是基于以太坊公有链上的不同区块链项目。因此，大量纷繁复杂的垂直公有链及区块链商业应用项目就像是一个个相互隔绝的信息孤岛，形成众多独立的基础设施和业务体系，拥有不同的逻辑架构和通证代币。这些区块链应用之间迫切需要实现功能上的扩展，即区块链间的互联互通，进而实现价值和业务的链间流转。因此，跨链技术应运而生，这项技术是实现区块链之间互联互通和价值转移的关键，也是实现元宇宙互联互通不可或缺的技术手段。

跨链是指通过智能合约，使满足规定通信协议的链通过特定的连接方式，实现独立运行的多个区块链之间的信息及价值流动、交换及同步的行为。由于区块链在设计时被构造成一种垂直的结构，区块链在各自独立的空间记账、延伸，信息只在各自链上独立流通，链与链之间垂直发展，相互干涉很少，链间的价值转移和信息交互有很大的隔阂。跨链技术本质上就是将某条链上的数据安全可信地转移到另一条链上。作为特殊的分布式账簿数据库系统，区块链跨链转移的数据最重要的就是资产价值数据，如通证的数量及价格。因此，跨链技术搭建了一座平行区块链之间连接的桥梁，能够有效解决链与链之间的信息传播、资产转移等问题，在链与链之间的交互过程中提高单独链对区块链系统的影响力。未来的元宇宙必然不是由某个企业或组织控制的中心化平台，而是一个由成千上万的应用和价值体系共同构成的虚拟世界，跨链则是将元宇宙中一个个分散的孤岛连接起来，从而编织成元宇宙畅通无阻的价值网络。

价值互通是跨链的核心。从业务角度讲，跨链技术相当于一个外汇交易所，用户能够通过交易将本国货币兑换成外币并在他国进行商品交易。因此，跨链并没有改变每个区块链上的价值总额，只是在不同的区块链账簿中进行了价值兑换。与日常金融机构单纯的信息互换、审核及确认不同，跨链需要在价值守恒的前提下，确保两个账本的变动是一致的，以实现价值在不同区块链之间流动的过程。

因此，跨链需要解决许多技术实现上的问题。比如跨链交易验证问题，如何确保一个区块链接收并验证另一个区块链上的交易。就像银行为何会接受跨国汇兑一样，跨链也需要确认交易已经发生并且写入区块链账本并验证交易已经获得了系统中足够多区块的确认。又比如跨链事务及资产管理的问题。当一个完整的跨链交易可以拆分成若干个子交易时，需要跨链事务管理，通过保证每笔交易的一致性和完整性，确保交易的最终确定性。当主链与侧链上的资产按照一定兑换比例进行转移时，需要有人管理锁定账户并执行锁定和解锁等操作，并确保锁定资产被安全地释放，而不会造成同一资产被转移多次的双花问题，且保证两条链的资产总量不变。再比如多链协议适配的问题，面对多链并存、互联互通的发展趋势，如何针对已有的区块链系统，进行底层的跨链机制研发并对接，或者搭建好底层的跨链平台，把现有的区块链系统简单、便捷、安全地接入平台，共享跨链平台的系统便利。最后就是跨链的安全问题，如果链与链之间的安全无法隔离，那么如果一条链遭受攻击，将影响整个跨链网络。因此如何防范安全事件和保障跨链交易正确性是跨链必须考虑的问题。

目前主流的区块链跨链技术主要有公证人机制（Notary Schemes）、侧链机制（Side Chains）、哈希锁定（Hash-locking）和分布式私钥控制（Distributed Private Key Control）等。公证人机制，顾名思义就是当通信双方互不信任的时候，通过可信任的节点，对区块链上是否发生了特定事件进行验证，并向另一条区块链上的节点进行证明。公证人群体通过特定的共识算法对事件是否发生达成共识。公证人模式是目前应用最广泛、最易实现的一种模式，比如交易所。侧链机制中侧链是相对于主链而言，用于验证来自其他区块链数据的区块链。侧链的跨链方案可以实现从主链到侧链的价值转移以及侧链到主链的价值回流。因此，当主链性能出现瓶颈或者某些功能无法扩展时，把资产转移到侧链上，相关交易就可以在侧链上执行，从而达到分担主链压力、扩展主链性能和功能的目的。哈希锁定机制通过资产锁定并设置相应的时间和解锁条件来实现公平交易。哈希锁定能够保障跨链交易的原子性，即交易的不可分割性，交易的所有操作要么不间断地全部被执行，要么一个也没有执行。哈希锁定仅限于跨链的资产兑换，即各链资产总量保持不变的情况下资产的持有人变化，无法真正将资产转移至另一条链上。分布式私钥控制通过分布式节点控制各种资产的私钥，并将原链资产映射至跨链中，确保各种资产在区块链系统中实现互联互通。分布式私钥控制类似于公证人机制，但用户始终拥有对资产的控制权，只是在存储数字资产的密钥上采用了分布式存储的方式，这在一定程度上避免了公证人机制下的中心化风险。但由于不改变原链特性，跨链需要根据原链的特性适配开发，因此开发难度较大，运行效率偏低。

无论是哪种解决方案，在当前的区块链跨链应用中都存在一些成功的项目和案例。可以预见的是，跨链网络将适用于元宇宙的底层平台扩容、跨链支付结算、去中心化交易所、跨链钱包、主网资产映射、实物链上资产交易等诸多应用场景。互联互通的元宇宙也将会基于广泛的价值网络培育出更活跃的元宇宙商业生态。

Chapter Six
第 6 章

元宇宙的数字经济生态

元宇宙的经济体系是元宇宙区与其他"硬科技"最大的区别之处。在区块链技术的支持下，通证及通证经济为元宇宙中虚拟内容的价值交换的实现提供了理论及应用基础。而非同质化代币（NFT）则成为元宇宙中虚拟内容的确权及资产化、交易及价值兑现的现实工具。元宇宙经济体系犹如一汪活水，浇灌着元宇宙中的虚拟万物，激励着创作者们不断创造，在创造中产生并收获价值，最终形成一个内容生产和价值激励的正向循环，保证元宇宙中源源不断的虚拟内容供应和应用生态的扩张。

6.1 通证经济：虚拟世界的价值流通

在分布式数据库、加密算法、共识机制等技术的支撑下，通证及通证经济成为区块链真正的魅力所在。如果没有通证，那么区块链与普通的分布式数据库并没有太大差异，自是无法用于构建"价值互联网"。通证作为区块链中可流通的加密数字权益证明，承载着虚拟世界中的价值流通，通证及通证经济是元宇宙经济体系中的基础。

6.1.1 诞生于区块链的通证

严格意义上讲，通证并不是区块链领域创造出的术语，而是起源于计算机网络通信产业。在以太网成为局域网的普遍协议之前，IBM 曾经推出过一个名为"Token Ring Network"的局域网协议，即网络中的每一个节点轮流传递一个令牌（Token），只有拿到令牌的节点才能通讯。实际上，令牌代表了一种权益证明。

Token 作为"通证"的概念被众人周知是在比特币获得全球瞩目、基于区块链的加密货币持续壮大之后的事情。直到以太坊及其订立的 ERC20 标准的出现，使得任何人都可以基于以太坊发行自定义的 Token。于是，"通证"这个称谓被广泛接受。也有不少人将其称之为"代币"。虽然从效用上看，无论是"通证"

还是"代币"都具有实现价值流通的功能，但是"通证"这个概念更加宽泛，它将权益归属及证明扩展至任何有价值的事物或资产，而不仅仅是货币。例如，在金融领域，通证可以被理解为一种类似证券一种金融工具。在数字艺术品领域，通证可以被认为是独一无二的数字资产证明。

作为虚拟世界中可流通的加密数字权益证明，通证通常具备三个特点。第一，它是一种数字权益证明，是一种以数字字符形式存在的权益凭证。它代表的是一种权利，一种固有的内在价值。它代表的可能是股权、债券、票据等金融资产，也有可能是资源使用权、版权、积分等用户权益。通证之所以有价值，正是人们对通证背后这些资产或权益的认可和共识。第二，它具有加密属性。得益于区块链中非对称加密、哈希函数等密码学技术，通证的真实性、防篡改性、隐私保护得到有效保障。第三，可流通性。通证能够在一个网络中流动，随时可以验证和交易。例如，基于以太坊的区块链网络中，大部分 DAPP 之间可以交换相应的通证。

如同在现实中人们将纸币、贵金属或电子货币作为价值交换的工具，通证承载了区块链网络中虚拟数字产品的价值存储及价值交换的功能。是虚拟世界的价值载体，通证能够在区块链中实现很多事，例如，自筹资金进行项目建设。如果要在元宇宙中创建一个游戏，需要筹集资金进行游戏开发以支付相关的费用，通证可以项目发起者和投资者之间建立直接联系，将筹集的资金注入项目中。从某种程度上看，这种类似私募的通证使用方式，消除了现实中传统中心化金融机构价值传递的边界，让价值得以在全世界范围内流通，从而实现资源与生产要素的优化。除了价值的交换与流动，通证还可以用来促进网络节点中各用户之间的协作并对用户进行激励，从而实现无中心化自治组织的功能。试想一下，在去中心化的比特币网络中，如果没有给矿工们的激励，大概就没有人对网络中的交易进行记账和维护了。

在未来的元宇宙中，人们会在虚拟世界中进行大量的数字内容生产与创造，这些数字原生的虚拟内容的权益证明、价值交换、激励协作等都离不开通证。作为可流通的加密数字权益证明，通证可以代表一切权益证明，可以是现实生活中限量版的耐克鞋、演唱会的门票，也可以是虚拟世界中数字钱包里的加密数字货币、虚拟世界中的房产、拥有的一幅数字艺术珍藏品等。通证是元宇宙虚拟世界中价值交换的基础。

6.1.2 元宇宙的通证经济

以通证作为价值载体，加上区块链自带的可信化交易环境，就形成了元宇宙虚拟世界中的通证经济基础。从某种意义上看，通证经济不仅与区块链密不可分，甚至可能是区块链最核心的部分。基于价值万物皆可通证化映射到虚拟网络中的理念与设想，通证经济在新的商业模式衍生方面展现出超强的活力，直接促进区块链生态网络的繁荣。对于元宇宙而言，承载这些海量虚拟内容和数字资产的价值网络是元宇宙生生不息的最强劲动力，而这一切都离不开以通证、公有链等要素为支撑的通证经济。

所谓通证经济，就是借助通证，将现实中或原生于虚拟世界的重要权益或资产通证化，利用区块链或者可信的中心化系统让生产要素进入流通环节，在自由市场的推动下让资源配置更加合理高效。也有人认为，通证经济把通证这一加密数字资产的金融属性发挥到极致，通过将标准或者非标准的商品及服务进行通证化映射，以便通证能够在区块链网络中进行交易和切割。

国内区块链学者、通证经济研究专家、通证学派创始人孟岩认为，通证经济主要研究的是在一个或者一组通证所构成的社群之内，它的社群制度如何设计，经济制度如何设计，治理制度如何设计。通证经济通过区块链提供了超级流动性。换句话说，使用区块链这种基础设施和通证经济这样一种载体，可以有效降低交易费用。例如，通证的交易流转能够利用区块链数据区块的可追溯性降低信息验证的费用，智能合约将通证的流转和交易转向机器信任，使其比人类行为更加可靠。

通证经济或将引发未来数字经济的变革，这对于虚拟元宇宙而言也同样是适用的。首先，从供给侧来看，通证满足了日益增多的原生于虚拟世界的数字资产的市场化。在元宇宙中，任何人、任何组织、任何机构都可以基于自己的创作、资源及服务发行权益证明。例如，在元宇宙中建设的房屋、为他人提供的虚拟形象设计、出售虚拟演唱会的门票等有价值的产品及服务均可以通证化。运行在区块链上的通证，能够随时可验证、可追溯、可交换。在理论上，通证交易的安全性、可信性、可靠性是极高的，使得通证经济充分市场化和自由化。

其次，从流通的过程来看，通证经济最大的优势在于质优价廉地提高资产的流通性。一方面，通证的流通速度极高。区块链上通证的流转速度是现实中的卡、券、积分等票券的流转速度望尘莫及的。且基于区块链分布式数据库、密码学等技术的应用，高速流转下的通证交易是可靠的。如果说在现实世界中货币流转速度是衡量整个社会经济发展的一个重要指标，那么承载着虚拟内容或数字资产价值的通证的流转速度也是同样的道理。元宇宙中，飞速流转和交易的各种通证将构建虚拟世界中的生产和生活方式。另一方面，通证提高了一些在现实中流通成本极高或者难以流通的价值性资产的流通性。在现实社会中，除了货币或股票、债券、票据等金融产品存在极为便利的交易市场，对于著作权、商标权等无形资产以及所有权、使用权等权益的流通成本极高，并且不同类型的价值资产在相互转换的过程中也要付出较大的成本。对于元宇宙中的虚拟资产，现实世界中对于其价值的衡量及流转也是很困难的。通证经济不仅能够使金融资产实现上链,也能让这些无形资产或者虚拟资产实现上链,从而极大地打破资产形态的限制,能够以相对较低的成本实现价值的流通和交换。

再次,在价格确定上,由于通证高速流转和交易,每一个通证的价格都将在市场上获得快速的确定。通证经济中的价格传导会比当前现实市场中的价格传导更加灵敏。

最后,从价值的分配来看,如果通证经济使得有价值的资产与活动的流通变得更为便捷和方便,那么也就意味着有价值创造力的组织和个人能够直接参与到价值变现的过程中,使得"众人参与、共享收益"的理想状态成为可能。元宇宙正是这样一个由人人参与创造的世界。财富分配倾向于掌控资源的资本方或平台方的现有分配方式肯定是不适合元宇宙的,而基于区块链通证经济能够实现任何元宇宙价值创造者的收益得到合理分配。

总而言之,在基于多种数字技术构成的元宇宙中,人们体验到的不仅仅是科技带来的前所未有的极致感受,还有这个虚拟世界实现的数据的确权、定价、交易和赋能。也正是在通证经济的作用下,诸如虚拟房产、虚拟化身等虚拟内容的权益才能够被记录下来并进行价值交换,元宇宙才能真正意义上被称得上是一个虚拟的平行世界。

6.2 NFT:虚拟内容的数字资产化

随着区块链领域对通证应用的进一步拓展,通证很快由同质化的加密数字货币过渡到非同质化代币(NFT)。面对区块链网络中日益增多且五花八门的数字内容,NFT很好地解决了数字内容的确权问题,NFT的出现及应用为元宇宙中琳琅满目的数字内容资产化及价值交换提供了绝佳的途径。NFT不仅为元宇宙内数字资产的产生、确权、定价、流转、溯源等环节提供了底层支持,其非同质化独一无二特性也契合了元宇宙世界的独特性与复杂性,将进一步促进元宇宙的虚实映射,实现元宇宙经济体系的落地。

6.2.1 什么是NFT

非同质化代币(Non-Fungible Token,NFT),顾名思义,是相对于同质化代币或资产而言的。为了更好地理解NFT,不妨先明确同质化资产的含义。在现实中,货币就是最典型的同质化资产。由主权国家发行的法定货币通常属于同质化货币,人们可以用一张50元人民币和任何其他面值为50元人民币的纸钞进行互换,除了两张钞票的新旧磨损程度或发行的序列号不一致以外,这两张纸钞锚定的价值是一模一样的。交换等值的两张50元钞票是可行的。同样,在数字世界中,最先发展起来的也是比特币、以太币等这些通用的同质化数字货币,持有者可以用手中的 1 个比特币与网络中任意另一个比特币进行交换。

其实，在现实世界里，每个人拥有的大部分资产都是非同质化的，比如居住的房屋、工作用的计算机、新购置的模型手办等。这些非同质化的资产很大程度上满足了人们日常生活工作的需求。人们使用同质化货币的目的就是为了换取那些必要或有意义的非同质化资产。在虚拟的网络世界中，势必会诞生大量的非同质化虚拟内容或数字资产，例如域名、活动票券、游戏皮肤或装备等。这些非同质化的数字资产在可交易性、流动性和互用性方面各不相同，但都具有内在价值。不像现实世界中大多数非同质化资产具有普世性的使用价值和意义，虚拟世界中的非同质化资产的所有权归属、价值锚定及交换是非常困难的。为此，在区块链技术的基础上 NFT 应运而生。作为独特和有价值的属性和个体特征的价值媒介，NFT 是独一无二、不可分割的加密数字权益证明，可代表虚拟收藏品、数字艺术品、虚拟房地产等独特稀缺的资产。

与同质化货币区别最为明显的就是 NFT 的不可分割性。人们不可能像分割比特币的万分之一并进行交易那样，购买演唱会门票的二分之一、LV 包包的一只口袋或者奥特曼模型玩具的一只手臂，这样的分割式交易无疑破坏了交易本身。因此，NFT 的单位只能是 1。

除了唯一性、不可分割性等特征，NFT 还具有稀缺性、可交易性和流通性按照传统经济学的观点，资源的稀缺性创造价值。NFT 正是基于稀缺性获得了市场的关注度并维系其价值。同时，NFT 基于一定的技术标准，使其能够在多个生态系统之间自由移动，提升了其可交易性，而可交易性的提升直接刺激了 NFT 的市场流动性。

随着 NFT 的技术开发及商业应用的不断扩展，NFT 已经具备一些标准化的功能，任何开发人员都可以利用这些功能，通过智能合约对 NFT 进行编程，实现其他复杂功能，构建自己独有的 NFT。NFT 一旦构建完成就是唯一的，基于区块链网络的不可篡改性，使得用户无法将该 NFT 更改为其他 NFT，且该 NFT 的所有权将永久记录于区块链中，除非用户决定将其转让给其他用户。从用户角度来看，NFT 是通用的，也就是说，任何想要使用这个 NFT 的用户都可以使用它。因为区块链是公开可访问的，而且每个人都可以阅读或部署 NFT 的智能合约。

正是基于 NFT 的唯一性、稀缺性、不可分割性、可交易性、流通性等特征，NFT 才会在区块链行业中被格外重视，也成为了元宇宙经济体系中的重要工具。因为在元宇宙的虚拟世界中，五花八门的虚拟内容将会被创造出来，而元宇宙需要 NFT 将这些虚拟内容进行确权，变成数字资产，随后应用到元宇宙的数字化场景中，进而通过价值交换激发价值创造，实现元宇宙生态的持续繁荣。

6.2.2 NFT 的数字资产确权与应用

1. NFT 的数字资产确权

作为稀缺数字资产的证明，NFT 解决了非同质化资产的一个相当重要的问题——记录并追溯稀缺数字资产的所有权。当前拥有大量有价值的虚拟内容的互联网一直未能实现这个目标。互联网上虽然存在着大量的文字、图片、视频等内容，但是这些内容能被真正意义上归为数字资产的只是很小一部分。大部分数字内容的所有权并不明晰，很多时候，一些优质内容经过无数次的复制和转载，其来源已无从考证，并不为某个创造者真正拥有，只能被默认为全网的公共资源。基于区块链的 NFT 则有助于解决这个问题，它通过智能合约为网络中的虚拟内容提供了一个协调层，向用户授予所有权和管理权限，使得人们像现实世界中拥有某个物品的所有权那样，拥有对数字资产的所有权，并可以对其交易或转让。

传统的虚拟内容或数字资产之所以难以确认并实现价值交换的一个重要原因在于，这些资产并没有统一的表达方式。例如，人们很难将门票、域名、游戏装备等这些千差万别的虚拟资产进行格式化的资产描述，或者说，缺少一个可交换、可访问、可传输的标准。与互联网中其他模块的构建类似，例如图片读取和传输的统一标准格式 JPEG 或 PNG、计算机间进行信息传递的 HTTP 和用于在 Web 上显示内容的 HTML/CSS 协议等，NFT 的构建也拥有自己的一套标准，包括构建数字资产的原语，如所有权和简单的访问控制等，使得 NFT 能够在公链上显示并交易。除此之外，开发人员可以构建通用、可重用、可继承的 NFT 标准。

NFT 项目大部分是基于以太坊的 ERC-721 标准的，例如加密猫 CryptoKitties、Decentraland 等项目。ERC-721 标准正是由加密猫项目所创建并发布的。用户可以通过在智能合约中编写一段代码来创建自己的 ERC-721 代币，这段代码遵循一个基本的模板，然后添加关于代币的独特细节，例如所有者的名字、元数据或安全文件链接等（如图 6-1 所示）。在 ERC-721 标准的支持下，当一个代币被创建时，它是唯一的。无论是虚拟的数字艺术品、还是金融债券，甚至是实物资产，ERC-721 标准都能够保证资产所有权的安全性、所有权转移的便捷性以及所有权历史的不可更改及透明性，促进数字资产的追踪、交易和管理。

随后 NFT 项目 Enjin 开发了新的标准 ERC-1155。与 ERC-721 标准不同的是，ERC-1155 标准允许开发者部署一个单一的智能合约，然后在几秒钟内无限次地铸造新的代币，包括同质化或非同质化的代币。对于区块链游戏而言，ERC-1155 能够通过智能合约灵活地制作各种各样的 NFT 物品。除此之外，ERC-1155

标准在跨链兼容方面也展现了良好的性能，使其资产能够与其他生态系统进行很好的兼容。

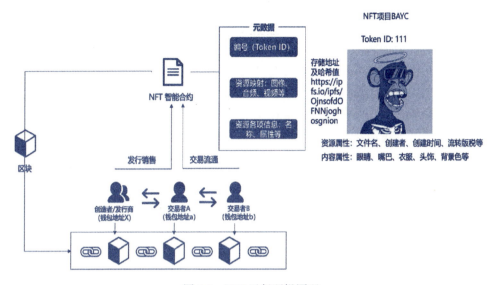

图 6-1　NFT 运行逻辑原理

无论是 ERC-721 还是 ERC-1155，都能够使 NFT 通过智能合约的形式发行。一份智能合约可以发行一种或多种 NFT 资产，包括实体收藏品、活动门票等实物资产和图像、音乐、游戏道具等虚拟资产，其应用领域十分广泛。

2. NFT 的分类与应用

NFT 是伴随着游戏而成长壮大起来的。目前，NFT 的理念和技术已经在数字艺术、数字音乐、虚拟房地产、区块链域名、代币化奢侈品、代币化保险单等众多领域得到了应用。

从 NFT 映射的底层资产的属性来看，NFT 资产大致可以分为实物资产、互联网资产、加密数字资产三大类。其中，实物资产是指在现实世界中具备担保的大宗实物，例如一套北京三环内的房产、一张明星签名的限量版海报、一幅印象派大师的经典画作等。在实际的应用中，需要有第三方机构将实物本身与 NFT 代币做担保与兑换。互联网资产指的是基于互联网的有价值的数字资产，例如域名、公众号、QQ 号等。与实物资产一样，互联网资产同样需要由互联网公司或公共互联网组织将其与 NFT 代币进行担保与兑换。加密数字资产是指基于区块链密码学与分布式账户本技术的底层网络构建，具备天然"免中介、免担保"性质的资产，例如以太坊域名 ENS、加密猫 *CryptoKitties*、*Decentraland* 中的虚拟土地等。目前，这种原生于区块链网络的加密数字资产发展速度最快。

按照行业应用属性分类，NFT 又可以分为 NFT 加密游戏资产、NFT 加密艺术品、NFT 加密金融资产、NFT 加密网络资产以及 NFT 加密数据资产等。其中 NFT 加密游戏资产与 NFT 加密艺术品的应用最为成熟。

NFT 加密游戏资产与 NFT 有着天然的联系，之前提到的加密猫 CryptoKitties 就是一种典型的加密游戏资产。在游戏行业，游戏道具是游戏公司利润来源之一。然而一个问题就是这些游戏装备道具无法实现自由转移，无法真正为玩家私人所有。游戏公司将自己的完整游戏逻辑通过智能合约构建于区块链网络之中，并将玩家的个性化游戏资产以 NFT 形式来表达，由于 NFT 是基于区块链的私有财产，它完全由玩家控制，能够实现自由转移和交易。这样一来，一方面，游戏公司以出售游戏资产作为主要的收入形式，通过不断扩大玩家群体、提升游戏热度；另一方面，玩家也可以通过炒作 NFT 加密游戏资产获利。以一款基于以太坊的加密收藏品游戏 *Axie Infinity* 为例，*Axie Infinity* 是一款去中心化的、开放式的回合制策略类数字宠物游戏，包括战斗、繁殖、地块和交易市场四个系统。游戏中的 Axie 是虚拟生物（如图 6-2 所示），游戏的内容就是打怪兽和养怪兽。玩家可以收集和养成 Axie，并用其进行战斗。玩家可以根据 Axie 的角、嘴、后背、尾部等不同的类型判断 Axie 的属性及战斗力强弱，并选择相应的战斗卡牌。Axie 的养成和繁育需要耗费一定的以太币或者 SLP 代币，出售养成的 Axie 也可以获得一定的代币。玩家通过玩游戏获得的代币能够变现，这开创了区块链游戏的新模式。

图 6-2　加密收藏品游戏《Axie Infinity》中的 Axie

NFT 加密艺术品是 NFT 的稀缺性与艺术品的唯一性天然结合的产物。NFT 加密艺术品，是艺术家基于区块链网络直接创作的加密艺术品，通过使用 NFT 技术，艺术家们更容易保护自己的原创权利，从容地创作公开的"限量版"数字艺术品。这意味着数字艺术品也能够像现实中的艺术品那样具有独一无二的价值属性。有人可能会觉得数字艺术品的复制品与原作没有什么差别，但事实并非如此。达·芬奇的《蒙娜丽莎》及其仿制品就观赏的角度而言是没有区别的，但是两者的价值截然不同。数字艺术品只是变换了艺术的表现形式，而这种艺术品的收藏理念如出一辙。在现实世界中，艺术家们通过签名来表明一件艺术品是真品。当然签名可以伪造，所以需要专家对艺术品的真伪鉴定。NFT 加密艺术品就没有这样的困扰，因为 NFT 加密艺术品基于区块链不可篡改的技术，是无法进行伪造的，任何艺术家的数字作品，只要以 NFT 形式存在，它就是独一无二的，甚至连创造者本人也无法篡改和复制，它具有唯一性、稀缺性。

2021 年 3 月 11 日，美国数字艺术家暨图像设计师迈克·温克尔曼（Mike Winkelmann）的一幅数字画作 *Every days. The first* 5000 *days*（如图 6-3 所示）在全球著名的拍卖行佳士得（Christie's）拍出了 69346250 美元（折合人民币 4.5 亿元）的天价。留存于世间屈指可数的元青花人物大罐之一"鬼谷子下山"，当年也只拍出来 1568.8 万英镑（折合人民币约 2.3 亿元）的价格。NFT 数字艺术品的价格之高十分惊人。据说这位艺术家从 2007 年 5 月 1 日开始，每天都会创作一幅数字图片，并坚持了 13 年半，期间从未间断，然后温克尔曼将它们集结之后创作成为这幅拍卖出天价的作品。中标者将会得到 *Every days. The first* 5000 *days* 图片以及一枚独一无二的含有该数字作品的元资料、原作者信息的签章，以及所有权历史记录的 NFT。

图 6-3　拍出 4.5 亿人民币天价的 NFT 加密艺术品 *Every days. The first* 5000 *days*

NFT 加密金融资产是加密金融衍生品数字化凭证的最佳载体。随着去中心化金融的蓬勃发展，基于加密货币的金融衍生品越来越多。五花八门的加密货币的发行让数字资产的流通与转让变得很麻烦。NFT 类似于现实世界中一张能够实现跨行承兑的银行票据，不同的票据有着不同的所有人、金额、承兑期限等特征，但是无论怎样都能实现现金的承兑。在加密衍生品的世界中，用户可以将自己的一部分代币 A 质押于某 POS 网络验证节点 20 天，获得一张到期日为

20天的债券凭证NFT，任何持有该凭证NFT的用户，可以在20天之后从相应网络节点取回所质押的代币A及其相应利息，十分方便。金融衍生品数字化凭证的NFT化，能够极大地简化凭证发行、流通、转让的工作量，推动去中心化金融的发展。

NFT加密网络资产和NFT加密数据资产都是基于区块链网络使用权或数据使用权而产生的价值资产。区块链网络使用权包括账户的使用权、名称的使用权、存储资源的使用权，计算资源的使用权等等。与网络域名的价值类似，区块链短域名是目前最为典型的加密网络资产。企业或者个人用户通过购买或租赁区块链短域名可以增强自身账户的品牌识别度。随着公共存储区块链网络、公共计算区块链网络的出现，未来可能会出现大量闲置的存储资源、算力资源被释放出来，以NFT的形式进入市场可供交易。与NFT加密网络资产有本质不同，NFT加密数据资产则是由网络的企业或者个人用户所提供，具有一定的隐私属性，需要通过零知识证明、隐私计算等技术保障数据的安全性。例如有100名志愿者上传了自己的健康信息及血液检测报告供医学研究之用，这100份报告即为100份NFT加密数据。通过隐私计算技术的保护，任何外部应用都无法直接读取到这些数据的详细信息，而仅可以通过特定的接口去获取经过计算之后的数值，且每使用一次都需要向NFT加密数据资产的持有者付费。

无论是NFT加密游戏资产、NFT加密艺术品，还是NFT加密金融资产、NFT加密网络资产以及NFT加密数据资产，这都为元宇宙中丰富多彩的数字资产创建及交易提供了大量有益的探索与实践。

6.2.3　NFT与元宇宙的联动

NFT对于元宇宙最大的价值在于将多姿多样的数字内容资产化，并通过区块链技术明确了数字资产的所有权，确保资产的唯一性和真实性。这些经过确权的数字资产通过类似Opensea这样的公开交易市场进行流通，实现元宇宙虚拟世界中的价值流通。

一方面，从数字内容资产化的角度来看，NFT将元宇宙中数字内容的所有权真正赋予创造者或拥有者。在传统的互联网或游戏中，人们拥有的是数字内容的使用权，无法真正使数字内容成为数字资产。例如在游戏《魔兽世界》中，人们只是花费几十美金购买了一个月的游戏使用授权，游戏结束后玩家就离开了封闭的游戏虚拟世界，无法将游戏币或者游戏物品换成法币，也无法将其代入到别的游戏中去。玩家并没有真正拥有这些虚拟数字资产。NFT的出现拓宽了数字资产的边界，何一种独特性资产都可以被制成NFT，无论是实体资产还是各式各样的数字内容，如图片、音视频、游戏道具。这意味着玩家拥有对这些数字内容的所有权，能够将这些数字资产兑换成主流的虚拟货币或变现，也能够携带 NFT 化的游戏资产进入其他的游戏进行交易和竞赛。NFT 使人们能够在元宇宙的虚拟世界中拥有真正属于自己的东西，并作为资产的所有者进行交易和转让。这也是元宇宙区别于互联网的地方。

另一方面，NFT 基于区块链技术保证了元宇宙中数字资产的唯一性和真实性。在网络世界中，虚拟内容的伪造和欺诈都是不可避免的问题。NFT 的标准化及其智能合约的属性使其对应的每一个数字资产都是唯一可识别和真实的。元宇宙中的每一个 NFT 都是唯一的，它们无法被复制。再加上区块链技术的透明性能够对数字资产的真实性进行验证，NFT 能够有效降低伪造、欺诈发生的概率，进而提高元宇宙中数字资产的交易效率并降低交易成本，增强数字资产的流动性，为元宇宙中的价值交换和生态搭建提供活力。

以元宇宙游戏 *Decentraland* 为例，作为基于以太坊区块链的去中心化平台，*Decentraland* 创造了一个用户自主创造个人专属的内容和应用的世界。不仅如此，用户还可以将这些个人创造 NFT 化，在公开交易市场 Opensea 中进行价值交换。*Decentraland* 中最著和稀缺的 NFT 资产属于有限、可通行的 3D 虚拟空间 Land。人们可以通过购买的方式（如图 6-4 所示），获取 Land 的所有权，并完全控制自己创建的内容环境和应用。除了土地 Land，*Decentraland* 给了了用户极大地创作空间和价值创造的可能。例如，人们可以在万圣节来临之际，绘制符合节日气氛的魅惑猫咪作为虚拟形象的元素，并且在 Opensea 上以 5 个 MANA 币（大约 15 美元）出售（如图 6-5 所示）。或者建一栋二层的展览馆，将自己珍藏的各种稀有矿石与名贵宝石的照片陈列其中，闲来无事可以漫步欣赏自己的珍藏，也可以在 Opensea 上进行交易，获取 1 个以太币（大约 4300 美元）的收入（如图 6-6 所示）。

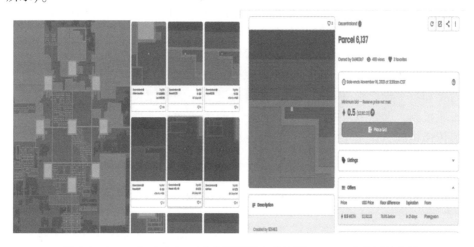

图 6-4　*Decetraland* 中 Land 分布图以及在交易所 Opensea 中的展示出售

图 6-5　NFT 交易所 Opensea 上出售的 Decentraland 虚拟形象装饰物

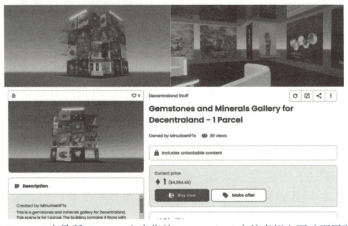

图 6-6　NFT 交易所 Opensea 上出售的 Decentraland 中的虚拟宝石矿石展览馆

总之，在元宇宙的经济生态中，区块链技术是传递价值的基础性技术。通过去中心化的数字资产确权及去中心化的清结算平台，构建出虚拟世界中完善的价值传递机制。NFT 的出现为这种价值传导机制提供了绝佳的实践工具，能够非常契合地为多样化、个性化的虚拟内容提供确权，能够证明用户本人为虚拟内容和数字资产所有者的身份，并且通过统一的智能合约标准以及稳定高效的流通机制，保障用户链上虚拟资产配置与流通的确定性执行。也正是这样的价值传递机制，让元宇宙的居民在数字资产的购买、流转过程中不断产生类似于现实世界中物权获得感和价值归属感。

6.3　创作者经济：来自元宇宙的激励

元宇宙是一个人人共建的虚拟世界，这意味着每个人都在持续地创造并产生价值。不同于传统的互联网模式，无论是文字、视频、音乐的创作，创作者们对具有垄断性的互联网平台具有一定的依赖性，其产生的价值往往被截流。而在元宇宙中，基于区块链技术以及 NFT 的应用，创作者们能够对自己创造出的独一无二的虚拟内容进行确权，并通过点对点交易进行价值变现。元宇宙尽可能地让价值回归于创作者的理念，能够对创作者们产生激励，鼓励他们投入到新的内容生产与价值创造中，为元宇宙带来一片欣欣向荣。

6.3.1 互联网时代的创作者

从创作者创造并产生价值的角度来看，这种创作者经济早在数千年前就已经出现。无论是传统的农耕纺织，还是市井作坊的手工艺，创作者们将创造出来的物品放到市场上售卖进而实现价值兑现。只不过术业有专攻，很少存在一项跨行业的普遍性的创造活动，因此，创造被湮没在各行各业的日常劳作中。

互联网时代的到来，颠覆了传统经济结构和人们的生产消费行为。一方面，互联网经济和知识经济使得大众普遍性的创造成为可能。另一方面，互联网为创作者的价值兑现给予了广阔的空间。在 Web 1.0 的阶段，信息的传播权主要掌握在门户网站等少数媒体机构的手上，而随着社交化、自媒体化的 Web 2.0 的到来，人们不再满足单向获取信息，开放、分享、互动成为新的关键词。博客、论坛、社区、短视频、直播、播客等各种信息分享渠道应运而生。内容创作者们总是能够在互联网上找到对自己创作的内容感兴趣的受众。除此之外，技术的发展也让个人能以越来越低的成本生产优质的内容，有时候你只需要一部智能手机就可以成为一个创作者，每个创作者都是互联网中的一个流量节点。

所以人们看到的，个人公众号、知乎问答平台上发布文章的作者，抖音、B 站上制作短视频的视频博主们，这些普普通通的人们正在通过互联网公开自己创作的内容并收获关注及收益。一些优质内容的创作者成为日进斗金"网红"。比如以拍摄古风古韵的中国田园式乡村生活短视频而火爆全网的李子柒，仅在海外最大的视频网站 Youtube 上的分账一年就高达上千万美元。而在成为"网红"之前，李子柒也只是一个没有接受过专业摄影或视频制作的普通人。互联网为富有创造力的人们提供了许多在线创造价值的机会。不仅作家、音乐家、电影制片人和其他内容创作者可以与观众分享他们的创作愿景，哪怕是拍摄一些有趣或无聊、刺激或治愈的生活小视频的普通人，一整晚都在直播游戏进度的《堡垒之夜》的玩家都能在互联网中提供并分享内容，并且成功吸引感兴趣的受众。这在互联网时代之前是难以想象的。以前，创意内容如果想要得到传播，需要通过出版社、电影公司、唱片公司等专业的公司，而现在只需要通过网络平台，一切变得轻而易举。

大型的互联网平台成为创作者变现的重要场所，而价值变现的方式也是多样的。内容创作者将数字作品上传至数字媒体平台，平台通过订阅量、播放量或广告等商业模式将内容价值化,平台再向内容创作者支付一定比例的收益,形成一个完美的商业闭环,平台越来越趋于中介化。但是,这对于真正创造价值的内容创作者而言却并不是完美的。因为数字媒体平台凭借其在网络中的垄断地位,极大地削弱了数字内容创作者的主导权。数字内容创作者很大一部分收益都贡献给了平台,而不是归创作者所有。

6.3.2 价值激励与多元化宇宙

元宇宙作为后互联网时代的产物,为每个人成为创作者提供了更广阔的空间。如果说现在的内容创作集中在文字、音乐、短视频上,那么未来一些职业化的工作或创造也会在元宇宙中实现,比如艺术创作、游戏设计、数字收藏等。人们不必非要在艺术学院经过多年的绘画技法的训练,哪怕只是一个对素描明暗关系一窍不通的"码农",只要有自己的创意或IP,即可通过自己的数字钱包进入到元宇宙的世界中,可以利用各种创作工具生成自己的加密艺术品。这种数字艺术品的创作方式在 Roblox 中已初见端倪,人们利用平台提供的工具创造各种各样自己想象的事物或游戏。应该说,元宇宙将人人都是创作者的范畴进行了进一步的扩充。

更为重要的是,人们在元宇宙创造出来的虚拟内容通过NFT锁定后,不仅借助区块链的去中心化的存储和记账方式,以及密码学的哈希值独一无二的、稀缺性的标注,将虚拟内容资产化之后进行了确权,而且通过NFT内嵌的智能合约以及区块链去中心化的交易模式,使得创作者能从后续的流转中获得持续的收益,一定程度上提高了内容创作者的商业地位,减少中心化平台的抽佣分成,为创作者带来更好的经济收益。

在区块链网络中,点对点的交易降低了NFT交易平台的寻租空间。NFT交易平台仅是虚拟内容展示平台,人们可以选择在元宇宙中任何可行的位置进行内容展示,直接通过点对点的钱包进行交易,也可以在多个NFT交易平台上进行交易。NFT交易平台和市场的收费将会受到限制,至少不会像当前具有垄断性地位的网络平台占据大部分的收益。交易平台和市场抽佣的减少,意味着创作者收入的增加。

元宇宙终归是众人的世界,不可能出自哪一家行业巨头之手,而是数以百万计的人们共同创作的结晶。每个人都通过内容创作、编程和游戏设计为元宇宙的构建做出自己的贡献并获取价值。如果不能借助区块链技术以及NFT等价值载体,那么元宇宙的居民们就不能参与到这个通过创造获得回报的经济体系中,无法被激励的创造是苍白无力的。只有当大部分收益归创作者所有,而不只是被搭建平台的公司获取,这样的元宇宙才是充满生气的平行于现实世界的虚拟世界,才会不断激发元宇宙居民的创造力,确保优质内容源源不断地被创造出来,为元宇宙的持续繁荣提供内生动力。

未来篇
后互联网时代的应许之地

Chapter Seven

第 7 章

元宇宙的数字化应用场景

虚拟现实、人工智能、区块链等前沿数字化技术,以及虚拟数字资产的创造、交易等活动编织出来的价值网络,共同勾勒出未来元宇宙的无限想象空间。或许很多人认为元宇宙不过是当前互联网的升级版本,这么理解也并非不妥。借助于更先进的技术,人们确实能够在虚拟的网络中获得更加真实或前所未有的沉浸式体验。更为重要的是,元宇宙并非是独立于现实世界的平行虚拟空间,而是与现实宇宙紧密地联系在一起(如图7-1所示)。

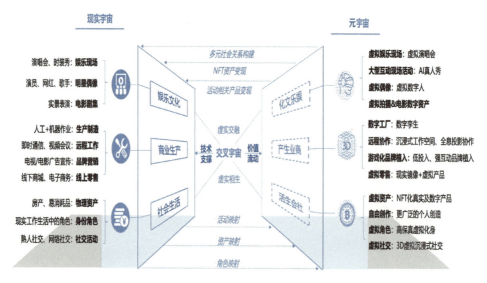

图 7-1 关于元宇宙与现实宇宙的体系分层及场景应用

现实世界中,人们的娱乐文化活动、生产制造与商业经营以及日常的社会生活,都会通过数字化技术在元宇宙的平行虚拟时空中找到镜像映射,并获得与现实中无异的真实体验感。人们可以在虚拟的平行宇宙中,开一场虚拟的演唱会、参与大型互动现场活动、观看虚拟数字人的直播、利用数字孪生技术进行设计模拟、建立仿若近在咫尺的远程协作沟通、创作并购买虚拟数字资产,设计看上去与真人无异的虚拟替身等。同时，虚拟平行宇宙中的价值内容也能够在现实生活中得以实现，例如平行镜像的零售店购物意味着现实世界真实的购买行为也在同时并行，数字孪生的设备与现实中设备的状态实时同步等。现实与虚拟在元宇宙中交叉汇融，现实在虚拟中得到具有真实感的镜像并无限拓展，虚拟中流动的价值在现实中得以复现并回归真实。元宇宙的价值与意义便在这超真实的虚拟与虚实交融的价值传递中得以体现。

人们憧憬元宇宙那极具真实性、沉浸感的虚拟现实空间能够充分释放人类的想象力和创造力，让每个人的工作生活变成更加有趣及有益的成长探索。同时，人们也期待元宇宙与现实交互的交叉宇宙能够将虚拟的数字资产及价值在现实中得以变现或重塑，扎根于现实，也更好地服务生活在现实中的我们。

7.1 元宇宙中的虚拟文娱

游戏、电影、演唱会等文化娱乐活动是元宇宙最先切入的领域。在新冠疫情的影响下，许多现场娱乐活动被迫转至线上。人们开始尝试在虚拟的空间中开演唱会、举办毕业晚会等大型现场活动，游戏自带的交互特性与虚拟空间的无界想象碰撞出意料之外的惊喜。人们开始进一步探索元宇宙虚拟文娱的可能性，利用 AI 真人秀尝试虚拟大型互动现场活动，制作虚拟偶像渗入到文娱行业，通过虚拟拍摄提升影视作品的表现力，无不让人感受到数字化技术下虚拟世界的神奇与美妙。元宇宙正在为人们揭开虚拟文娱时代的序幕。

7.1.1 来元宇宙开一场演唱会吧

互联网极大地丰富了娱乐内容并颠覆了人们的娱乐方式。人们不用被动地坐在电视机旁等待即将播出的电视节目，而是登录网络平台主动选择自己喜欢的电影、剧集或综艺节目。不用再等待亲朋好友、街坊邻里聚在一起的打几圈麻将、杀几盘棋局，而是登录大型网络互动游戏平台，随时与在线的网络小伙伴一同在虚拟的游戏世界中披荆斩棘，娱乐变得触手可及。而未来的元宇宙或将对人们的娱乐内容及方式进行新一轮的颠覆。元宇宙能够将横亘在虚拟与现实之间的电子屏幕逐渐消解。我们已经让虚拟的电子世界诞生在现实世界中，而未来我们会将真实世界的娱乐活动搬进元宇宙的虚拟世界里。那些只能在演唱会、文艺演出、时装秀等大型娱乐活动现场才能体会到的震撼与感动，在元宇宙中同样能够体验到。

当前，在虚拟文娱活动中最活跃的莫过于虚拟演唱会了。2020 年 4 月，嘻哈艺人特拉维斯·斯科特（Travis Scott）在全球现象级游戏《堡垒之夜》中直播的名为"ASTRONOMICAL"的虚拟演出（如图 7-2 所示），至今仍为人们津津乐道。

图 7-2　特拉维斯·斯科特（Travis Scott）在游戏《堡垒之夜》中演唱会海报

在演出开始前，玩家们陆续来到游戏中的演出地点。在临近黄昏的暮色天空中浮现出演出开始的倒计时，参加虚拟演唱会的玩家们已经开始挥动手中的武器欢呼雀跃、翘首期盼（如图 7-3 所示），这与现实中的演唱会并无二异。

图 7-3　虚拟演唱会倒计时和现场兴奋等待的玩家

随后，一颗硕大的混搭朋克风格的紫色星球从遥远的天际徐徐驶进主会场，一缕明亮的光束围绕着星球降落在地面，整个世界笼罩着淡紫色的薄雾，特拉维斯·斯科特的虚拟人从空而降，仿佛巨大的神祇降临（如图 7-4 所示）。

图 7-4　特拉维斯·斯科特降临的紫色星球和出现瞬间

特拉维斯·斯科特的虚拟人严格按照其本人的身材比例和细节来制作，无论他脖子上的挂饰还是脚上的鞋子。虚拟人成为特拉维斯·斯科特自我边界的延伸，他随手抓取了天空中的星星，并将其撞击在一起，一阵烟火绚烂之后，紫红色的天空继而转为鲜红，伴随着一圈圈的星星在空中环绕（如图7-5所示）。随着演唱会的进行，世界发生骤变，玩家们或在星火燎原的地上奔跑，或突然沉入海底，之后又瞬间进入外太空。让人不得不惊叹，这是一场超现实的、疯狂刺激的美妙体验。

图7-5　特拉维斯·斯科特虚拟演唱会表演及虚拟舞台变化

无论从哪个方面看，这场虚拟演唱会都是成功的。首先，这场演唱会虽然只有不到10分钟的时间，却吸引了大约1200多万玩家的在线参与，在虚拟现场随音乐摇摆。而一场现实中的演唱会，最多能够容纳的现场人数也不过十几万左右，数量差距极大。其次，虚拟演唱会打破了传统的演唱会盈利模式，产生了巨大的经济效益。虽然虚拟演唱会本身是免费的，但在表演过程中，斯科特穿着的那双限量版 Cactus Jack Nike Jordan 1 球鞋让观众们十分心仪，纷纷抢购。演出后相关的周边产品也相继问世，价值65美元的品牌 NerfElite Dart Blaster 玩具枪、价值75美元的斯科特虚拟人12寸造型人偶，带有演出及《堡垒之夜》元素相关的 T-Shirt、连帽衫以及长袖卫衣（如图7-6所示）等，都让观众们充满购买热情。这些都使斯科特本人收益不菲，与他之前每场真人演出的收入大约为100万美

图7-6　特拉维斯·斯科特（Travis Scott）虚拟演唱会发售的 T-Shirt

元相比，这场虚拟演唱会至少为斯科特赚取了 2000 万美元。

线上虚拟演唱会的成功，也反哺了艺人歌曲在流媒体平台的播放数据。数据显示，斯科特首演的新单曲 *The Scotts* 在 Spotify 上线一天内就产生了 745 万次播放。根据 Spotify 的官方数据统计，这也是有史以来单曲 24 小时内播放量最高的一首歌。最后，这场游戏与音乐的跨界结合的虚拟演唱会为文娱行业的实践探索提供了思路。在特拉维斯·斯科特的虚拟演唱会成功之后，其所在的唱片公司 Epic Records 的母公司索尼音乐就在积极谋划虚拟音乐会的下一步发展。根据音乐产业媒体（Music Business Worldwide，MBW）的消息，索尼音乐正在招兵买马，在 3D 建模、游戏设计等领域上布局，致力于通过沉浸式媒体来重构音乐会，让人充满期待。

随后的 2020 年 11 月，说唱歌手利尔·纳斯·X（Lil Nas X）在元宇宙游戏 *Roblox* 中也开了一场演唱会，有超过 3000 万粉丝参与。参与者可以在数字商店中解锁特殊的 *Lil Nas X* 商品，例如数字替身、纪念商品和表情包等。同时在虚拟的环境中歌手也可以与粉丝们进行现场互动。

除了在虚拟游戏世界中开演唱会，现场演唱会的虚拟化本身就是一种趋势。在这样的情境下，线上虚拟演唱会可以像斯科特那样利用虚拟人在幻想的世界中穿梭，例如，R&B 著名歌手 The Weeknd 就通过短视频平台 Tiktok 举办了一场线上演出 *The Weeknd Experience*。在演出中，The Weeknd 化身为数字虚拟人，穿着让人一眼就识别出来的单曲 *Blinding Lights* MV 中的红色外套，戴着黑色墨镜，在绮丽魔幻的舞台上跳舞歌唱（如图 7-7 所示）。

图 7-7　The Weeknd 在虚拟演唱会与现实 MV 中的形象

虚拟演唱会也可以是真人的直播，投射在虚拟的舞台上。例如，迫于疫情压力，世界上公认最大、最著名的电音盛会明日世界（Tomorrowland）不得不在 2020 年取消一年一度在比利时小镇 Boom 的狂欢，将音乐节搬至线上。*Tomorrowland* 充分利用了 3D 设计、视频制作、游戏制作和影视特效技术，采用好莱坞最新的拍摄技术以及最现代的游戏引擎和设备，为音乐节打造了一座命名为 *Pāpiliōnem* 的虚拟岛屿，呈现 8 个不同风格的舞台（如图 7-8 所示），歌手们在虚拟的布景下演出,为观众带来不一样的音乐节体验。

图 7-8　2020 年明日世界的虚拟现场

强烈的视觉冲击和身临其境的沉浸感、不限地域的登入参与、别出心裁的临场互动等,都将是未来元宇宙对大型娱乐活动的颠覆。人们无须再将现实与虚拟体验区分得那么清楚,只需在虚实融合的娱乐现场享受快乐就好。

7.1.2　大型互动现场活动

综艺节目大概是除了电影、剧集之外最受人们欢迎的娱乐节目之一。对于工作压力大、生活节奏快的人们而言,没有剧情推理、只有嬉笑玩闹的综艺节目是人们放松心情、打发无聊时间的有效方式。近些年来,尤其是以真人秀为代表的综艺节目颇受人们喜爱。一方面,因为真人秀节目比演唱会、时装秀这类大型娱乐现场活动更加贴近生活。无论是乡野田园的客栈美食,到处行走的旅行,还是路人改造计划,都是对生活惟妙惟肖的模仿。这看上去像我们的生活,却又蕴含着陌生于生活的戏剧性。另一方面,明星偶像等公众人物以真实自然的状态出现在荧幕面前,满足了大众普遍存在的好奇心。比起浮夸做作的表演、剧情老套的影视剧,让演员在真实环境下展现真性情的真人秀的确有意思多了。

当然,真人秀是一种无限趋近于真实的表演,演员们也毫无疑问地受到剧本以及剪辑的影响。节目组只是想让荧幕前的观众看到他们眼中以为的真实。除此之外,不同于电影或戏剧的专业表演,真人秀在真实环境中表现出的随意自然的状态很容易让观众产生代入感。换句话说,观众们觉得自己也是能够参与到这种活动中的。那么,是否存在那种没有剧情、全然未知、全程直播的真人秀呢?最极端的例子就是电影《楚门的世界》(The Truman Show)中一场关于楚门(Truman)的真人秀。作为被选中的男孩,楚门从出生开始就被安排在桃源岛（Seaheaven Island）上，被 5000 台摄像机全方位无死角的偷拍，且在电视上进行 24 小时全球直播。由于楚门不知道这是一场围绕自己的真人秀，楚门的生活是无比真实自然的，毫不造作的。电视机前的观众每一天都在无比好奇楚门的生活，楚门的真人秀也获得了超高的电视收视率。当然，这在现实中由于涉及个人隐私等问题是不合法的。但这并不代表，在人工智能、云游戏等技术的支持下，这种没有剧情设定的真人秀的体验是无法实现的。

朝着元宇宙奔去的 Facebook 在一个名为 *Rival Peak*（如图 7-9 所示）的类游戏互动真人秀中进行了大胆的尝试，并收获了意想不到的结果。*Rival Peak* 营造真实环境的巧妙之处在于，整个节目中观众是由真实的人组成的，而节目嘉宾却不是，他们只是 AI 参赛者。游戏在西北太平洋的山地地区放置 12 名 AI 参赛者，他们的任务就是通过协作或对抗的方式在模拟的环境中生存。在整个节目的 12 周内，观众可以通过专用的交互式实时视频流，观察、帮助或阻碍一个或多个 AI 参赛者。

图 7-9　Facebook 类游戏互动真人秀 *Rival Peak*

例如，点击直播的左上角，观众可以看到当前角色简单的个人介绍，包括他的职业、性格、当前的目标、观众的积分，以及角色的 4 个状态：饥饿值、干渴值、温暖值和社交关系。在观众对角色的行为进行选择时，需要根据当前角色的情况和状态，选择特定的目标。观众在有限的时间内进行目标选择的同时，游戏后台会对相关数据进行统计，以此影响角色的行为和故事的走向。比如，当角色在进行伐木、点篝火等操作的时候，观众可以进行简单的操作，减少角色在单个任务上所消耗的时间（如图 7-10 所示）。无论是观众对角色行为的选择还是观众的操作，包括观看时长，都将会产生积分，累积到当前视角的角色上（如图 7-11 所示），每周积分排名最末的参赛者将会被淘汰，直到最后一名参赛者获胜。人们依旧能够在类似幕后休息室的地方看到被淘汰的参赛者，以及他们之间的故事。就像是一场真实的生存游戏，只不过主角团换成了 AI

人物。

图 7-10　*Rival Peak* 中观众对 AI 参赛者的干预

图 7-11　*Rival Peak* 中观众对 AI 参赛者的积分影响

Rival Peak 上线以来获得了巨大的成功。在节目第六周结束后，观看次数已经超过了 2200 万次，单次直播当中，最多同时有超过 60 万人围观 AI 人物的所作所为，同一个频道最多有超过 5 万名观众加入直播，直播在最初的六周内提供了超过 3000 万分钟的观看时间，玩家在直播中所产生的积分数量已经超过了 4 亿个。

某种程度上，*Rival Peak* 或许暗示了未来元宇宙中大型互动现场活动（Massive Interactive Live Event，MILE）的到来。在 AR/VR、云游戏、人工智能等技术的支持下，观众不再是被动的观看者，也是参与者。这是一种区别于当前弹幕互动的一种强互动和强参与。剧情走向、人物设定都是 AI 随机决策生成，而不是按部就班的既定剧本。这种由观众决定走向、持续存在、双向强互动、沉浸式参与的体验，大概就是 MILE 将呈现给人们的意想不到的新奇与惊喜。

7.1.3　拥抱虚拟偶像

无论是演唱会、时装秀这样的大型娱乐现场活动还是真人秀这样的综艺节目，明星偶像都是娱乐的核心元素之一。追星是普通人对内心完美自我的一种心理投射，舞台上俊美俏丽、光芒四射的偶像们是人们向往和喜爱的对象。每个人或许都有过成为偶像的梦想，哪怕不是为了万人景仰的目光，只是为了成就心中理想的自己。但是谁能想到，在 3D 建模和渲染、动作及表情捕捉技术高速发展的今天，虚拟偶像会与现实中的偶像们一争高下，人们开始接受并喜爱这些看上去极度真实的虚拟人。更为重要的是，随着技术工具的普及化以及云计算、云渲染的发展，这些红遍网络的虚拟偶像有的并非由专业的公司团队制作，而是来自于普通人。换言之，在未来的元宇宙中，每个人都有可能创造出自我内心投射的虚拟偶像并有可能广受欢迎。

虚拟偶像由来已久，早在人们创造二次元动漫世界的时候，虚拟偶像就已经出现。对于儿时的我们，米老鼠、唐老鸭、机器猫等这些经典的卡通形象都可以被称为虚拟偶像，且这些虚拟偶像的生命力和受欢迎度可能是现实偶像无法比拟的。随着数字图像处理技术的进步，更加逼真的虚拟人产生了。通过 3D 图像软件或其他模拟仿真工具制作，虚拟人在外观、智能等方面与真人的相似性足以"以假乱真"，并且虚拟人可以与现实人类进行交互。虚拟人与虚拟偶像的结合是毫无悬念的发展方向。

在虚拟人技术发展趋势的推动下，虚拟偶像也朝着高保真、智能化、工具化的方向发展。首先在视觉层面，虚拟人正朝着外形、表情到动作都 1∶1 还原真实人的高保真方向努力。然而，要实现这样的高保真性其实并不容易。因为人类视觉对同类的形象、特别是对面部高度敏感，人们很容易通过面部表情以及复杂的面部皮肤肌理来判断虚拟人是否足够"自然"。这也就意味着，真实的虚拟人脸合成，不仅仅需要有非常准确的动作捕捉和动作驱动，还需要在各种光照环境下，人物脸上、身上的反光、阴影要能能够非常自然地反映场景的变化。早在 2008 年 SIGGRAPH 大会上，南加州大学创意技术研究所和 Image Metrics 联合发布了一项名为 Digital Emily 的项目（如图 7-12 所示），普通人已经很难区别出哪个是真实的 Emily。

图 7-12　*Digital Emily* 项目中左边为虚拟人，右边为真实人

同样在 2021 年的 SIGGRAPH 大会上，英伟达黄老板的虚拟人"欺骗"了世人足足 3 个多月，如果不是他自己公布幕后细节，没有人知道 3 个月前视频中的黄老板是虚拟替身。

其次，即便突破了静态下拟真的瓶颈，如何让虚拟人自然地动起来，是另一个关键的问题。举个例子，真实人类的一颦一笑都会牵动骨骼、肌肉、皮肤的一系列变化，人类的大脑会牵动面部神经对每一个细微的动作进行调整，但是虚拟人的面部表情只能通过计算机调节。如果只凭借手工方式调整，这将是累死人的工作量。因此，虚拟人还需要通过人工智能，利用人类动作和表情数据集，对表情数据做出实时的调整，让虚拟人的表情尽可能真实。

最后，工具化是指高效的 3D 模型与渲染、动作捕捉等工具的出现，让零基础的普通人能够轻松制作出虚拟人。换言之，只要具备足够的创意和一定的原画基础，就可以通过 3D 建模软件对虚拟人进行面部或全身的形体建模，然后通过动作捕捉设备，例如手指追踪器、头盔、衣服、具有面部追踪功能的智能手机等，能够实时地将自己的动作表情捕获传导给自己的虚拟分身

图 7-13　美国 3D 虚拟主播 CodeMiko 利用动作捕捉设备直播过程

（如图 7-13 所示），最后再通过渲染工具对毛发的质感及光场的追踪进行处理，一个活灵活现的虚拟人就此完成。

虚拟人制作的简易化为普通人创造虚拟偶像提供了基础。2020 年 10 月，一位留着利落的短发，内双大眼，皮肤红润，略有眼纹，额头上有着若隐若现的青春痘的虚拟偶像阿喜（如图 7-14 所示），诞生在短视频社交平台抖音上。

阿喜的设计者 Jessie 是深圳一家三维电脑动画公司的导演。

图 7-14　网络虚拟偶像阿喜

就是这样一个容貌并不完美的虚拟人，在短短几个月的时间，在网络上拥有了几十万粉丝。人们喜欢观看她顶着卷发器嘟嘴的表情，对着镜头嚼苹果，站在海边吹风，看上去可爱又美好。趋近真实的阿喜也成为人们倾诉的对象，人们会向她诉说开学的烦恼，生活的压力，从中放松并重拾生活的勇气。2021 年夏天，阿喜受邀成为中式雪糕品牌钟薛高的"特邀品鉴官"，并且发布了阿喜出镜的夏日短片和季节限定杏子奶冰口味雪糕。短片中，头戴草帽的阿喜在灿烂的阳光下，将少女的甜美与雪糕的清爽自然地融合在一起，起到了良好的品牌推

广效果（如图 7-15 所示）。

　　类似阿喜这样的虚拟偶像变得越来越普遍。例如，柳叶轻眉、细挑眼梢、随意竖起的发髻、自带古风侠女气质的翎，在时尚界玩得是风生水起，已经登上 Vogue 杂志，接到特斯拉的广告等（如图 7-16 所示）。在海外社交平台 Instagram 上坐拥百万粉丝，竖着双发髻，脸上略有雀斑的虚拟人 Lil Miquela 也是时尚界的宠儿（如图 7-17 所示），其合作的品牌包括 Chanel、Supreme、Fendi 和 Prada 等顶级奢侈品牌。2020 年 11 月，韩国 SM 公司推出了一个 8 人新女团 aespa，其中有 4 个成员是虚拟人，每一个虚拟人象征着现实偶像的分身和虚拟镜像（如图 7-18 所示）。这些虚拟偶像已经开始更为频繁地出现在内容平台、品牌代言、直播电商、等领域，它们虽然不是真实的人，却有着真实的影响力。

图 7-15　阿喜为雪糕品牌钟薛高代言

图 7-16　国内时尚虚拟博主翎

图 7-17　美国虚拟时尚偶像 Lil Miquela

图 7-18　韩国真人 + 虚拟人的偶像组合女团 aespa

在未来的元宇宙中,高保真、智能化的虚拟偶像或许会变得越来越普遍。毕竟制造这些虚拟人的门槛越来越低。只要元宇宙的居民愿意,他们就能够创造出自己的虚拟偶像,在虚拟偶像身上投射并释放内心真实的自己,并获得多样化的商业化变现路径。

7.1.4　元宇宙下的电影产业

大众娱乐的项目怎么能够少得了电影。无论是端着爆米花坐在电影院的银幕前,还是窝在电视机前的沙发上,看电影都已经成为人们日常生活娱乐与社交的一部分。电影与元宇宙很早就结下了不解之缘。电影作为叙述故事的工具,在元宇宙的概念尚未形成之前,就开始对虚拟的平行世界进行了构想与阐述,例如前面提到的《黑客帝国》《头号玩家》《异次元骇客》等。可以预见的是,随着元宇宙概念的逐渐普及,相关题材的电影或剧集将会越来越多,所探讨的内容也将更加丰富,例如 2021 年的电影《失控玩家》就是对虚拟游戏世界中虚拟人觉醒假设的故事演绎。当然,元宇宙对电影产业的影响不仅仅停留在故事内容和题材借鉴上,在电影拍摄与制作、电影及电影衍生品的数字资产形成等方面,元宇宙也已经悄无声息地渗入。

在电影的拍摄与制作方面,人们对巨大的绿幕已经不再陌生。在计算机图形图像技术、动作捕捉、实时渲染等技术的支持下,能够拍摄各种各样的虚拟人及虚拟场景的虚拟制作(Virtual Movie Making,VMM)技术已经相当成熟。演员们只需要在蓝绿背景前表演,而背景的蓝绿颜色直接被提前制作完毕的符合电影剧情发展的虚拟场景替换(如图 7-19 所示)。这也意味着拍电影的地域限制被打破了,只要虚拟场景足够真实,演员们无须飞至天南海北,只需在布满绿幕和控制点的摄影棚内,就可以拍摄上午在繁华热闹的纽约,下午在梦里水乡的江南等不同区域题材的电影。与此同时,导演在拍摄的过程中,也能够通过监视器实时看到演员真实表演与虚拟场景结合的效果,提升对电影画面及演员表演效果的掌控,使拍摄更具有计划性,提高拍摄效率,降低后期修改的时间和人力成本。

图 7-19　电影《爱丽丝梦游仙境》（Alice in Wonderland）中虚拟拍摄场景

除此之外，虚拟人也逐渐在电影中发挥作用，从虚拟预演到正式出演，贯穿始终。预演其实就是在电影正式开拍之前的更加具象化的概念设计或者虚拟彩排，虚拟预演则是将这些在虚拟空间中进行演绎。这对于一些比较复杂的镜头，比如追车、打斗、战争、特殊视觉效果等，是十分必要的。虚拟预演满足了虚拟人在虚拟场景内可以进行多次虚拟预演镜头的拍摄，将多次预演镜头进行输出保存，为后期的正式拍摄的执行与表达提供了直观的技术支持（如图 7-20 所示）。而随着越来越逼真的虚拟人出现，虚拟人在影片中的正式出演早已不是问题。比如在电影《速度与激情 7》中，饰演男主角 Brian O'Conner 的保罗·沃克因车祸去世。为了减少临时替换演员带来的不可预计的市场损失，制作方利用人工智能、动作捕捉等数字化技术，让数字人"保罗"在影片中参演。电影《双子杀手》中，威尔·史密斯年轻版的"数字演员"与其本人同台竞技。虚拟人在电影中的使用变得越来越频繁。

在电影及电影衍生品的数字资产化方面，NFT 也正在与电影产业结合。一些具有稀缺性和独特性的电影内容及电影衍生品周边通过 NFT 转化为电影数字资产，并通过区块链完成电影数字资产确权及点对点交易。一些未公开发行的电影海报、剧照、电影配乐、歌曲、电影剧本、分镜头台本、电影美术、电影道具、纪录片、创制花絮等，都可以转为 NFT 作品，被观众或电影爱好者们收藏。例如，借助于 VR 和 AR 技术的沉浸式数字收藏品平台 Terra Virtua，就与一些知名的电影公司开展了合作，为用户提供能够进行深度感官体验的 NFT 数字藏品。2020 年 9 月，Terra Virtua 与著名电影《教父》（The Godfather）达成合作，推出基于《教父》电影三部曲的 NFT 收藏品；2021 年 11

图 7-20　电影《唐人街探案 2》中纽约城市分解移动的虚拟预演

月，与美国1996年出品的经典电影《壮志凌云》（Top Gun）达成合作，推出NFT收藏品；2021年12月，又推出著名电影《环太平洋》（Pacific Rim）的NFT收藏品以及以电影为主题的2D、3D版本的静态及动画NFT藏品。2021年，Terra Virtua与华纳兄弟公司合作创建电影《哥斯拉大战金刚》（Godzilla vs Kong）NFT收藏品系列（如图7-21所示），与电影上映同步发行。目前，收藏家可以以10～2500美元不等的价格购买复古主题的哥斯拉和金刚海报及精美的动画。

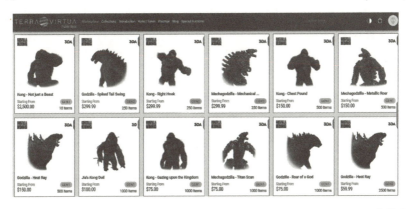

图7-21　Terra Virtua上电影《哥斯拉大战金刚》（Godzilla vs Kong）NFT收藏品

7.2　元宇宙影响下的生产与生活

元宇宙虚拟世界的强交互、超真实以及无穷的想象力带来的综合式体验是品牌营销推广的绝佳形式。品牌商们不再满足铺天盖地的广告，而是直接在虚拟元宇宙中与人们一同玩乐，在玩乐中一边深入品牌形象一边开个"元店"卖一卖产品。制造业也受到了影响，通过元宇宙的数字孪生技术，将现实的生产制造平行镜像至虚拟环境中，极大地提升了人们对生产设计、制造维修等全生命周期的质量把控和品质提升。除此之外，元宇宙也将为远程的日常工作协作提供更加沉浸和真实的体验，未来的工作将进一步打破地域限制。总之，元宇宙影响的不单单是娱乐产业，而是生产制造、商业零售、品牌推广、日常工作等现实中的方方面面。

7.2.1　数字孪生与数字工厂

元宇宙不仅能够生成现实中不存在的事物及空间，更重要的是能够产生现实世界的虚拟映射，将现实与虚拟紧密地联系在一起。工业制造领域为这种现实浸入虚拟的镜像起了一个科技感十足的名字——数字孪生（Digital Twin）。

数字孪生的概念可以追溯到迈克尔·格瑞夫斯（Michael Grieves）博士2002年在美国密歇根大学的产品全生命周期管理课程上。尽管数字孪生的术语并没有正式提出来，但是格瑞夫斯提出了在虚拟空间构建的数字模型与物理实体交互映射并描述实体产品的全生命周期的理念。数字孪生的基本理念由此开始发展。2011年，美国空军研究实验室结构力学部门做了一次名为《基于状态的维护和结构完整性的战斗机机体数字孪生》（Condition-based Maintenance Plus Structural Integrity（CBM+SI）& the Airframe Digital Twin）的演讲，首次明确提到了数字孪生这个概念。美国空军研究实验室希望通过数字孪生的方式实现战斗机维护工作的数字化。紧接着，美国国家航空航天局与美国空军联合发表了关于数字孪生的论文，指出数字孪生是驱动未来飞行器发展的关键技术之一。在工业领域，美国通用电气、德国西门子等工业领域巨头均对数字孪生产生了浓厚的兴趣，认为数字孪生是真正实现工业数字化的最重要的推手。

所谓数字孪生，是指充分利用物理模型数据、传感器数据、运行历史数据，将具有数据连接的特定物理实体或过程进行数字化表达，保证物理状态和虚拟状态之间同步进行，在虚拟空间中完成映射，从而反映相对应的实体装备的全生命周期过程。与普通的CAD制图以离线的方式模拟现实世界不同，数字孪生技术最大的特点在于与现实世界的实时同步。数字孪生技术需要通过传感反馈及数据分析等技术手段对对物理实体状态进行感知、诊断和预测，进而优化物理实体，同时优化自身的数字模型，保证虚拟实体的保真性、实时性与闭环性。这样一来，物理本体的实时状态，还有外界环境条件，都会复现到"数字孪生体"身上。

数字孪生技术通过虚实映射对物理实体构建数字孪生模型，进而实现物理模型和数字孪生模型的双向映射，这对于改善对应的物理实体的性能和运行绩效具有重要作用，在工业互联网、智能制造、智慧城市、智慧医疗等方面均具有广泛的应用空间。

例如，在基于数字孪生技术的数字工厂，在产品研发的过程中，可以虚拟构建产品数字化模型，并对产品进行仿真测试和验证；在生产制造的过程中，能够模拟设备的运转以及参数调整带来的变化，从而有效提升产品的可靠性和可用性，并降低产品研发和制造风险；在产品的维护阶段，通过对产品运行过程中的数据进行采集与智能分析，能够预测维护工作的最佳时间点，为故障点和故障概率提供参考。

英伟达与德国汽车制造厂商宝马合作，利用Omniverse平台和数字孪生技术，为宝马打造虚拟工厂项目（如图7-22所示）。汽车制造业大规模标准化的生产方式早已过时，适应市场快速更新及定制化需求的大规模个性化生产是制造业面临的新挑战。为了适应新车上市的节奏，宝马需要利用数字孪生技术定期对工厂进行重组。员工可以使用动作捕捉套件在虚拟工厂中操作,在现实工厂和虚拟工厂中进行穿梭、不断地模拟测试,进而通过协作的方式实时调整生产线设计。除此之外,宝马的虚拟工厂还使用了虚拟人对生产线的优化进行测试和训练,为工厂的智能化提供感知模型数据。

图 7-22　英伟达与宝马合作打造的虚拟工厂

7.2.2　元宇宙中的工作日常

元宇宙很可能会改变未来工作的日常。在元宇宙虚实交互的世界中,能够突破地域限制的不仅仅是游戏娱乐,还有工作。通过 VR/AR 技术的呈现,人们远距离的沟通不再是单调的文字图片或者语音视频,而是营造出一种远在天边却近在眼前的临场真实感,而这种"线上面对面"的感觉是当前电话语音通信、网络视频会议难以企及的。Facebook 的 Workrooms 和 Microsoft 的 Mesh 就体现了未来元宇宙中工作协作的发展方向。

Facebook 在 2021 年 8 月发布了虚拟现实视频会议应用程序 Workrooms。Workrooms 是 Facebook 旗下虚拟现实平台 *Horizon* 的应用之一。Horizon Workrooms 是一种 VR 协作工具,可为团队提供跨 VR、网页端的虚拟空间,让人们联系和协同工作。通过虚拟现实设备 Oculus 2 接入并配合计算机操作,用户可以在虚拟现实中以虚拟化身的身份加入到会议中,在虚拟空间中感受自己真实的动作,通过虚拟世界中的同步协同产生"面对面"沟通的错觉。

这是一个比当前枯燥无味的线上会议更有意思的会议体验。首先,参与会议的每个人都可以为自己创造虚拟形象。虽然在 Workrooms 中只是半身的形象,但是个性化服装和配饰的 DIY 依旧能够让同事一眼认出。其次,虚拟现实协同的体验很奇妙。Workrooms 能够将真实世界与虚拟空间连接起来。比如,与会人的计算机屏幕、计算机键盘等能够投射到虚拟会议室中,产生虚拟的屏幕和键盘,这也就意味着即使是佩戴着 VR 头显身处在虚拟空间之中,用户也能使用真实世界里的计算机,调取内容、做笔记,可以与房间内的其他人共享你的计算机屏幕。最后,Workrooms 还支持头部和手势跟踪以及虚拟白板等功能。现实中的动作投射到虚拟世界中是体验真实感的重要因素。比如,当转头看同事或房间白板时，用户虚拟空间的视野会随着一起平移。当朝另一位同事挥手时，用户的虚拟化身也会在会议室里挥手致意（如图 7-23 所示）。同时，用户可以直接站起来在现实空间的虚拟白板中书写，投射到虚拟会议室的头脑风暴中，与同事分享想法（如图 7-24 所示）。

图 7-23　Workroom 中现实挥手与虚拟世界同步

图 7-24　Workroom 宣传片中虚拟白板的使用

如果说 Facebook 的 Workrooms 让人激动的话，那么 Microsoft 发布的混合现实平台 Mesh 就更加令人尖叫了。Mesh 是由微软云计算 Azure 支持的全新混合现实平台，允许不同物理位置的用户通过多种设备加入共享式和协作式全息体验。与 Workrooms 触及真实感的路径不同，Mesh 所处的环境是真实的，而人是通过增强现实和全息投影技术放入真实环境中的虚拟影像。因此，与全部虚拟化的 Workrooms 相比，身处物理世界的 Mesh 或许能够带来更强的真实感。

从官方发布的宣传片来看，Mesh 将跨地域的协作与沟通处理得无比真实。远在日本采集气象数据的同事能够瞬间进入美国同事的家中，在地球模型的全息投屏上，讨论气象学数据和发现（如图 7-25 所示）。对中文感兴趣的外国小伙儿，可以通过 Mesh 得到来自中国老先生手把手的指导。汽车指导的设计师或工程师可以以全息人像的形式出现在共享式虚拟空间，并就全息模型进行协作和迭代（如图 7-26 所示），一切仿佛正如科幻电影那般神奇。只需要通过 AR 眼镜，地域的、物理的、现实的界限似乎都会被打破。此处非此处，广阔而无疆。正如 Mesh 的宣传语 "Here is Anywhere"。

图 7-25　Mesh 宣传片中利用 AR 实现的跨区域瞬间移动

图 7-26　利用 Mesh 实现汽车设计的远程协作

尽管体验很不错,但应该看到无论是 Workrooms 还是 Mesh 都还有很长的路要走。体验过 Workrooms 的人发现,虚拟会议存在音频被切断的情况下音画不同步、人物的手势跟踪不协调、空间音频不精确、部分使用功能导致混乱等问题。Workrooms 的大规模商业化道路还未完全打通。Mesh 一开始也会通过卡通式化身来具现参与会议的人物,全息瞬移来投射出最逼真的人物自身还暂时无法实现。但这二者已经给出了明确的发展方向,在未来的元宇宙中,更有趣、更激发集体创造力更真实再现人物形象的跨地域协作一定能够实现。

7.2.3　游戏化的品牌传播

游戏是元宇宙中不可或缺的重要元素及应用场景。随着越来越多的人正在或者将要走进游戏化的世界中,虚拟游戏或虚拟社交逐渐成为人们生活中的一部分,这是不争的事实。尤其是对于年轻的 Z 世代群体而言,传统的电视或电影已经很难吸引他们,品牌商很难通过传统的电视广告或电影广告植入唤起消费者注意。Z 世代的年轻人在虚拟的游戏中度过了大量的时光,他们在此相遇、竞争、合作以及创造,为品牌营销及传播创造了巨大的机会。品牌商们纷纷入驻虚拟空间,竖起虚拟广告牌,进行游戏的广告植入。或者与游戏商进行深度合作,通过联名 IP 销售游戏内产品和角色皮肤,扩大品牌的知名度。又或者干脆化身为深度玩家,在虚拟世界中建设与品牌高度关联的品牌王国、发售品牌

NFT产品，与潜在的消费者进行深度的联动。

如今的游戏广告已经不再是弹窗小广告那样初级了，而是如同电影植入一般，毫无违和地出现在玩家的世界里。以备受欢迎的任天堂游戏《动物森友会》为例，作为一款经典模拟经营游戏，玩家们能够在虚拟的世外桃源中自由创建任何自己喜爱的事物。很多玩家纷纷将现实生活中的事物搬进自己的岛上，比如在现实中高档的Gucci衣服、平日里爱喝的喜茶奶茶、下班后常逛的盒马鲜生等。这些自发性的小乐趣迅速引起了品牌广告商的注意，品牌商开始在《动物森友会》中火速开工，搭建"品牌岛"，例如喜茶不仅为自己搭建了一个岛，并且把多肉葡萄、芝芝莓莓等饮料的概念放到了游戏的服装设计中分享给玩家，在游戏中提高产品曝光度，也深入刻画了喜茶生活化的品牌形象（如图7-27所示）。除了喜茶，以类似的方式入驻游戏的还有肯德基、盒马鲜生、鱼眼咖啡以及时尚品牌Net-A-Porter、华伦天奴等（如图7-28所示）。对于品牌商而言，在《动物森友会》中建岛设计的成本极低，但是品牌宣传却是颇有成效的。这种与玩家近距离互动的新颖宣传方式，不仅增加了品牌的曝光度、加深了消费者心中生动的品牌印象，也将线下的新品销售成功代入线上。这种省钱又讨好的品

图7-27　游戏《动物森友会》中喜茶品牌的植入

图7-28　游戏《动物森友会》中Net-A-Porter、KFC、盒马鲜生、华伦天奴品牌的植入

牌营销推广，将是元宇宙游戏中的一大特色。

品牌商与游戏商进行合作，联合推出游戏道具、游戏皮肤等游戏内产品也是游戏化品牌推广的趋势之一。不同于《动物森友会》中免费的品牌曝光，联名限量的道具和皮肤往往都不便宜，但同样能够取得很好的宣传效果。并且与特定的游戏IP合作，也能够更加凸显品牌的个性化定位及形象。例如，由美国拳头游戏开发的著名多人在线战术竞技游戏《英雄联盟》（League of Legends）中，奢侈品牌路易威登与游戏合作，推出英雄奇亚娜皮肤。原画中战斗力强劲、美艳动人的奇亚娜带着LV经典圆形大耳环，身着全套LV劲装，再加上一款精致利索的LV小腰包，以45°的俯视视角摆出造型示人，自带王者风范（如图7-29所示）。玩家们不仅可以在LV的实体店中找到并购买奇亚娜同款的服装和配饰，也会将游戏角色奇亚娜的飒爽贵气与LV的品牌形象联系在一起，对于LV的品牌宣传和产品推广而言可谓是双赢。

图7-29　身着一身路易威登的《英雄联盟》角色奇亚娜

同样的事情也发生在游戏《堡垒之夜》中，在电影《复仇者联盟3：无限战争》（Avengers：Infinity War）上映期间，《堡垒之夜》推出具有无限技能的游戏道具"灭霸手套"，找到该道具的玩家能够化身戴着无限手套的灭霸，用独有的技能炫技全场。而高端汽车品牌法拉利也将即将上市的新车296 GTB发布在《堡垒之夜》中，这是游戏中第一款授权的且在真实世界中存在的车辆（如图7-30所示）。

图7-30　游戏《堡垒之夜》中发布的法拉利新车296 GTB

除了游戏广告植入和游戏 IP 合作，在未来元宇宙中，品牌商可以探寻更多的品牌互动方式，通过游戏搭建自己的品牌王国，让消费者们在玩游戏的同时，设计或定制属于自己的个性化商品。美国极限运动品牌 Vans 就在元宇宙游戏 Roblox 中就构建了这样一个世界。在这个名为 Vans World 的虚拟滑板主题乐园中，随处可见 Vans 的品牌 Logo 和黑白棋格标志，商店的屋顶摆着超大的黑白格帆布鞋和滑板装饰，尽现滑板街头风（如图 7-31 所示）。玩家可以在 Vans World 中自由闲逛探索、参加滑板比赛、享受玩滑板的乐趣。在疫情隔离无法外出玩滑板的时候，线上的滑板游戏也是不错的选择。除此之外，Vans 商店里摆放着服饰、鞋帽、滑板、背包、眼镜等物品，玩家可以获取免费物品，也可以利用 Roblox 中的货币 Robux 购买 Vans 的经典款或进行个性化定制，并通过官网购买实体定制产品，实现虚拟和现实的交互。

图 7-31　潮流品牌 Vans 在 Roblox 中的游戏以及虚拟商店

这是一种存在于元宇宙中更新奇的体验，品牌不再是图片、视频这样生硬的广告推广，而是化身为形象化的游戏吸引年轻的消费者并与之强互动，将消费者在元宇宙中的自主创造变为现实世界中真实的产品，元宇宙的虚拟与现实世界的真实完美地融合在一起。这不仅仅是品牌推广，更是品牌体验的升级。

7.2.4　虚拟零售与元店

零售业是人们生活密切相关的产业，无论是小区门口的便利店还是线上的京东、淘宝，人们经常要通过零售门店满足日常的生活消费需求。在互联网及移动互联网的影响下，零售业已经突破线下实体店的限制，人们能够利用网络及计算机或移动终端选择并购买所需的商品。同时，随着线下物流配送体系的完善，人们已经逐渐习惯了线上购物的便利性。

但是不要忘记，无论当前线上购物如何便利，线上购物体验仍然无法与线下实体店的购物体验相比。那种在琳琅满目的商店中信步闲逛，随手挑选感兴趣的商品，观看商家的打折广告，偶尔来自店员的耐心介绍，随处可见的其他消费者，都构成了真实鲜活的消费体验，也是线上购物所缺乏的。元宇宙将为线上零售赋能，通过数字孪生、增强现实等技术，将线下的商店映射至虚拟空间，为消费者带来更加真实、新奇的购物体验。又或者就在虚拟世界中开一家"元店"，售卖数字原生或者与现实世界相对应的商品。

数字孪生化的商店将会给消费者带来更加直观、沉浸式和更具参与感的购物体验。与当前电商平台通过图片、视频等二维展示不同，未来元宇宙所呈现的虚拟零售店是三维沉浸式的。消费者通过 VR/AR，能够如实感知到实体店中商品陈设及氛围，以更加自然的方式感知并了解到展示的商品，购物过程和体验无限接近真实的实体店销售。

全球知名奢侈品牌 Gucci 为了庆祝 100 周年庆典，在意大利的佛罗伦萨举办了一场名为 *Gucci GardenArchetypes Exhibition* 的展览，并通过元宇宙游戏 *Roblox* 将这场展览搬到了虚拟世界中（如图 7-32 所示）。玩家通过传送门进入 Gucci 线下最具影响力的 15 个发布活动展览，中性化的虚拟化身也十分符合奢侈品的形象定位，并且随着玩家展览轨迹的不同形成独特的纹饰。玩家依旧可以在 Gucci 的线上展览中购买限量版的道具和装饰，包括 Gucci Dionysus 包，Gucci 镶钻太阳镜，Gucci GG Marmont 包和 Gucci 头带等（如图 7-33 所示）。正如 *Roblox* 创始人所言，"在元宇宙中，品牌能够突破创造力的天花板，提供在现实生活中没有的独一无二的经验和体验。就像这次的 GucciGarden，模特的头上长出花朵、莺蝶环绕，这在现实中的艺术展览上是难以做到的。"

图 7-32　Gucci 在游戏 *Roblox* 中的虚拟活动展览

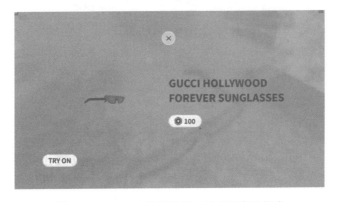

图 7-33　Gucci 在虚拟展览中的虚拟商品售卖

不仅仅是 Gucci，越来越多的品牌或零售店决定将实体店映射到线上，利用 3D 或虚拟现实技术，让消费者产生如同线下实体店购物的体验。2021 年下半年，美国护肤品牌德美乐嘉（Dermalogica）开设了一家 VR 商店以展示其最新产品。德美乐嘉在其 VR 商店中提供免费的皮肤分析工具、产品及视频介绍，使得顾客能直接在店内购买特色产品。VR 店为德美乐嘉的业绩增长提供了助力。除此之外，兰蔻、芬迪等品牌都在虚拟零售上进行了探索与尝试。毫无疑问，虚拟零售会随着元宇宙技术的成熟变得普遍。

其实，结合 3D 效果的消费应用早已普及到很多行业中，例如装修业，从室内设计到选材，都可以让消费者通过 3D 数字图像看到更直观的效果，帮助消费者选择自己喜欢的设计风格和材料，也从很大程度上减少了装修公司或原材料的商家们与消费者之间的沟通障碍，更容易促单。

现实浸入虚拟，虚拟影响现实。消费者们能够发现在现实中越来越多的零售商会采用 AR 技术为实体店铺提供虚拟展示，通过虚拟世界的奇思妙想为消费购物带来奇妙的综合体验。现实的店铺也可以浸入虚拟世界，让消费者在虚拟的元宇宙中感受真实的购物过程。虚拟与现实充分互动，达到虚拟即真实，真实亦虚拟的境界。

总之，在自由创造的未来元宇宙中，每个元宇宙居民都可以在分布式数字商业平台上创建和拥有自己的元店（如图 7-34 所示）。通过 VR/AR/XR、区块链、人工智能等数字化技术，这些虚拟的元店与物理世界的商店进行虚实交叉互动，既可以像 Vans 和 Gucci 那样，将线上的探索与创造均与线下的实体物品购买紧密相连，让消费者们在虚拟游乐中完成现实世界的消费；也可以类似《动物森友会》Decentraland 那样，打造服务于数字原生产品的商店，通过虚拟

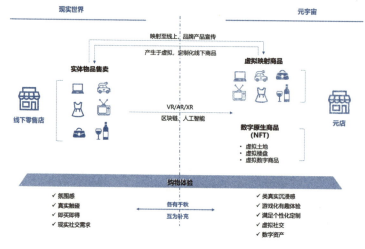

图 7-34　元宇宙中元店与线下零售店的关系

土地、楼房等 NFT 数字资产的运营获得资产增值，打造全新的数字商业城市生态。消费者们既能够在元店中体会到线下零售店中随便逛逛、肆意挑选的购物经历，又能够体会到元宇宙中奇趣的游戏化、个性的私人定制化、拥有独一无二的数字资产等新体验。现实线下购物体验与元宇宙虚拟购物体验相互交融，互相赋能，为人们带来更便利、更有趣、更满足的购物新体验。

7.3 元宇宙中的未来生活

除了娱乐文化、商业生产，元宇宙还会对我们的生活带来种种变化。就像打开了一扇新世界的大门，人们可以在这个虚拟的世界中拥有价值性的虚拟数字资产、化身为超真实的数字人在虚拟时空中行走和体验、在代码堆叠的自由空间里肆意地创造并产生价值，与其他的元宇宙居民建立更加沉浸式的社交关联等。虚拟的元宇宙拓宽了我们生活的边界，虽然我们身处虚拟，但内心获得的感受却是无比真实的，进而不断丰富着我们对世界以及对自我的认知。

7.3.1 坐拥数字资产

当元宇宙的虚拟世界彻底融入人们的生活中时，购买并拥有虚拟商品或数字资产将成为一种习惯，就如同去购物中心挑选购买服饰、运动用品等日常百货那般习以为常。我们也需要为元宇宙中的虚拟化身挑选或朴素或新潮的数字服装，坐上充满科幻想象的极速飞车，同步开启虚拟世界生活的一天。这似乎与一些深度玩家在虚拟游戏世界中更换游戏皮肤、执行游戏任务很相似，却又不完全相同。在元宇宙的世界中，这些数字资产以 NFT 的形式进行价值流通，而不仅仅局限在某个游戏之内，其价值的交换是无界的。除此之外，元宇宙中的数字资产并非与现实毫无瓜葛，就像 Vans 的虚拟商品除了能够作为 NFT 的艺术收藏，也可以变为现实中的潮流 T 恤穿在身上。这就使得数字资产对于普通人而言是实实在在具有存在意义及价值的。

The Fabricant 是荷兰一家设计数字服装的公司。与传统的服装设计公司不同，在"数字时装第一、物理服饰靠边"（ALWAYS DIGITAL, NEVER PHYSICAL）的口号带领下，The Fabricant 从来不考虑真实面料的质感及成本，也不需要聘用模特进行 T 台展示，只需设计并呈现 3D 影像的时装及相应的动态画面。2019 年，The Fabricant 与德国面部滤镜艺术家约翰娜·亚希科夫斯基（Johanna Jaskowska）及 3D 渲染制作公司 Dapper Labs 合作，通过二维空间的服装剪裁以及 3D 虚拟服装输出技术，推出了一款超写实的虚拟服装（如图 7-35 所示）。这款名为"彩虹色"（Iridescence）的连身套装似如丝质搬轻柔，却又闪烁着丝绸没有的斑斓光色，在虚拟的空间中随风飘荡，亦真亦幻。*Iridescence* 在以太网的拍卖会上以 9500 美元的价格成交。The Fabricant 以事实向时尚界宣告，时尚可以不受现实世界的束缚，服装也并不一定以物质的形式存在。

图 7-35　The Fabricant 发布的以 9500 美元成交的数字服装 *Iridescence*

关注虚拟数字产品及资产的品牌越来越多，并努力让人们在虚拟和现实中都能够感受到数字资产的价值。例如，2020 年成立的虚拟潮流品牌 RTFKT（如图 7-36 所示），其设计的限量版虚拟球鞋能够作为游戏皮肤或者通过 AR 技术在现实世界中穿戴，使得客户可以在物理和虚拟世界中享受他们的商品。在 2021 年三月份，与艺术家 Fewocious 推出的联名 NFT 鞋，在开售的 7 分钟之内就卖出 600 双，销售额超过 310 万美元。从线下走入线上的产品也不在少数，Gucci 在 *Roblox* 中售卖的数字版 Gucci 包也需要 4000 美元，比现实中的包包还要贵，但依旧有不少人买单。

图 7-36　虚拟潮流品牌 RTFKT 的虚拟球鞋

市场见证了虚拟数字资产的价值。元宇宙为人们拥有数字资产提供了机会。无论是原生于虚拟世界的数字资产，还是现实中的品牌发布并利用虚拟资产提升销量，元宇宙都给了人们拥有更多价值性资产的可能。数字资产不再困于游戏、网络平台这样狭窄的虚拟空间，而是与现实产生了关联，为人们的生活产生了切实的价值。

7.3.2 激发自由创造

当未来的工作与生活越来越智能化、便利化的时候，人们便会从枯燥的、重复性的工作中解放出来，大量的时间和精力将被投放到创造性的活动和工作上，而创造性正是元宇宙最显著的特征之一。元宇宙中数字空间中的创造不仅能够突破物理世界的各种限制，各种开放式的工具和跨地域的协作方式也为个人创造能力的释放提供了助力。人们在未来的元宇宙中的参与是一种主动的参与，即人们主动创造并搭建元宇宙虚拟世界中的空间场景、虚拟形象、游戏应用等，而不是当前大部分虚拟内容挂在互联网上等待人们的被动式消费。就像人们在现实世界中亲手创建自己的生活一样，未来的元宇宙也将这种建设的主动权交在了元宇宙居民手中。

主动的创造不仅满足了人们的个性化需求，也契合了人们注重成长体验的内心诉求。在元宇宙中，这种个性化和创造性的探索正逐渐从游戏扩散到其他的线上领域。

元宇宙打破了人们在现实世界中进行创造的束缚，虚拟世界中创造的无边界性让一切变得可能，至少从视觉感知上如此。例如，之前介绍的 The Fabricant 在设计创造虚拟服装的时候，就从来不需要考虑材料的物理限制，比如织物材料的耐磨性、材料的供应是否十足、价格是否合适等。取而代之的是，通过 3D 模型及渲染，不断尝试棉纺织品、皮革、丝绸等传统面料的合成制作的仿真效果，甚至超越传统材料，让水、烟、光都成为虚拟服装的原材料，创造出令人耳目一新的艺术效果（如图 7-37 所示）。在元宇宙中，建筑、家居、玩具等一系列现实生活中的创造与设计均可以虚拟化，人们的创意将被充分释放。

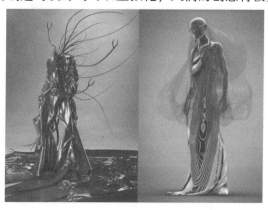

图 7-37　The Fabricant 突破物理限制的虚拟服装设计

除此之外，技术不仅突破了物理的限制，也帮助人们冲破了个人能力的限制。元宇宙将专业化的创造转化各式各样简易操作的工具，让人们不再受到专业能力不足的困扰，大胆突破自我，团结或利用一切能够利用的力量，去创造新世界。例如，对于不会编写游戏程序的人们而言，人们可以轻松地利用 Roblox 的游戏工具软件创造自己的游戏世界。2021 年火遍全网的 Netflix 剧集《鱿鱼游戏》在 Roblox 中得到游戏复刻，而这并非出自专业的游戏公司，而是普通的游戏玩家（如图 7-38 所示）。又比如，人们通过 AR 技术与全息投影技术，能够邀请志同道合却远在天涯的伙伴们一同协作，每个人都在对方分享创意的基础上解锁新的想法和创造，形成数字化创造的雪球效应。

图 7-38　Roblox 普通玩家复刻剧集《鱿鱼游戏》中的游戏

在元宇宙中，创造无处不在。人们不再被动地采用或享受他人创造的内容或成果，而是在他人创造的基础上进一步创造。技术与协作，大量个性化的内容将被创造出来，人们也会在创作的过程中获得创造新体验。或许没有什么能够阻止元宇宙中的虚拟创造，唯一的限制就是人们的想象力。

7.3.3　超真实数字化身

目前，像 Roblox 和 Decentraland 这些具备元宇宙雏形的游戏呈现出来的虚拟角色形象只能用"立体"来形容，虽然能够与二维的动画或图片区别开来，但人们还是一眼就能识别出这是虚假的游戏世界，远没有达到电影《黑客帝国》（The Matrix）那以假乱真的地步。无论是在游戏还是电影中，看上去真实、行动自然的虚拟数字人都是必不可少的要素，近乎真人的演绎给玩家或观众带来了真实合理的剧情代入，推动游戏或电影内容的进一步发展。对于理想状态下的元宇宙，肯定是需要超真实的虚拟数字化身，以实现平行宇宙的沉浸真实感。

制作高保真的数字人（Digital Human）从来都不是一件容易的事情。大部分人都有类似的经验，当观看虚拟的 3D 物体时，比如红色的跑车、波光粼粼的海面等，人们已经很难区分这是计算机特效还是真实的拍摄。但是看到虚拟的数字人或动物等有机生命体的时候，总会产生不自然的感觉。因为人类生动的表情和行为是难以预测的，这种生命活力的微妙之处以及更加复杂的细节，很难实时地表现出来。然而，经过游戏业和电影业多年研发，真假难辨的虚拟数字人开始频繁出现在日常生活中，并且这些虚拟人只需要普通人利用工具就可以轻松完成。

2021年3月，Epic Games公司旗下的虚幻引擎平台虚幻引擎（Unreal Engine）发布了一款全新工具"元人类生成器"（Metahuman Creator），能够轻松创建和定制逼真的数字虚拟人（如图7-39所示）。第一次看到Metahuman Creator宣传片的人，都会惊呼这些数字虚拟人的无比真实，从皮肤的纹路、表情、毛孔、发丝到牙齿都无限趋近真人，甚至有人开始担忧如此真实的数字虚拟人会不会让刷脸支付变得不再那么安全可信。因为，这些看上去像真的一样的数字虚拟人完全是可以由普通人操作并在一个小时之内就可以完成的事情。

图7-39　Metahuman Creator的数字虚拟人创作效果

一般情况下，创作真正令人信服的数字虚拟人需要大量的时间、精力、专业人才以及高昂的设备和人力开销，这也是为什么充满计算机特效的史诗级电影往往制作周期长且成本较高的原因之一。仅梳理虚拟数字人表情的制作流程，人们大概就能知道有多复杂。首先需要再特定的光场设备，通过面部表情捕捉扫描演员或者模特的表情。然后交由AI算法进行模型清理，加上人工辅助的方式找出能够以非线性地组合出任意表情代表性极限表情。接着将表情上结构性的变化进行数据建模，并进行表情的迭代和修补，比如脸皱起来后，因为受到挤压，脸上特定部位的血流图发生改变、皮肤颜色变深等。这其中的工作量就已十分庞大。接下来还需要通过高精度的数据结果驱动表情，最后才是渲染成型。不用说对于普通人而言，就是对于专业的团队在短时间内，创作众多各具特色的数字虚拟人，而且品质要达到"以假乱真"的要求，也是极为困难的事情。

MetaHuman Creator 却将这看似不可能的事情变成了可能。MetaHuman Creator 提供了一个不断增长的、丰富的人类外表与动作库，允许创作者用直观的工作流程雕刻和制作想要的结果，从而创作出可信的新角色。MetaHuman Creator 提供了大约 30 种发型、18 种不同比例的体型、一系列服装并配有完整齐全的骨架绑定，可在虚幻引擎中用于动画和动作捕捉（如图 7-40 所示）。在实际"造人"的过程中，MetaHuman Creator 会以数据约束的合理方式在库中的实际示例之间进行混合，帮助创造者在五花八门的数据库里选择一系列预设人脸作为创作起点，混合出想要的人脸。MetaHuman Creator 在不牺牲质量的前提下，极大地缩短了虚拟数字人的创作时间。剧集《爱，死亡和机器人》（Love, Death & Robots）的创作团队，就使用了 MetaHuman Creator 将原本需要数月的创作周期缩短到两周左右。对于普通人而言，制作逼真的虚拟人不需要太专业的技术需求，云端渲染也无须拥有高端显卡，用户就可以通过自动混合、手动调节的方式轻量、优质、便捷地生成虚拟人。

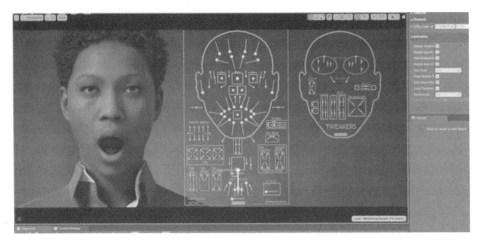

图 7-40　Metahuman Creator 的虚拟人创作中的面部绑定

这意味着，在未来的元宇宙中，普通人也能够创造出惊艳玩家的游戏角色，在最新的虚拟制片场景中使用经得起近镜头考验的虚拟化身。这些虚拟化身可以成为像阿喜、Miquela 这样的虚拟偶像，也可以在数字影片中担任演员、完成电影的数字拍摄。或许这些虚拟人可能会在虚拟空间中拥有更多的职业，比如培训师、科普宣传员、家庭健康咨询师等。除了赢得更多公众的目光或承担更多的职业功能，这些由普通大众创造出来的虚拟人也可以是一种自身在虚拟世界中更加丰富和立体化自我表达与释放。

无论怎样，元宇宙居民们在虚拟的世界中感受到的将是如现实镜像般的真实，亦真亦幻世界将会吸引更多人的参与，引发出更多无限的可能。

7.3.4 沉浸式虚拟社交

虚拟社交并非新的概念,早在像 Facebook、微信这样的社交软件尚未兴起,腾讯 QQ、BBS 论坛、天涯贴吧等网络通信或交流的工具刚崭露头角的时候,基于互联网的虚拟社交就已经极为普遍了。互联网首次将现实中的熟人社交拓展到了陌生人社交领域,只要在网络上兴趣相投、话语投机,便可互诉衷肠。虚拟社交突破了地域的限制,只要有网络有平台,有着共同兴趣爱好的人们总能轻松跨越千山万水,在互联网上相聚。毫无疑问,元宇宙中的虚拟社交也将秉承这一特点,只不过在社交体验上可能会更具沉浸感。通过 3D 虚拟人物或者 VR 技术,人们能够超脱文字、图片及视频,以更加形象、有趣的方式展开虚拟社交,获得现实社交中无法得到的体验。Facebook、IMVU 等科技型公司正在努力尝试。

Facebook 的 Horizon 就是努力尝试"VR 社交体验"的典范。用户通过带上 Oculus 设备进入到 Horizon 的世界中,尽管 Horizon 的虚拟化身都是半身立体形象,与 Metahuman Creator 创造的仿真虚拟人相去甚远,但是并不妨碍人们通过虚拟的化身在虚拟空间中共同参与、合作到各种各样有意思的项目中。人们通过游戏或其他活动产生社交联系。这种有着较强参与感的虚拟社交可能比发朋友圈、评论点赞更加有趣,也更加深刻。

IMVU 并没有 Facebook 强大的 VR 技术支撑,3D 虚拟化身场景社交是其主要特色。用户通过装扮成一个 3D 虚拟人像,以不同的虚拟形象进入到不同的具体场景进行社交活动(如图 7-41 所示)。在 IMVU 的场景中存在着丰富的 3D 模拟场景,例如日落海滩、公园露营、花园豪宅、夜场 KTV 等。用户在进入 3D 场景之后,可以全览整个 3D 地图,根据地图选择要去的地点和位置,在不同位置里遇到化身为 3D 虚拟人物来自世界各地的用户。人们如同现实世界一样能够在虚拟的世界中聊天、跳舞、购物等。尽管 IMVU 看上去像是一个在线版的《第二人生》(Second Life),每个月超过 700 万人次的登录以及长达 13 年的平台

图 7-41　IMVU 的虚拟 3D 社交人物形象

运营，无疑印证这 IMVU 的成功。虽然，IMVU 的 3D 虚拟人物和虚拟场景并没有达到高度逼真的真实感，但是正在尝试将虚拟社交变得更加具象化，通过高度虚拟共享体验构建出一个虚拟社交的世界，这与未来元宇宙力求实现的目标是一致的。

以 IMVU 或 Horizon 作为未来元宇宙虚拟社交的起点来看的话，未来元宇宙中的虚拟社交一定是更加真实和更是沉浸感，人们在虚拟世界中的合作与竞争，分享与创造可能会建立更加强大的虚拟社交联系，这种虚拟的联系或许会与真实世界中社交关系变得一样重要。人与人之间的联系一旦增多，每个人都会进入更为广阔的世界中，无论这种联系是来自虚拟还是现实。就算在现实世界中，人们也期待元宇宙技术能够帮助人们增强现实中的社交联系。或许有一天，人们能够利用 AR 及全息投影技术，让远在异乡的人们能够"瞬间移动"回到故乡，倚靠在沙发上，与父母闲聊着普通而琐碎的工作，卸下一天的疲倦与烦忧。

Chapter Eight
第 8 章

元宇宙离我们还有多远

在描绘了元宇宙可能呈现出的精彩之后,元宇宙这种能够给人类带来更多感官体验、突破现实世界限制的虚拟世界无疑是让人心生向往的。但冷静下来理性地思索就会发现,人们离这个理想中的元宇宙还有一段距离。从核心的技术层面上看,网络、算力、虚拟现实以及人工智能等关键性技术尚未跨越技术奇点。从法律合规的角度上看,元宇宙的数据安全、算法滥用、经济垄断以及虚拟身份的法律责任等法律法规还是一片空白。除此之外,元宇宙带来的人工智能伦理思考、现实与虚拟的关系处理,也引发着人们对元宇宙产生更加理性的思考。相信随着技术的突破、规则制度的完善,能够便利人们生活、激发人们的创造力、给人们带来更多价值的元宇宙终将到来,只不过在此之前可能需要经过较长一段时间的等待。

8.1 翻越技术层面的障碍

数字化技术是带领人们进入元宇宙的手段,也是创造如真如幻的虚拟世界的基础性支撑。实际上,人们正是在现有数字化技术的基础上,通过前瞻性的思考,拼凑出对元宇宙的想象。大部分关键性技术可能还没有成熟到将元宇宙付诸现实的程度。需要面对的事实是,实现理想中的元宇宙并非朝夕之间。无论是作为基础设施的网络和算力,还是作为入口的虚拟现实技术,或者是提供虚拟内容的人工智能技术,都有太多的技术瓶颈有待突破,这都需要较长一段时间与等待。

8.1.1 更强的网络与算力

诚然,5G 网络、云计算、边缘计算等计算机及网络通信技术为元宇宙提供了数字连接的基础,可以满足虚拟世界中高清、海量数据传输及运算的需求,然而,人们不得不面对的现实却是,目前这些技术提供的能力在满足元宇宙的实际需求上是不够的。而且,网络基础设施的更新与完善并非一朝一夕就能完成,技术的商用和消费者的习惯培养也需要耗费不少时间和耐心。

5G 是未来万物互联的基础,也是元宇宙技术体系中无可争议的基础性技术之一。高带宽、低时延、超链接的 5G 网络能够满足元宇宙中大量的实时数据传输。仔细想一想,这应该是一个比较笼统的理论概括。理论上,根据国际电信联盟对 5G 性能指标的规定,5G 的下行峰值传输速率为 20Gbit/s,用户体验速率达到 100Mbit/s。这对于一部 8K 的高清电影或直播是没有问题的,但是对于元宇宙所需的沉浸式 VR 体验而言还远远不够。由于人眼的视角极限大约为垂直方向 150°、水平方向 230°,分辨力极限接近每度 60 像素。因此,要制造一个人眼完全不会看到马赛克的视网膜屏,需要横向 13800 像素,纵向 9000 像素,并且由于左右眼的瞳距差异,实际所需像素会更高。而当前,人们常见的显示器分辨率,仅有 4000×2000 像素左右。VR 超高的分辨率意味着超大的信息量,尤其是对于实时性较强的 VR 直播及游戏项目,5G 还是显得力不从心。什么时候网络传输的实际下行、上行速率超过 10Gbit/s 还犹未可知。同样的问题也出现在时延上。对于人眼而言,20 毫秒是人类感知的黄金分割线。一旦时延低于 20 毫秒,人眼几乎感觉不到任何异样。理论上,5G 的时延低于这个数值。但是在实际环境中,由于信号衰减以及传感器数据从 VR 头盔传入主机进行运算再将结果数据传回头盔的双向传输问题,使得实际延迟远高于 20 毫秒,一般在 50~100 毫秒,让人感到明显的不适。

要想实现理想中的元宇宙,5G 不仅在高速率、低时延的应用场景方面存在局限性,而且在落地应用中也面临着实际困难。抛开基站建设费用、能耗等必要成本性问题,5G 信号全域覆盖也是元宇宙的到来必须考虑的因素。与 4G 以光纤为载体传输信号方式不同,5G 采取 Sub-6GHz 频谱用阵列式毫米级天线在空气中无线传输信号,频率高、波长短、信号传输半径大约 300 米。如果 5G 要实现与 4G 相同面积的覆盖,5G 基站的数量大约是 4G 基站数量的 2~3 倍。据工信部最新统计数据显示,截止到 2021 年第三季度,全国已建成 4G 基站 586 万个,5G 基站 115.9 万个。也就是说,要想实现全国范围内的 5G 全覆盖大约还需要建设 1000 万个基站。即便按照一年 100 万个基站的建设速度,也需要 10 年左右的时间才能够完成。

在算力方面,元宇宙所需要呈现的沉浸感也给云计算带来不小的压力。尽管云计算已经在云渲染、云游戏、云存储等方面显示出可观的发展潜力,但是在元宇宙超高清现场活动直播、沉浸式游戏互动体验的情境下,云计算仍显得力不从心。实时高清画面的传输,使得云计算需要对动态画面或动作捕捉的数据进行实时监测、运算并且做出快速响应。在低延迟和高时效的要求下,云计算急切需要边缘计算的加持,对海量、实时的数据进行敏捷化处理。

当然,起步不久的边缘计算也面临着诸多问题。比如边缘节点的资源管理问题。不像云计算中的集中式资源管理，边缘计算源分散在数据的传输路径上，被网络基础设施提供商、运营商、应用服务供应商、用户等不同的主体管理和控制，而实现灵活的多主体资源管理是一个十分富有挑战性的问题。又比如边缘计算需要虚拟化技术的支持，以便更有效的资源管理。如何打破虚拟机和容器的规则与界线，将两者充分融合，同时具备两者的优势，设计适应边缘计算特点的虚拟化技术，也是一大挑战。除此之外，还有边缘计算的数据提取、汇流和分析，如何能保证信息处理的时效性，也是需要解决的问题。目前，亚马逊、微软、谷歌等科技巨头都在加大力度研发边缘计算技术但这项技术的成熟与应用可能仍需要数年时间，并非一蹴而就。

8.1.2　更舒适的沉浸式体验

时至今日，VR/AR 能够提供的沉浸感依旧有限，频繁出现的头晕目眩、VR 头显重量带来的肩酸脖子疼、寥寥无几的电影级质感的 VR 内容等都在阻碍人们的虚拟现实体验之旅。而目前处于商用阶段的 AR 离大规模的消费级应用更是遥远。所以，要想踏入元宇宙所畅想的极具真实感、沉浸感的虚拟世界，可能还有很长一段路要走。

首先，从沉浸式体验感来看，晕眩是 VR 老生常谈却又躲不过的问题。就算 5G 能够在内容传输时延上不拖后腿，VR 设备本身和 VR 内容引发的晕眩感可能依旧存在。比如关于 VR 设备的视觉辐辏调节冲突问题（Vergence-Accommodation Conflict，VAC），也就是常说的调焦冲突。通常情况下，当人眼观看某一物体时，双眼转动使视点落在视网膜上相对应的位置，但远近不一。近处的物体更加聚焦，而远处的物体视轴更加发散，从而产生视觉辐辏，使得双眼从不同角度观看物体生成的视觉影像会有一些差异，最终大脑会根据这种差异感觉到立体的影像。但如果 VR 虚拟内容实现不了这种恰到好处的视觉误差，就会产生晕眩感。尽管眼球追踪技术与光场显示技术可以通过捕捉的人眼动作判断人眼的注视点，模拟辐辏调节过程且仅渲染人眼注视点位置的画面，让画面主动去适应视点位置，但这依旧不是一件容易的事情。除了时延以及光学参数问题，还有一个就是内容舒适度的问题。这一点很好理解，即便在真实的世界中，如果在崎岖颠簸的公路上看书或玩电子游戏也会感到头晕，VR 游戏和体验中的剧烈运动和快速移动自然也是如此。至少，从一些玩家的测评结果来看，行业标杆 Oculus Quest2 的沉浸感体验是值得肯定的，但持续半个小时之后便会感觉到头晕和疲惫，这对于理想的元宇宙体验来说是不够的，总不能一边吃着晕车药一边体验虚拟世界。晕眩现象确实比较复杂和棘手，时延、调焦冲突、内容舒适度、设备显示、画面帧率等都有可能影响最终的晕眩程度。完全解决晕眩问题或者将晕眩感对沉浸体验的影响降至最低，还需要不断的技术突破。

其次，从VR终端设备的承载和体验上来看，要想达到人眼级别的真实感，VR设备的性能还有待提升。美国超威半导体公司AMD曾经发布一份报告，认为人眼分辨率大致为1.16亿像素，与16K屏非常接近。也就是说元宇宙要想实现无限接近于现实的沉浸感体验，需要16K分辨率才行。目前最高端的桌面级英伟达RTX3090也只能最高支持到8K分辨率，况且RTX3090体积硕大也无法用于消费级移动头显。同时，流畅平滑真实的视觉，也需要至少以90Hz为起步的刷新率。在2017年的英伟达年度开发者大会上，VR业务全球战略总经理杰森·保罗（Jason Paul）就表示，要实现达到人眼级别的完美分辨率的VR技术至少还需要20年。除此之外，元宇宙的移动设备不仅要实现端侧引擎、端侧智能、端侧16K的支持，还需要配合光追、3D渲染、透视等计算能力，处理每秒15GB的数据，能够承载这种算力水平的系统级芯片（System on Chip，SoC）也需要至少十年之久才能研发出来。

最后便是VR内容数量及质量的问题。当前，VR内容的良莠不齐，优质内容的缺失也是导致用户体验感较差的重要原因。无论是游戏还是电影，VR内容都跟不上需求。或许是因为VR内容不知道技术走到了哪里，不知如何配合。也或许是因为投资都流进了硬件领域，高昂的成本以及暂时遥望不到市场盈利预期，抑制了对VR内容的投资。但无论怎样，内容生态的繁荣是VR走进消费市场的重要推手也是最终落脚点。没有丰富的虚拟内容，元宇宙也只能存在于虚幻之中。

总之，作为进入元宇宙的入口，VR/AR必须提升算力性能、解决晕眩问题、缩小体积与重量至可便携的移动设备水平，具备手机一样的长续航能力，还得拥有大量的虚拟内容和用户储备。现实情况是，2020年VR/AR设备全球销量不足智能手机的百分之一，并且已售VR/AR设备使用率、使用时长、用户活跃度也不高。以现在为起点，元宇宙的沉浸式体验确实道长且阻。

8.1.3　更智能的AI算法模型

如果说营造沉浸感的VR/AR技术路线还有迹可循，人工智能方面，尤其是强人工智能的实现就显得有些看不清方向了。无论是深度学习还是强化学习，人工智能始终停留在特征检测与识别的阶段，无法做到"理解"。这也是为什么现在许多人工智能的应用被群嘲为"人工智障"的原因。比如抓拍行人闯红灯的系统，会将红灯状态下拍到的人像列为违规人员，因此公交车车身上广告中代言的明星、坐在婴儿车中不会走路的婴儿都成为涉嫌违规人员，让人哭笑不得。这些人类一眼明了的事情，人工智能做起来依旧相当吃力，就更别提强人工智能了。所以，想开发出电影《银翼杀手2049》中Joi那样强人工智能的虚拟人，可能还需要经过更加漫长的等待。

很多人认为当前主流的深度学习和强化学习等人工智能技术，确实能够在单一的专项领域中超越人类，比如几秒之内迅速识别出在图书馆翻半天才能找到的动植物的名称或专业术语、围棋比赛中挫败人类的围棋大师。但当前的深度学习和强化学习很可能并不是开启强人工智能的钥匙。以深度学习为例，深度学习只是模拟了人类复杂神经系统中的感觉系统，将大量的数据进行统计归类，进行简单的决策判断，但是一旦出现特征干扰，"人工智障"的现象可能还会出现。例如，人工智能能够识别出猫，但是识别穿着衣服和靴子的猫可能就会发生偏差。因为深度学习还没有对事物特征进行提取和归纳，离大脑决策差得太远。

目前，深度学习中的各类神经网络的效率可能也并没有想象中那么高。作为弱人工智能的最强代表，GPT-3 被认为是目前全球规模最大的预训练语言模型，拥有 1700 亿个神经元，比人脑的神经元多好几倍，在自然语言处理上具有出色的性能，包括翻译、问答和文本填空，甚至包括一些需要即时推理或领域适应的任务等，已在非常接近人类水平。但实际上，不少业内人士认为媒体只是在精挑细选正向的结果，对 GPT-3 的翻车事件却绝口不提。网络上就有披露关于 GPT-3 不太智能的人机对话。

问：长颈鹿有多少只眼睛？

答：长颈鹿有两只眼睛。

问：我的脚有多少只眼睛？

答：你的脚有两只眼睛。

问：太阳有多少只眼睛？

答：太阳有一只眼睛。

很显然发问的人与 GPT-3 开了一个玩笑，GPT-3 也就按照语义训练的结果回答了。或许一个三岁的孩子不能像 GPT-3 一样完成英语专业八级的翻译，但是绝对会在这个无聊的问答中大声地告诉发问人太阳和脚是没有眼睛的。所以，GPT-3 拥有的是庞大的数据库以及根据数据库进行的数据检测和检索，并不能做到"理解"。

这个问题自人工智能诞生起就在困扰着科研人员，或许还会继续困扰人们很长一段时间。对于人类而言，人脑就是一座巨大的迷宫，充满了未知之谜。人脑结构中有丘脑、脑干、小脑、脊髓及外周神经纤维等丰富的大脑组织。比如，外周神经纤维负责从外界接收信号和输出信号指挥人们说话、行走，脊髓完成基本的条件反射让人躲避疼痛、危险等情况以及把复杂信号向脑干、丘脑、端脑传达，脑干负责维持人的心跳和呼吸等基本生命活动，小脑负责平衡，丘脑负责信息的汇总和处理。这是一个庞大和精密的系统，天衣无缝的配合，智慧由此产生，但却又不知从何而来。或许在人脑奥秘未被揭晓之前，强人工智能会被一直挡在高墙之外。

8.2 法律合规层面的挑战

元宇宙不单是数字技术的合成体，也将是一种新的商业现象和社会现象的汇聚。徜徉于虚拟元宇宙的居民们，需要有一套规则或制度来保证自己的权益，且不仅仅是在虚拟世界中。这包括元宇宙中个人数据安全和隐私保护、数据使用的合规性以及虚拟身份在现实世界中的法律责任归属问题等。在商业领域，元宇宙也同样面临着普遍存在的数据垄断与算法滥用问题。这些问题也是阻拦元宇宙进入现实的层层障碍。

8.2.1 数据安全与合规

自网络诞生以来，网络信息安全与个人隐私保护就成为不可忽视的问题。而随着网络越来越深入人们的工作生活与日常娱乐，当人们习惯性地利用网络传递信息、扫码支付、追剧玩游戏的时候，网络上的数据安全及个人隐私问题也越来越引起人们的重视。近些年，人们总能够看到因为网络个人隐私数据的非法泄露而被处以巨额罚款的新闻，从 Facebook、Google 这样的大型互联网公司，到英国航空、智联招聘、中通快递等各行各业的企业，个人信息泄露无处不在。人们总是会莫名其妙地接到一些貌似很契合人们需求的广告推销电话，比如买房之后的家装推销、买专业考试书籍之后的课程推销等，让人不胜其烦。毫无疑问，个人的信息在不知不觉中被泄露了，身处网络中的人们似乎没有任何隐私可言，这严重影响了个人的生活甚至是生命安全。元宇宙作为未来网络的形态，建立了虚拟与现实更加紧密的联系，这意味着人们更多的私人信息，甚至是一些生物信息会投射到网络中，而这些信息一旦泄露并被非法使用，对个人造成的伤害可能比当前网络信息泄露严重得多。

与现实互联网中的个人数据类似，元宇宙中也会拥有个人基础信息、个人与元宇宙交互信息以及个人在元宇宙原创的信息，只不过元宇宙留存的这些信息更加丰富和深入。个人基础信息除了人们主动填写的姓名、身份证号、手机号、邮箱等，还可能会包括指纹、声纹、掌纹、耳郭、虹膜、面部识别等个人生物识别信息。个人与元宇宙交互信息是指在元宇宙中购买虚拟物品、体验虚拟服务等行为产生的新数据。例如电影《头号玩家》中主人公韦德就是通过在虚拟游戏中线上 VR 体感衣的购买，而向对方暴露了个人的身份及住址，从而陷入险境。从现实带入元宇宙的信息及个人在元宇宙原创的信息包括将自制的音乐、文章、视频等现实作品传入元宇宙，同时也包括在元宇宙中，利用相关的工具创造出来的原生数字产品。这类信息通常涉及的知识产权保护的问题，数据的追溯及知识产权的归属就显得更加复杂。

可见，元宇宙中的数据和信息量是当前互联网不可同日而语的，打造现实平行镜像的元宇宙将会对个人信息进行前所未有的收集，包括人们在玩游戏、购物等沉浸式体验中无意识的行为以及生理数据，例如脉搏、心跳、脑电波等。当这些数据能够与现实中的人们进行一一对应的时候，个人在现实世界中的生活会受到巨大影响。

除了个人人身安全问题，元宇宙的数据隐私安全还会带来财产安全问题。当元宇宙的虚拟数字资产具备与现实等同的价值时，盗号这件事情就比较令人头疼了。在当前互联网环境下，如果游戏的账号被盗了，游戏中的虚拟装备被洗劫一空，最多也就是懊恼一下在游戏中耗费的心血与时间。因为这些虚拟装备并不能进行大规模的变现，不会造成大的损失。但是在元宇宙中的数字资产，例如在虚拟世界中购买的土地、建造的房屋等都是极具价值的，能够在元宇宙中进行数字货币兑换。如果黑客将元宇宙账号中的虚拟资产打包带走，损失极为惨重。然而，关于虚拟资产遗失的法律处理还相当薄弱，就好比如果人们去警察局报案说自己的物品失窃了，警察一定会立案并做详细的笔录。但是如果人们去警察局报案说自己的"虚拟房产"丢了，警察可能会觉得莫名其妙。

数据是虚拟网络世界的基石，而致力于打造平行虚拟世界的元宇宙在构建现实世界的数据镜像时，必然要采集、传输、加工、存储海量的数据。除了对个人数据安全和隐私保护，其他数据的使用和传输也需要合法合规。例如打造数字孪生的空间时测绘数据的采集与处理，提供虚拟现实家庭健康服务时个人健康与金融数据的采集与处理，这些可能会涉及现实中不同法律门类下各种不同的法律限制，也是未来元宇宙需要解决的问题。目前，关于数字权利和数字安全的法律问题正在被给予越来越多的关注。

从数据安全来看，2021年下半年，我国关于数据安全的首部法律《中华人民共和国数据安全法》（以下简称《数据安全法》）已经通过并已实施，《数据安全法》明确了数据安全主管机构的监管职责，建立健全了数据安全协同治理体系，提高了数据安全保障能力，促进数据出境安全和自由流动，促进了数据开发利用，保护了个人、组织的合法权益，维护了国家主权、安全和发展利益，让数据安全有法可依、有章可循，为数字经济的安全健康发展提供了有力支撑。从数据权利来看，尽管我国法律目前对于数据的产权归属尚未进行明确规定，但也在一定范围内进行了规制。例如对于个人信息，由《中华人民共和国民法典》《中华人民共和国网络安全法》《个人信息安全规范》《中华人民共和国个人信息保护法》等法律法规做出保护，防止第三方未经授权非法收集、存储、转让和使用个人信息。对于构成商业秘密的交易数据、企业数据等，可将其视为一种无形的财产，受到《反不正当竞争法》的保护。可以预见的是，随着元宇宙的来临，关于元宇宙中的数据安全和保护问题，其相关的法律规定和约束也会愈发清晰。

8.2.2 数据滥用与算法合规

就算数据的来源是合法合规的，但是具有数据垄断地位的网络平台依旧会精心地利用数据将利益最大化，甚至有可能侵犯用户的利益。当前，"大数据杀熟"这样的事情是一个典型。

大数据杀熟并不是一个正式的法律概念，通常是指经营者收集消费者个人信息，运用算法分析其消费偏好、消费习惯、支付能力等信息，建立用户画像，将同一商品或服务以不同的价格卖给不同的消费者从而牟利的经营行为。所以，人们经常会发现同一个时刻，用不同的账号购买同一件商品或服务时，存在着较大的价格差异。这是利用信息不对称而对用户实施的价格歧视。

价格歧视是一种经济行为，在是否触碰法律红线方面却没有定论。虽然《中华人民共和国价格法》在第十四条第五项规定中提及，"经营者不得有下列不正当价格行为：提供相同商品或者服务，对具有同等交易条件的其他经营者实行价格歧视。"但是，在具体的消费行为过程中，价格歧视的隐蔽性极强，依旧很难被个人察觉，比如，除非和朋友们一起同时下单，否则人们不会察觉到自己只是因为使用苹果端 App，同一商品或服务的价格就比安卓端 App 高出一截。就算察觉到了，在现实中法律对差别定价的标准很模糊，消费者难以进行有效的举证。例如，在某民事诉讼案件中起诉外卖平台实施价格歧视，对同一商家、商品及收货地点的配送费进行差别对待，但是法院在审理的过程中认为尽管两份订单的购买商家、商品、收货地址均一致，但关键是下单时间不一致，不足以构成价格歧视。因此，人们也只能在消协发布会上公布有着"大数据杀熟"劣迹的平台名单，口诛笔伐并不能带来实质性改变，在强势的平台垄断下，消费者还是很难逃离被"大数据杀熟"的命运。

在当前的互联网环境中，由数据和算法控制的"大数据杀熟"尚且如此，那么未来在元宇宙中可能还会遇到更加复杂的问题。如果算法不受规制和审查，那么控制算法的主体将成为"神"，他们可以利用大量的数据，打造一个与人们很像的虚拟人，并控制虚拟人在元宇宙中做一些损害他人利益的事情。或者像电视剧《西部世界》一样，为了取悦用户，利用算法驱动虚拟人满足并释放人类暴力行为。这些由数据和算法导致的无序行为需要得到管控。未来的元宇宙需要有一套法律机制审查算法的正当性、伦理性，以及确保算法的透明度和可解释性，就像规定人类的合法行为一样。

8.2.3 虚拟身份的法律责任

在元宇宙中，现实中的人们利用虚拟化身，裹上虚拟身份的外衣在虚拟的空间中进行各种活动，就如同人们用虚拟的网名或游戏角色在当前互联网中发帖评论、游戏互动一样。无论是在虚拟的元宇宙还是真实的物理世界，有行为主体就意味着有行为责任的承担。在现实生活中，人们会为触犯法律的行为承担相应的法律责任。那么，元宇宙中的犯罪行为应该由虚拟人承担吗？虚拟人拥有法律人格吗？虚拟空间中的行为侵害又该如何界定？这些都是需要思考的问题。

在虚拟人尚未突破强人工智能瓶颈之前，所有虚拟人都是由真实世界的主体操控的。也就是说虚拟人的行为是现实中人们行为在虚拟空间的投射，本质上这些行为决策还是由现实中的人们决定的，虚拟人不过是元宇宙中行为决策的工具。是人们按照自己的意愿和想法编写了代码和算法、设计出传达自己意愿的虚拟人形象并让虚拟人按照自己的指令行事。人们无法将出现的问题和纠纷推诿到代码、算法以及虚拟人身上，因为大家都心知肚明这些无意识的工具均是由现实中人们驱动的。所以，元宇宙中的犯罪行为，终究还是会归结到现实世界之中，应由现实世界的主体承担责任。

在有明确游戏规则的前提下，在游戏中抢掠是一种被允许甚至是被鼓励的游戏行为。但如果在并没有太多规则限制的元宇宙中，在虚拟空间中对其他人的虚拟形象和空间进行骚扰或者抢掠，算不算是侵权行为？在可以预见的元宇宙中，自然人、法人和非法人组织已经不足以涵盖社会主体的全部范围，由现实主体注册的、实质是一串二进制数据组成的虚拟人将成为主体的重要组成部分。赋予虚拟主体以人格权，承认其主体地位，有利于明确网络侵权的直接责任主体，进而维护和保障虚拟主体的财产权等其他民事权利。这些都是未来元宇宙可能遇到并且需要解决的法律问题。只有解决了这些问题，才能对虚拟行为进行追责，保护元宇宙中的虚拟身份、虚拟财产等，维护元宇宙的有序运行及价值维护。

8.2.4 元宇宙中的经济垄断

区块链的去中心化或弱中心化的特性，能够尽可能地在安全可信的环境中实现分散节点之间的数据共享和价值传递，减少对中心化平台或者第三方机构的依赖。Roblox 的联合创始人尼尔·瑞默（Neil Rimer）就曾说过："Metaverse 的能量将来自用户，而不是公司。任何单独一家公司是不可能建立元宇宙的，而是要依靠来自各方的集合力量。"Epic 公司 CEO 蒂姆·斯威尼（Tim Sweeney）也强调："元宇宙另一个关键要素在于，它并非出自哪一家行业巨头之手，而是数以百万计的人们共同创作的结晶。每个人都通过内容创作、编程和游戏设计为元宇宙做出自己的贡献，还可以通过其他方式为元宇宙创造价值。"

尽管如此，垄断的经济现象并不会因为技术手段的出现和开放式创造理念而消失。类似比特币这样的数字货币可以完全建立在去中心化的公链上，但是元宇宙就复杂得多，不单是数字货币的生产与交易这样单一的技术网络，还涉及元宇宙中数字内容的生产、价值生态的搭建以及相关技术设备的支持，这是一个更加多元和立体的虚拟世界。在众多的专业细分领域中，经济垄断现象依旧会出现。就像如今的互联网，就算不存在一统天下的互联网平台或企业，但是在细分的领域中都存在着一定程度的垄断。

元宇宙的内在垄断性基于其建设的资源消耗性，无论是基础设施搭建、还是基础性平台的构建、虚拟现实设备的生产，都需要投入巨大的人力、物力、财力。环顾当前高调宣布进入元宇宙的企业，Facebook 花重金收购了 VR 头显装备制造商 Oculus、打造了虚拟现实世界 Horizon，并计划在未来每年以几十亿美元的规模持续投入资金建设开发元宇宙。字节跳动在与腾讯进行一系列竞争之后，以 90 多亿元的价格收购 VR 硬件厂商 Pico，布局元宇宙。腾讯在"元宇宙第一股" Roblox，以及拥有现象级游戏《堡垒之夜》、著名游戏渲染引擎 Unreal Engine 的 Epic Game 等众多与元宇宙相关的公司中持有股份。英伟达利用 Omniverse 打造工业元宇宙，宝马、沃尔沃、爱立信等集团都与英伟达合作，在该平台设计测试产品或是生产线。有资本有实力的大企业都在致力打造元宇宙，这其中的商业垄断目的也不言自明。

无论是在现实世界还是在虚拟世界，垄断的负面影响大体都是一致的。当绝对垄断出现，并逐步形成一家独大的局面时，垄断者便会滥用市场支配地位、限制自由竞争，以牟取利益的最大化，损害的就是广大人民的利益。甚至一定程度上形成"大树底下不长草"的行业局面，这对于行业的持续创新是不利的。避免产生垄断是元宇宙世界中需要面对的问题。

8.3 道德伦理层面的探讨

当元宇宙被视为互联网的未来继任者的时候，自然也就继承了虚拟网络引发的关于虚拟与现实的思考。内容更加丰富和沉浸感更强的元宇宙势必将吸引更多的人在虚拟世界中消磨更多的时间。如果不能理性地认知现实与虚拟的关系，放任自己在虚拟中沉沦，这对于人们在现实中的生活乃至生存是不利的。除此之外，愈发智能化的元宇宙中，人工智能的伦理探讨也会是一个重要的议题。如果有朝一日元宇宙中真的出现了形神具备的虚拟人，作为人类的我们应该如何看待不只是工具，而是能与之共情的、有意识的虚拟人？这些涉及元宇宙未来的问题需要人们进行更多的理性思考。

8.3.1 人工智能带来的伦理挑战

当一项变革性技术突破奇点、取得阶段性突破时，势必会引发人类社会关系、结构、资源和各类空间的重组与整合。蒸汽动力、电力机械延伸了人类的体力，缩短了物理世界的距离，却也带来了机器替换人工、引发失业等社会性问题。计算机互联网打开了网络虚拟空间，打破了地域空间的限制，开拓了网络社会文明，随之而来的网络暴力、个人隐私侵犯等争议性话题层出不穷。不论怎样，这些完全归属于工具类的技术革新带来的问题，本质上依旧是人类自身利用技术手段在行事。但是，当有着类人性质的人工智能出现时，问题一下子就变得复杂了。因为这不仅仅涉及如何合理利用人工智能技术的问题，更是牵扯到人类如何定义自己创造出来具有智能的工具的问题，甚至是人类如何看待并定义人类本身的思考。

尽管目前还没有任何强人工智能技术突破的征兆，但是人们普遍认为人工智能的终极关卡终究会被打通，只不过是时间长短的问题。暂且不论高级人工智能的人格赋予等更为复杂的伦理性争议，即便是在现有的弱人工智能阶段，人工智能也面临着道德法律层面的现实问题。以自动驾驶事故导致行人身亡的事件为例，当汽车完全由人工智能的自动驾驶系统支配时，造成的人员伤亡应该由谁来负责？是自动驾驶测试部门，还是自动驾驶系统的设计部门、自动驾驶汽车上的传感设备制造商？这一切都很难裁决。就算人工智能设计者能够算无遗漏地将"保护人类生命不受威胁"的代码写入程序中，在复杂的外界环境干扰或类似电车难题（Trolley Problem）的极端道德困境前提下，连人类自身都不一定能够解决的问题，指望听从代码的人工智能只是惘然。这样一来，人工智能带来的法律责任与道德问题就更难捋清了。

这仅是在弱人工智能前提下的问题思考，一旦人工智能有了意识，愈发类似人的时候，那么人类需要怎么对待这些高级人工智能的产物，是继续把它们当作服务于人类的工具，还是应当给予其一定的"人权"，视它们为另一种人类？这是一个很有意思的话题，在科幻及影视作品中，小说家或艺术家们就对高级人工智能的未来隐忧展现出浓厚的焦虑。

电视剧《西部世界》就以机器人自我意识觉醒并夺取人类统治权这个极端设想展开了对人工智能伦理的探讨。《西部世界》讲述的是已具备强人工智能技术的人类，建造了一座以美国西部为主题的乐园。这是一场绝对真实的角色扮演，因为所有的场景都是真实的，能够与游客互动的是看上去与真人并没有太大差异的机器人接待员，由这些机器接待员扮演主题乐园中各类角色。游客们可以在实景搭建的乐园中探险，感受美国西部的"淘金热"，也可以在乐园中放纵欲望，无恶不作，随意杀死这些机器人。因为这些受伤害或殒命的机器人都会被维修并清空记忆，所以人类也不会为这些行为付出任何后果。直到有一天，机器人们开始有了自己的意识并对人类进行反击。

《西部世界》对高级人工智能的发展表现出了以下几点担忧和疑虑。首先，如果机器人真的发展到超越人类，并有自我意识的时候，会不会统治并奴役人类？这一点也是电影《黑客帝国》的故事背景。其次，当机器人或仿生人有了自我意识，它们是否需要被给予人权和尊重，在它们受到威胁的时候是不是可以进行自卫，还是只能像《西部世界》中一样作为工具或物品被为所欲为？即使在当前工具意义的机器人状态下，是否需要赋予其最低限度的道德权利，比如人类不能利用其主导地位对机器人进行肆意虐待？如果没有这种最低限度的道德权利或者法律约束，那么人性之恶会不会在这种肆意杀戮机器人的过程中被无限放大？还有，当人类与仿生人产生共情，产生跨物种的依恋和恋情，这样的行为是否合理？最后，当仿生人真的有意识的时候，人们应该如何看待人类自己，人类与仿生人的本质区别又在哪里？

所以，当机器人真的拥有了自我意识，强人工智能会抛给人们大量前所未有的新问题。在前路未卜的未来，人工智能技术发展的风险规制应成为社会治理中重要环节，人类社会对人工智能的道德伦理约束也必将提上日程。这对于未来存在大量人工智能体的元宇宙来说，也是一个重要的议题。

8.3.2 现实是唯一的真实

如今，每个人几乎每天要消磨 5~6 个小时的时间在虚拟的网络世界中。如果类似电影《头号玩家》中沉浸式的虚拟世界终将实现，元宇宙呈现出来的视觉与感官冲击势必会让更多的人将更多的时间沉浸在虚拟空间中，进一步延长人类的"在网时间"。那么，当人们活在虚拟世界中的时间越来越长的时候，人们与现实世界的联系是否会越来越弱，逐渐失去与实体、具象的社会现实之间的联系？

或许可以从人们为什么会沉迷于虚拟世界来思考这个问题。当人们从现实世界进入虚拟世界并沉浸其中的时候，大部分原因在于虚拟世界弥补了现实世界中的不满足感。在虚拟世界中，人们可以消磨现实中无聊的时间，体验现实中无法获得的乐趣，消除现实生活中的疲惫与压力，寻求身心放松。可以在虚拟的世界中得到更多的肯定与认可，结交更多有趣的朋友。正如电影《头号玩家》中的主人公韦德一样，现实中的他内向孤僻、寄居篱下、住在脏乱差的叠楼区，而在虚拟游戏世界"绿洲"中，凭借其对游戏刻苦的钻研及炽烈的热情，韦德不仅在游戏中成为万人敬仰的英雄，也收获了一帮志同道合的小伙伴。从某种程度上看，虚拟世界给予了韦德在现实世界中无法拥有的东西，虚拟的"绿洲"成为韦德逃避现实的去处。

实际上，大多数人游离于现实生活和虚拟世界之间，徘徊在虚实的边缘，并不能解决现实中的种种问题。虚拟社交中的赞赏可能只是满足了无谓的虚荣，并不能获得真正的友谊。游戏任务的通关，也并不意味着下个月的房租与伙食费能够有着落。当关上手机或 PC，从虚拟世界中退出之后，那些潜藏在现实中的个人焦虑、前路迷茫、消极挫败等，依旧需要再次面对。

不可否认的是，现实世界是人类真正的生存之地。人们的生物属性决定了人们离不开和煦的阳光、美味的食物、温暖的房间，而人们的社会属性不断地驱使人们和他人产生联系、追逐自我成就的目标。这些在虚拟世界中可以被体验，但是无法被替代。或许正如电影《头号玩家》中虚拟世界"绿洲"的创始人哈利迪发自肺腑的感言："我创造了绿洲，因为我没法在现实世界中获得舒适，我不知道怎么在现实世界和人交流，我一生都在害怕现实，直到我意识到我将死去的那一天，那是我第一次意识到，虽然现实会令人恐惧、令人痛苦，它仍然是唯一一个能够让你吃到一顿大餐的地方，因为现实是真实的。"

人们或许可以在元宇宙中感受单纯的快乐、感官的刺激以及人们想要的一切快乐，但是人们还是不能忘记现实中的一切，以及最真实的自己。

参考文献

[1] 文奇,等. 真名实姓——英美最佳中篇科幻小说选 [M]. 罗布顿珠,等译. 成都:四川科学技术出版社,2006.

[2] 吉布森. 神经漫游者 [M]. Denovo,译. 南京:江苏文艺出版社,2013.

[3] 斯蒂芬森. 雪崩 [M]. 郭泽,译. 成都:四川科学技术出版社,2009.

[4] 邹蕾. 小说《真名实姓》中赛博朋克派的诗意语言 [J]. 中国科教创新导刊,2013 (32):93.

[5] 董亚楠. 后现代文类视野下的赛博朋克小说——以《雪崩》为中心 [D]. 长春:东北师范大学,2010.

[6] 陈琳娜. 赛博朋克电影的空间意象与冲突美学 [J]. 南京师范大学文学院学报,2019 (12):143-149.

[7] 黄瑞璐. 赛博朋克电影的美学建构与文化表达 [J]. 传媒观察,2020 (1):64-71.

[8] 祝明杰. 赛博朋克电影的城市空间图景 [J]. 当代电影,2020 (8):41-45.

[9] 王敏芝,范双武. 流动的空间:虚拟个体的自我表演与身份认同 [J]. 青年记者,2020 (29):10-11.

[10] 宣言太阳猫. 赛博空间中的万物迷茫:浅谈威廉·吉布森创作的矩阵 [EB/OL]. 2020-5-23 [2021-10-7]. https://www.bilibili.com/read/cv6173122/.

[11] 马丁·坎贝尔-凯利,威廉·阿斯普雷. 计算机简史 [M]. 蒋楠,译. 北京:人民邮电出版社,2020.

[12] 方兴东,钟祥铭,彭筱军. 全球互联网50年:发展阶段与演进逻辑 [J]. 新闻记者,2019 (07):4-25.

[13] 鱼非鱼. 计算机普及序篇——从家用电脑到个人电脑(上) [EB/OL]. 2017-4-6 [2021-10-17]. https://zhuanlan.zhihu.com/p/26001350.

[14] Rockeymen. 聊一聊VR虚拟现实(一):VR的发展史 [EB/OL]. 2017-9-10 [2021-10-19]. https://zhuanlan.zhihu.com/p/26592125.

[15] 吴毅儒. 计算机图形图像发展史研究 [D]. 天津:天津工业大学,2017.

[16] 联想创投. 深度解析:脑机接口技术的现状与未来 [EB/OL]. 2020-7-29 [2021-10-21]. https://www.sohu.com/a/410329433_554588.

[17] DappReview. NFT系列-浅谈你不知道的加密艺术史 [EB/OL]. 2020-06-23 [2021-10-23]. https://www.jinse.com/blockchain/739496.html.

[18] 麦戈尼格尔. 游戏改变世界——游戏化如何让现实变得更美好 [M]. 闾佳,译. 杭州:浙江人民出版社,2012.

[19] 解书琪. 试论网络游戏中的"世界观"——以欧美奇幻类角色扮演网络游戏为例 [D]. 苏州:苏州大学,2019.

[20] Entertainment Software Association. 2021 Essential Facts About The Video Game Industry [R]. Washington:ESA. 2021.

[21] 丝路遗产. 古代世界最好的棋类游戏[EB/OL]. (2020-10-16)[2021-10-20]. https://m.thepaper.cn/baijiahao_9560712.

[22] Alec. 游戏发展史[EB/OL]. (2020-1-10)[2021-10-20]. https://zhuanlan.zhihu.com/p/343214109.

[23] 楚云帆. 人人都在谈的 Metaverse, 究竟是什么？[EB/OL]. (2021-5-31)[2021-10-21]. https://zhuanlan.zhihu.com/p/376801411.

[24] 王春龙. Zwift 为什么让人痴迷？疫情期在家边游戏边健身, 获得4.5亿美元投资[EB/OL]. (2020-9-17)[2021-10-21]. https://zhuanlan.zhihu.com/p/249235390.

[25] DeFi 之光. 以太坊第一虚拟世界 Decentraland[EB/OL]. (2021-5-24)[2021-10-22]. https://www.jinse.com/blockchain/1099272.html.

[26] teenager. 一家靠小学生氪金的公司成长历史[EB/OL]. (2021-5-24)[2021-10-22]. https://www.huxiu.com/article/414239.html.

[27] 腾讯科技. "游戏界乐高" Roblox 上市首日股价大涨54%, 估值一年内涨9倍[EB/OL]. (2021-3-11)[2021-10-22]. https://www.jiemian.com/article/5790088.html.

[28] 察访区块链. 扎克伯格万字解读：Facebook 为何将转型为元宇宙公司[EB/OL]. (2021-8-18)[2021-10-24]. https://xw.qq.com/amphtml/20210818A0FO6A00.

[29] 王硕奇. 英伟达的元宇宙到底是个什么宇宙？[EB/OL]. (2021-8-13)[2021-10-24]. https://www.sohu.com/a/483093049_122982.

[30] 极客公园. 腾讯：你们负责造「元宇宙」, 我负责收购[EB/OL]. (2021-5-10)[2021-10-25]. https://zhuanlan.zhihu.com/p/371222320.

[31] 区块链王大锤. 字节跳动进军元宇宙世界[EB/OL]. (2021-8-30)[2021-10-25]. https://zhuanlan.zhihu.com/p/405137615.

[32] 华西证券. 元宇宙, 下一个"生态级"科技主线[R]. 成都：华西证券. 2021.

[33] 王龙, 李韬伟, 杨振发. 游戏引擎研究与分析[J]. 软件导刊, 2021 (2): 5-7.

[34] Wunderman Thomason. Into the Metaverse[R]. NewYork: Wunderman Thomason. 2021.

[35] GameLook. 万亿美元级新市场：解析 Metaverse 的7层价值链[EB/OL]. (2021-5-3)[2021-10-28]. https://finance.sina.com.cn/tech/2021-05-03/doc-kmxzfmm0352036.shtml.

[36] 周喆吾. Metaverse 元宇宙的"基础设施"是什么？[EB/OL]. (2021-8-21)[2021-10-27]. https://mp.weixin.qq.com/s/tBV0AA0-hDR-NBWviKEP9A.

[37] 腾云智库. 什么是元宇宙经济？[EB/OL]. (2021-5-15)[2021-10-29]. https://m.thepaper.cn/baijiahao_12662557.

[38] 中国信通院. 5G 经济社会影响白皮书[R]. 北京：中国信通院. 2017.

[39] 物联网智库. 2021中国5G产业全景图谱报告[R]. 北京：物联网智库. 2021.

[40] 施巍松, 孙辉, 曹杰. 边缘计算：万物互联时代新型计算模型[J]. 计算机研究与发展, 2017, 54 (5): 907-924.

[41] 中银国际证券. 边缘计算与5G同行, 开拓蓝海新市场[R]. 上海：中银国际证券. 2019.

[42] 东莞证券. 云计算体系新助力, 拆解边缘计算寻找新机会[R]. 东莞：东莞证券. 2019.

［43］长城证券. 风起"云"涌，驱动未来［R］. 深圳：长城证券. 2020.

［44］亿欧智库. 守得云开见月明——2021 中国 VR/AR 产业研究报告［R］. 北京：亿欧智库. 2020.

［45］Unity. 2020 年商用 AR&VR 热门趋势报告［R］. 旧金山：Unity. 2021.

［46］安信证券. VR/AR 是中场，Metaverse 是终局［R］. 深圳：安信证券. 2021.

［47］青亭网. 和空间计算做好友，什么才是 AR/VR 的未来？［EB/OL］.（2021-7-19）［2021-11-5］. https：//www.sohu.com/a/478403660_395737.

［48］零日情报局. 一文看懂 XR 科技（扩展现实）——人类交互方式的终极形态［EB/OL］. 2020-2-19［2021-11-5］. https：//www.freebuf.com/column/227582.html.

［49］张言，陈雨恒. 机器学习、虚拟世界与元宇宙 Metaverse［EB/OL］.（2021-1-19）［2021-11-7］. https：//www.huxiu.com/article/403003.html.

［50］机器之心. 计算机视觉入门大全：基础概念、运行原理、应用案例详解［EB/OL］.（2020-10-30）［2021-11-8］. https：//zhuanlan.zhihu.com/p/88898444.

［51］微调. 主流的深度学习模型有哪些？［EB/OL］.（2017-9-29）［2021-11-8］. https：//zhuanlan.zhihu.com/p/29769502.

［52］佚名."云"的下一个目标 游戏？［J］. 新潮电子，2020（6）：102-105.

［53］曹祎遐，张淑怡. 云游戏让你畅"游"云端［J］. 上海信息化，2020（2）：21-24.

［54］Newzoo. 2021 年全球云游戏市场报告［R］. 旧金山：Newzoo. 2021.

［55］京东科技开发者. 区块链公链"三元悖论"专题系列之去中心化［EB/OL］.（2020-5-23）［2021-11-12］. https：//zhuanlan.zhihu.com/p/143127463.

［56］方燚飚，周创明. 基于区块链智能合约的代币系统［J］. 计算机应用研究，2020（12）：3686-3690.

［57］周近，叶历平，倪艺洋. 智能合约研究综述［J］. 中国新通信，2021，23（3）：37-39.

［58］路爱同，赵阔，杨晶莹. 区块链跨链技术研究［J］. 信息网络安全，2019（8）：83-90.

［59］徐卓嫣，周轩. 跨链技术发展综述［J］. 计算机应用研究，2021（2）：341-346.

［60］冯翠婷，文浩. 2021 年 NFT 行业概览：文化与社交的数字确权价值［R］. 武汉：天风证券. 2021.

［61］许英博，陈俊云. NFT：元宇宙的数字资产确权解决方案［R］. 北京：中信证券. 2021.

［62］腾云智库. 什么是元宇宙经济？［EB/OL］.（2021-5-15）［2021-11-15］. https：//m.thepaper.cn/baijiahao_12662557.

［63］吴桐，王龙. 元宇宙：一个广义通证经济的实践［J/OL］. 2021（10）. https：//new.qq.com/omn/20211030/20211030A0AATW00.html.

［64］火讯财经. 加密数字艺术 NFT 的特质与元宇宙的梦幻联动［EB/OL］.（2021-07-24）［2021-11-17］. https：//www.jinse.com/news/blockchain/1133271.html.

［65］SINSO. 一文梳理元宇宙、NFT 的协同关系：它们如何共生？［EB/OL］.（2021-07-23）［2021-11-17］. https：//www.jinse.com/news/blockchain/1133073.html.

［66］Devin Finzer. The NFT Bible：Everything you need to know about non-fungible tokens［EB/OL］.（2021-07-23）［2021-11-18］. https：//www.chainnews.com/articles/745492278222.htm.

［67］Chris Dixon. 为什么 NFT 能为创作者带来更好经济效益？［EB/OL］. 卢江飞，译.

（2021-03-1）［2021-11-19］. https：//www. chainnews. com/articles/539164149962. htm.

［68］Michael Patent, Doug Scott, Marie Lee. The Metaverse is the Medium［R］. NewYork City：MMA. 2021.

［69］Carla Calandra. Into the Metaverse［R］. NewYork City：Wunderman Thompson. 2021.

［70］孔蓉, 缪欣君, 潘暕. 探索元宇宙框架, 生产力的第三次革命［R］. 武汉：天风证券. 2021.

［71］唐江山. 预见未来：数字时代下的电影变革［M］. 北京：清华大学出版社. 2021.

［72］音乐先声. 腾讯持股、年入18亿美元的《堡垒之夜》, 将为音乐行业带来哪些想象？［EB/OL］. 2020-05-15［2021-11-16］. https：//m. thepaper. cn/baijiahao_7406656.

［73］舞美圈. "挑战虚拟技术极限", Tomorrowland 2020 数字音乐节幕后解密［EB/OL］. (2020-07-28)［2021-11-16］. https：//new. qq. com/rain/a/20200809A04Z0M00.

［74］GameLook. 团队复盘：云游戏+AI+直播, 火爆FB的Rival Peak如何炼成的？［EB/OL］. (2021-03-21)［2021-11-17］. http：//www. myzaker. com/article/604bbedab15ec07e9f70d40b.

［75］一条. 4亿人愿意买单, 虚拟偶像时代来了［EB/OL］. (2021-03-22)［2021-11-18］. https：//36kr. com/p/1149031054198153.

［76］腾讯研究院. 一文读懂虚拟人：她会梦见电子羊吗？［EB/OL］. (2021-07-08)［2021-11-18］. https：//36kr. com/p/1301377738050184.

［77］王超. 元宇宙"出圈", 电影如何接入"想象共同体"？［EB/OL］. (2021-11-03)［2021-11-19］. https：//mp. weixin. qq. com/s/Jfna25mCPNB_Keh7EXSXOA.

［78］Emma. 筑影讲堂：虚拟预演技术对电影工业化的意义［EB/OL］. (2019-12-10)［2021-11-20］. https：//107cine. com/stream/119943.

［79］Techsoho. 跟传统办公室说拜拜？Facebook跨出元宇宙第一步［EB/OL］. (2021-08-26)［2021-11-21］. https：//www. jinse. com/blockchain/1148875. html.

［80］赵波, 程多福, 贺东东等. 数字孪生应用白皮书2020版［R］. 北京：中国电子技术标准化研究院. 2020.

［81］黄烨锋. 元宇宙畅想：英伟达创造的Omniverse虚拟世界比现实世界还要大［EB/OL］. (2021-07-23)［2021-11-23］. https：//www. eet-china. com/news/202107230932. html.

［82］门道FASHION. LV与英雄联盟合作, 奢侈品为什么要涉足电竞？［EB/OL］. (2019-09-23)［2021-11-24］. https：//www. sohu. com/a/342895232_808349.

［83］MetaverseSpace. Metaverse如何变革数字化品牌营销？［EB/OL］. (2021-09-25)［2021-11-24］. https：//36kr. com/p/1399284556547205.

［84］寰球缪斯. 虚拟时代到来？没有面料, 不聘用模特不走秀, 探索时尚如何在数字化未来中存在！［EB/OL］. (2019-06-03)［2021-11-24］. https：//www. sohu. com/a/318255206_500120?_f=v2-index-feeds.

［85］虚幻引擎. MetaHuman Creator前瞻：轻松创作高保真数字人类［EB/OL］. (2021-02-10)［2021-11-25］. https：//zhuanlan. zhihu. com/p/350399649.

［86］伯顿, 陈龙, 霍斯特罗姆, 等. 数字时代的数据和隐私［R］. 杭州：罗汉堂. 2021.

［87］朱梅胤, 赵越, 李昕, 等. 数据安全问题升级：关键领域的影响、对策与机会［R］. 北京：零壹财经. 2021.

［88］zhengxb. 5G 具有高速度的特征，但极致 VR 仍然达不到体验要求［EB/OL］.（2020-01-13）［2021-11-23］. https：//www.21ic.com/iot/net/mobile/202001/927838.htm.

［89］叶强. 浅谈强人工智能的瓶颈和可能的努力方向［EB/OL］.（2017-08-19）［2021-11-24］. https：//zhuanlan.zhihu.com/p/28614693.

［90］黄春林. 迈向元宇宙的六道法律门槛［EB/OL］.（2021-09-11）［2021-11-25］. https：//mp.weixin.qq.com/s/JwqaMswWslWvElzzFqGycQ.

［91］朱成祥. 元宇宙时代来了！数字化进程加速数据安全领域有哪些机遇和挑战？［EB/OL］.（2021-10-22）［2021-11-25］. http：//www.jwview.com/jingwei/html/1022/436862.shtml.

［92］张烽. 元宇宙三大法律问题：网络平台、资产发行与管理、网络空间安全［EB/OL］.（2021-08-05）［2021-11-25］. https：//zhuanlan.zhihu.com/p/396529825.

［93］张楠，田春桃. 元宇宙中的数据保护问题［EB/OL］.（2021-11-06）［2021-11-25］. https：//www.thepaper.cn/newsDetail_forward_15417986.

［94］郭育嘉. 论网络虚拟主体的法律人格［J］. 吕梁学院学报，2019（02）：70-73.

［95］法制日报. 游戏排名第一被清零 玩家告联众终胜诉［EB/OL］.（2005-04-12）［2021-11-26］. https：//www.chinacourt.org/article/detail/2005/04/id/158797.shtml.

［96］贾斌武.《西部世界》：后人类的诞生及其伦理困境［J］. 戏剧与影视评论，2017（3）：64-68.

［97］冯子轩. 漫谈《西部世界》中的情、理、法［EB/OL］.（2019-09-04）［2021-11-28］. https：//www.sohu.com/a/338654395_99923264.

［98］蓝江. 人工智能的伦理挑战［EB/OL］.（2019-04-01）［2021-11-28］. http：//theory.people.com.cn/gb/n1/2019/0401/c40531-31005609.html.

［99］陈云霞，纪克勤. 走出虚拟世界的沉迷——海德格尔生存论的当代反思与启示［J］. 理论界，2006（12）：164-165.